河北传媒学院学术文库丛书
河北传媒学院学术出版基金资助

媒体融合背景下主流媒体新媒体运营研究

赵珣 靳文雅 / 著

中国国际广播出版社

本书系河北传媒学院第十六届校级科研课题"媒体融合背景下主流媒体新媒体运营研究"（课题编号：2024ZZ06）的阶段性成果

前　言

2020年9月，中共中央办公厅、国务院办公厅印发了《关于加快推进媒体深度融合发展的意见》，标志着我国媒体融合发展从"相加"到"相融"再到"纵深迈进"，进入重点突破的"深水区"和决胜阶段。从国家级主流媒体到省市级媒体均纷纷展开融媒体传播布局。作为融合发展的一种重要创新路径，主流媒体在新媒体布局及运营方面成果斐然，但理论研究相对滞后，关于新媒体运营的概念、特点、模式等方面的认识还较为模糊混乱，相关理论体系尚待建立与梳理。

本书聚焦媒体融合背景下主流媒体新媒体运营的发展实践，试图厘清主流媒体在新媒体运营方面的基本问题，研究总结其主要模式和运营逻辑，指出其存在的问题并进行思考。本研究分为七个部分。第一章阐述了新媒体的界定、特征等相关概念，并梳理了传统媒体与新媒体的融合发展过程。第二章在厘清概念的基础上，探讨新媒体运营的概念、分类、特征等，并阐述了新媒体运营的构架流程。第三章、第四章、第五章对媒体融合进程中主流媒体的新媒体运营发展进行梳理，并分析归纳当前主流媒体的发展现状及主要特点、着力点及可行策略。第六章通过对不同级别主流媒体个案的剖析，发现各自在新媒体运营中的特点。第七章从媒体深度融合的策略思考及创新发展等方面对其未来发展提出建议。

本书结构严谨，内容翔实，通俗易懂，理论观点新颖、论述深刻，紧扣时代脉搏，具有较强的理论性、实践性和指导性，力求为相关读者扩充知识、拓宽视野。

本书作者均为一线教师，并曾在主流媒体工作多年，同时具有丰富的业界经验和教学经验。全书具体写作分工方面：赵珣负责第二章、第五章、第七章，靳文雅负责第一章、第三章、第四章、第六章。各自撰写15万字。笔者在撰写过程中，得到了许多专家学者的帮助和指导，在此表示诚挚的谢意。由于作者水平有限，书中所涉及的内容难免有疏漏之处，希望各位读者多提宝贵意见，以便作者进一步修改，使之更加完善。

目 录

CONTENTS

第一章　认识新媒体 ……………………………………………… 001

第一节　新媒体的界定及特征 …………………………………… 003

第二节　新媒体的表现形态 ……………………………………… 022

第三节　新媒体与技术变革 ……………………………………… 042

第二章　新媒体运营概述 ………………………………………… 055

第一节　新媒体运营的概念 ……………………………………… 057

第二节　新媒体运营的主体分析 ………………………………… 061

第三节　新媒体运营的构架流程 ………………………………… 069

第四节　新媒体运营的分类 ……………………………………… 077

第三章　媒体融合下的主流媒体 ………………………………… 141

第一节　媒体融合的概念 ………………………………………… 143

第二节　主流媒体的界定 ………………………………………… 151

第四章　媒体融合背景下主流媒体创新发展的现状及着力点 … 155

第一节　我国主流媒体面临的新环境、新形势、新任务 ……… 157

第二节　我国主流媒体融合创新的现状 …………………… 166
第三节　我国主流媒体融合创新中的主要问题 ……………… 173
第四节　我国主流媒体融合创新能力不足的成因 …………… 191
第五节　我国主流媒体融合创新发展的着力点 ……………… 199

第五章　媒体融合背景下主流媒体创新发展的可行策略 ·· 205

第一节　我国主流媒体融合创新发展的宏观策略 …………… 207
第二节　我国主流媒体融合创新发展的中观策略 …………… 216
第三节　我国主流媒体融合创新发展的微观策略 …………… 221
第四节　新技术赋能主流媒体融合创新发展的进路 ………… 231

第六章　媒体融合背景下主流媒体新媒体运营的典型案例 … 241

第一节　内容革新：主流媒体短视频内容传播研究——以人民
　　　　日报抖音号为例 ……………………………………… 244
第二节　技术创新：省级主流媒体的创新传播策略探析——以
　　　　河南卫视"中国节日"系列节目为例 ………………… 251
第三节　媒体融合：为打造新型主流媒体注入新动能——以
　　　　澎湃新闻为例 ………………………………………… 257

第七章　媒体融合背景下主流媒体新媒体运营的发展图景 … 267

第一节　构建主流媒体新型运营模式 ………………………… 269
第二节　把握主流媒体深度融合的走向 ……………………… 279
第三节　从融媒体到智媒体的路径调适 ……………………… 286

结束语 ………………………………………………………………… 290
参考文献 ……………………………………………………………… 291

第一章

认识新媒体

新媒体是一个不断发展的概念，包括数字电视、互联网、移动通信等媒体形式。本章内容包括新媒体的界定及特征、新媒体的表现形态、新媒体与技术变革。本章的研究为我们进一步探讨新媒体运营提供了坚实的基础。

第一节　新媒体的界定及特征

一、新媒体的概念界定

新媒体的概念一直是业界和学界探讨的焦点，其定义因时而异、因技术进步而变化，至今未有统一共识。通常情况下，新媒体被认为是区别于传统媒体如报纸、广播、电视等的一个范畴，它代表了在传统媒体之后涌现的、与互联网技术密切相关的一种新型媒体形态。此定义将新媒体明确定位于网络或数字技术领域，更加凸显其技术驱动的特性，不仅蕴含着时间的相对性，也突出了对技术特性的关注。在这样的理论框架下，"持续的变化"成为新媒体定义的核心，反映出技术形态和应用范围的持续演进，在新媒体形态被完全理解之前，它们就已经经历了根本性的变革。因此，精确捕捉新媒体在其不断变化中的确切含义，比以往任何时候都更为复杂。

尽管对新媒体的定义存在广泛讨论，但通过对现有定义的综合分析，我们能够从多维度理解和把握新媒体的本质。这种多维探索有助于加深我们对新媒体概念的认识，为后续的学术研究和实际应用提供了丰富视角和分析框架。

（一）"新媒体"一词的起源

"新媒体"这一术语源自英文New Media，在学界和业界中，它标识了与传统媒体如报纸、广播和电视相区别的一类媒体形态，这些新型媒体形态紧密依赖于互联网和数字技术的发展。关于新媒体概念的起源，可以从两个维度进行考察。

1.技术创新的历史背景

新媒体作为术语出现，源于20世纪下半叶信息技术的快速发展，尤其是个人计算机、互联网以及数字通信技术的广泛应用。这些技术革新使得信息的创建、存储、处理和传播方式发生了根本性变革，从而诞生了一系列全新的媒体形态，如网站、博客、社交网络平台、多媒体应用等。

2.术语的首次提出和流行化

"新媒体"一词最早由P. C.戈尔德马克（Peter Carl Goldmark），一位在LP（留声机唱片）和EVR（电子视频录制技术）开发上有重大贡献的科学家，于1967年首次提出。戈尔德马克当时是美国哥伦比亚广播公司（CBS）技术研究所的所长。他在一份有关EVR商品开发的计划报告中使用了"新媒体"一词。紧接着，美国传播政策总统特别委员会主席E.罗斯托（E.Rostow），在1969年向时任美国总统尼克松提交的一份报告中，也多次使用了"新媒体"一词。

从此，"新媒体"一词开始广泛流传，并逐渐成为描述与互联网技术紧密相关的新型媒体形态的专业术语。随着技术的持续进步，新媒体涵盖的范围和形态也在不断地扩展和变化，其定义亦随着技术发展和应用场景的变化而逐渐演变。

（二）新媒体的概念内涵

相较于传统媒体如书信、报纸、广播和电视，新媒体代表了一种基于网络和数字技术的传播形态，通过互联网、无线通信网、卫星等多样化渠道进行传播。它不仅能够通过电脑、电视和手机等设备提供个性化、细分化和互动化的体验，还能实现精准的内容投放和点对点的信息传递。

本书认为，新媒体的研究应当是动态地把握其作为新兴媒体（Emerging Media）的本质。当前，新媒体被视为"交互式数字化融合媒体"，旨在向用户提供信息和娱乐服务。信息技术是新媒体的关键技术支撑，用户对多元化和个性化信息的需求也构成了新媒体发展的社会基础。新媒体正在深刻改变人们的生活方式，人们从以往媒体内容的被动接受者转变为现在可以主动参与媒体传播的角色。在社会化媒体环境中，用户不仅是新闻的消费者，同时也是内容的创造者和传播者。新媒体环境下，用户与新闻信息传播系统之间的互动模式发生了显著变化，从传统的单向传播变为现在的双向互动。

本书所界定的新媒体是指依托数字技术、互联网技术、移动通信技术等新技术，通过互联网、无线通信网、卫星等渠道，以交互性、即时性、个性化及跨平台传播为特点，向受众提供信息和娱乐服务的传播形态的新型媒体。根据这个定义，新媒体的种类非常繁杂，目前受到较多关注的新媒体不下几十种，包括网络电视（WebTV）、网上即时通信群组、虚拟社区、播客、搜索引擎、电子邮箱、门户网站、手机电视、手机报、微博、微信、抖音、小红书、B站（Bilibili）、快手、知乎等。其中有的属于新的媒体形式，有的属于新的媒体硬件、新的媒体软件、新的信息服务方式等。

(三)新媒体的基本构成要素

在探讨新媒体的定义时,一个明确的共识是,相较于传统媒体,新媒体的形态持续地经历着变化和扩展,其核心在于数字技术的应用与发展。

1. 技术基础——数字技术

新媒体根植于数字技术,并通过互联网、卫星网络、移动通信等进行运作。它涵盖了通过有线和无线通道进行信息传递的各种媒介形态,包括但不限于网络媒体、移动媒体(如手机、移动电视)、电子报纸等。从这个视角来看,如果将传统媒体视作工业社会的产物,那么新媒体则可被视为信息社会的产物。

2. 信息呈现方式——多媒体性

新媒体的信息传播不再单一依赖文字或声音,而是采用声音、文字、图形、影像等多种复合形式进行呈现,显著提高了信息的科技含量。这种多媒体的呈现方式支持信息跨媒介、跨时空的传播,增强了信息的表达力和感染力。

3. 商业模式——创新性

新媒体不仅仅作为一种技术平台存在,它还代表了媒体机构的一种新形态。相较于传统媒体,新媒体带来的变革不仅体现在技术应用的革新,更体现在商业模式的创新上。新媒体时代的商业模式在技术运营、产品开发、服务提供等方面展现出前所未有的创新性。

综上所述,新媒体的核心在于其不断演进的技术基础、多样化的信息呈现方式以及创新的商业模式。这三个基本要素共同定义了新媒体的本质和发展方向,标志着传媒领域从工业时代向信息时代的过渡。未来,随着技术的进一步发展和社会需求的不断变化,新媒体的概念和内涵将继续展现出更加丰富和动态的特性。

（四）新媒体相较于传统媒体的优势

新媒体的兴起标志着媒体传播领域的一次革命性变革，打破了时间和空间的界限，极大地丰富了公众的信息获取渠道，深刻影响了受众的阅读习惯和生活方式。这种变革不仅让大众能够实时地接触到社会、政治、经济和文化生活的各个方面，而且促进了公众参与程度的显著提升。与传统媒体如报纸、杂志、书籍、广播、电视、电影等相比，以互联网和移动设备为代表的新媒体展现出了其独特的优势，最为明显的则表现为以下几个方面：

1.技术的数字化

新媒体基于数字技术，使得信息存储更为稳定、保真和清晰。与传统媒体的纸张、磁带和胶片等物理介质相比，新媒体采用的光盘、硬盘、云存储等数字化存储方式，大幅提高了信息保存的质量和时效，减少了在长期保存和信号传播过程中的信息失真问题。这不仅保障了信息的质量，也为信息的快速、准确传播提供了技术保障。

2.信息的海量化与共享性

当今信息社会，传统媒体因其固有的物理和格式限制，如平面媒体的版面空间和广播电视的播出时段，导致其信息传播能力相对受限。与之形成鲜明对比的是，新媒体利用数字技术的优势，通过小型存储设备如光盘、硬盘及云存储等，实现了信息的海量化存储和高效传播。这一变革不仅极大扩展了单个媒介的信息容量，而且通过互联网将全球计算机网络联结起来，形成了一个辽阔的数字信息海洋。在这个海洋中，任何接入网络的用户都能轻松访问、分享和利用这些海量信息资源，不受地理和时间的限制。

从宏观上看，传统社会中的信息庞杂广泛，但从个体媒体的角度观察，可供接触和消化的信息量却显得有限。相较之下，在新媒体环境中，不仅每个媒介单位能够存储近乎无限的信息量，而且这些信息通过网络被串联起来，为用户提供了前所未有的信息访问范围和深度。更为关键的是，新媒体的技术进步，特别是点对点技术（Peer-to-Peer，简称P2P）的发展，促进了信息资源共享软件的诞生，如Bit Torrent[①]和eMule[②]等，这些工具不仅推动了信息的高效共享，也标志着新媒体时代信息共享的广泛普及和深远影响。

简而言之，新媒体时代的到来极大丰富了信息的形式和内容，打破了信息传播的时空限制，使信息共享变得前所未有的便捷和全面。这种全球性的、无限制的信息共享和利用，不仅促进了知识的迅速传播，也加速了全球社会的信息化进程，对个体生活方式和社会发展均产生了深远影响。

3.形式的多媒体与超文本

新媒体的兴起带来了信息传播方式的革新。相较于传统媒体的信息呈现形式，新媒体通过融合文字、图片、声音、动画和视频等多种符号和媒介，极大地丰富了信息的表达形态。传统媒体如纸质出版物主要依赖文字和图像，广播媒体依靠声音传递，而电视媒介结合了声音、图像及文字，呈现了较为丰富的信息形式。然而，以互联网和移动设备为代表的新媒体凭借多媒体技术的支持，实现了这些传统媒体优势的集成，并通过"兼容并包"的方式大幅提升了信息传播的效率和效果。

不同于传统媒体的线性和文本中心的信息组织方式，新媒体采用以节点为基础的超文本结构，通过超链接将不同的信息节点联结起来，形成了一个非线性的、网状的信息组织结构。这种结构不仅便于存储海量的数字化信息，也极大地提高了信息检索的效率和便捷性，允许用户根据个人兴趣和需求，自由地在信息网络中导航和探索。

此外，新媒体的信息表现形式的多样化，也极大地增强了信息的吸

---

① Bit Torrent协议，俗称比特洪流、BT下载，用于对等网络中文件分享的网络协议的程序。
② eMule一般指电骡。电骡是一个开源免费的P2P文件共享软件，基于eDonkey2000的eDonkey网络，遵循GNU通用公共许可证协议发布，运行于Windows下。

引力和表现力，使得信息的传播更为生动和直观。同时，新媒体技术的应用，如超文本和多媒体，不仅激发了受众的多种感官体验，还提升了信息互动性和参与感，使受众在获取信息的同时，也成为信息的共创者和传播者。

综上所述，新媒体通过技术的创新和多媒体的融合，实现了信息传播方式的根本转变，不仅提升了信息的表现力和互动性，也极大地扩展了信息的传播范围，为现代社会的信息传播开辟了新的路径。

4.使用的个性化与交互性

新媒体的发展标志着传播方式从大众化向个性化和交互性转变。区别于传统媒体同质化的信息传播模式，新媒体通过网络和移动技术实现了信息的个性化定制和传播，满足了受众的多元化需求。在新媒体环境下，用户不仅能够根据个人兴趣和需求主动选择和检索信息，还能够自由决定接收信息的时间、地点和形式。同时，新媒体平台运用先进的信息推送技术为用户提供定制化服务，进一步强化了信息传播的个性化特征。

与传统媒体的单向传播模式不同，新媒体实现了双向互动的传播模式，极大地增强了用户的参与体验。用户不仅能通过点赞、评论等形式参与内容的互动，还能通过发帖、上传信息等方式直接参与内容的创造和分享，特别是在报道突发性新闻事件时，用户生成的内容往往能够快速填补信息空缺，实现信息的快速传播。

此外，新媒体平台通过提供在线问答、论坛交流等功能，为用户创造了丰富的交流空间，使信息的传播过程更加动态化。这种互动性不仅降低了信息交流的成本，还增强了信息传播的即时性和有效性，使得新媒体成为高度灵活、互动的信息传播平台。

综上所述，新媒体通过其个性化和交互性的特点，为信息的传播带来了革命性的变化，不仅丰富了受众的信息获取途径，提高了信息的传播效率，还增强了受众的参与度和体验感，为现代社会的信息传播和交流提供了更广阔的平台。

二、新媒体的特征表现

（一）新媒体的传播特征

从传播学的视角出发，新媒体相对于传统媒体呈现出独特的传播特征。

1.解构边界，重塑关系

新媒体的兴起被广泛认为是信息时代最具革命性的发展之一，其核心特征在于其无与伦比的解构力。这种解构力体现在多个层面：它跨越了传统媒体的固有界限，模糊了国家与国家、社群与社群、产业与产业之间的分隔，淡化了信息的发送者与接收者之间的区分，甚至在一定程度上削弱了社会权威的影响力，推动社会向去中心化方向发展。

新媒体通过其独特的交互性，不仅消解了物理和地理的限制，更重要的是，它创造了一种全新的信息流动模式。这种模式赋予了个体前所未有的发声能力，"人人都是麦克风"的观念由此生发，突显了个体主体性的重要性。这不仅促进了信息的民主化流动，也让信息的生产和消费过程变得更加个性化、专业化。

在新媒体环境下，受众不再是被动接收信息的对象，而是能够积极参与到信息的创造、分发和反馈过程中。这种参与性和互动性的提升，促进了媒介消费模式的根本变革，从卖方市场逐步转变为买方市场。用户的偏好和需求在媒体内容的生产和分发中起到了决定性作用，促使内容生产的针对性越来越强，越来越专业。

总体而言，新媒体的兴起和发展，不仅改变了信息的传播途径和模式，更重要的是，它重塑了信息生产者和消费者之间的关系，促进了信息流动的民主化和社会沟通方式的革新。这些变革对于媒体行业、社会文化乃至政治经济都产生了深远影响，持续推动着社会进步和变革。

2.多点对多点的传播模式

新媒体技术的进步促成了传播模式的根本性变革，从传统的"一对多"

（一点对多点）的线性传播模型转变为现代的"多对多"（多点对多点）的网络传播模型。从传播学视角审视，新媒体传播体现了四个显著特征：首先，个体获得了与大众媒体平等的传播能力；其次，信息的产生与交流不再依赖于固定的意义结构；再次，受众的参与度和主动性显著提升；最后，大众传播呈现明显的小众化趋势。

在传统媒体时代，信息的流动呈现自上而下、从中心到边缘的单向流动模式，这种模式特征明显：传播主体控制信息，受众角色被动接收信息，信息线性流动且选择性极低。传统媒体时代的受众更像是信息的接收容器，缺乏与信息生产者的有效互动，使得信息流动性受限。

而在新媒体环境下，信息的生产、分发和接收变得更加民主化和去中心化。信息发布者和接收者的界限变得模糊，每个人都有可能成为信息的生产者和传播者。这种双向乃至多向的互动模式，不仅赋予了信息以更高的价值，也显著提升了受众的参与感和主动性。新媒体的交互性使信息的流动更为灵活，受众由被动的信息接收者转变为主动的参与者和信息的共创者。

这种从线性传播到多向交互的转变，不仅极大地拓宽了信息的流通渠道，也加深了受众对信息的认知和体验。受众现在能够在信息生产和传播过程中扮演更加主动和多元的角色，这标志着新媒体时代传播模式的深刻变革，进而影响到社会交往、知识共享和文化传播的整体格局。

3.传播成本大幅降低

新媒体技术的进步，特别是互联网的普及，已经极大地降低了信息传播的成本。与传统媒体相比，新媒体提供了接近零成本的信息发布方式，大多数服务对受众免费开放，这一变革对传统媒体产业的经济模型构成了显著挑战。

在传统媒体时代，从信息采集、内容生产到产品分发的每个环节都伴随着经济成本。例如，纸质媒体需投入纸张和印刷成本，电视和广播则需高昂的设备和生产成本。此外，人力资源、设备维护、内容创作和市场营销等方面也需要大量资金。因此，传统媒体的运营往往依赖于资本密集型的投入，在一定程度上限制了信息生产和传播。

相较之下，互联网技术使得信息的发布和分享几乎不受物理和经济限制。简单的设备如个人电脑、智能手机和基本的网络连接，就足以使个体成为信息的发布者。在数字化和网络化背景下，信息的制作、编辑和传播过程不仅成本低廉，而且效率高，覆盖范围广。4G/5G技术的发展进一步推动了移动互联网的普及，实现了随时随地的信息传播，几乎所有人都能够以极低的成本参与到信息的生产和分享中。

这种成本的降低不仅为个体和小型机构提供了传播信息的可能，也促进了信息的多元化和民主化。

4.主要依赖于数字技术

新媒体的发展与存在极度依赖于技术的进步，尤其是数字技术的革新。这些技术不是人类天生所具有的，而是随着时间的推移，通过人类的智慧和创新能力开发出来的。没有数字技术的支持，新媒体的概念甚至难以成立。

作为新媒体的核心和基础，数字技术涵盖了硬件设备和软件技术两大方面。硬件设备为新媒体的运行提供了物理基础，而软件技术则赋予了新媒体多样化功能和应用可能性。具体来说，数字技术包括但不限于录入技术、存储技术、传输技术、接收技术、控制技术以及管理技术等多个方面。这些技术的共同作用，不仅使新媒体能够实现信息的高效录入、存储、传输和接收，也保证了新媒体内容的多样性、互动性和个性化。

因此，掌握基本的数字技术知识成为理解和使用新媒体的前提条件。在新媒体时代，数字技术的发展不仅推动了新媒体形态的不断演化，也促进了传播方式的根本变革，影响了人类的沟通、交流和信息获取方式。简而言之，新媒体的一切特性和功能，都根植于数字技术的发展与应用，没有先进的数字技术，新媒体便无法展现其独有的传播特性和优势。

5.传播行为更为个性化

新媒体环境下的传播行为已经趋向极度个性化。通过博客、播客、微信等新传播形式,每个个体不仅能够表达个性化的观点,还能够关注符合个人兴趣的信息,这种变革显著地增加了信息传播的多样性和动态性。现如今,人人都有可能成为信息的发布者,这种现象极大地丰富了信息传播的内容,并为公众参与提供了平台。

然而,这种传播方式的自由化和个性化也伴随着挑战。信息的泛滥使得隐私保护日渐艰难,同时也导致信息质量的参差,增加了受众在信息筛选上的难度。在这种环境下,受众需要培养更加敏锐和高效的信息筛选能力,以识别和挑选出有价值和可靠的信息。此外,信息管理的复杂化,不仅对个体提出了更高要求,同样也对新媒体平台的管理能力提出了挑战,如何在保护隐私、保证信息质量和促进自由表达之间取得平衡,成为新媒体时代需要面对的关键问题。

6.接收方式从固定到移动

随着移动技术和5G网络的广泛部署,人们接收信息的方式发生了根本性变化,由传统的固定模式转向了全时全地的移动接入。这种技术革命不仅极大地便利了日常生活,也推动了新媒体使用方式的多样化和普及化。如今,无论是通过智能手机浏览互联网、观看流媒体视频、收听数字广播,还是在交通工具中接入网络服务,都成了人们日常生活中不可或缺的一部分。

这种从固定到移动的转变,不仅消除了信息接收的时间和空间限制,也加速了信息的流动和交互,促进了全球信息资源的共享与交流。互联网的普及,为人们提供了前所未有的信息获取和沟通便利,使得个体能够更加灵活地根据自己的需求和环境选择最合适的信息和沟通方式。此外,这种移动性也带来了对信息服务和内容提供方式的新需求,推动了新媒体内容创作和服务模式的不断创新。

7.传播实时化

技术进步已使新媒体具备实时传播信息的能力,极大地压缩了信息传递的时间和空间。门户网站和社交媒体平台即时分享文字、视频、音频等多媒体内容，极大提升了信息的传播速度，使公众能够迅速获取最新发生的事实和数据。这种实时性强化了信息的时效性和社会参与的即时性，为公众理解和响应社会变化提供了强有力的支持。

然而，实时传播的便利性并不意味着可以忽视信息的准确性和真实性。事实上，实时性对信息审核的要求更为严格，以确保所传播的内容准确无误，避免误导公众。在实时传播的背景下，错误信息的更正和澄清也需迅速进行，以降低错误信息可能造成的负面影响。

因此，新媒体的实时传播虽然为信息共享和传递提供了前所未有的便利，同时也对媒体机构和内容生产者提出了更高层次的挑战。他们必须在确保信息准确性和真实性的基础上，充分发挥新媒体实时传播的优势，以负责任的方式参与公共议程的设置和社会舆论的引导。

8.从单一传播到融合传播

新媒体与传统媒体之间的互动与融合正在推动着媒介格局的深刻变革。新媒体技术，特别是互联网和移动通信技术的进步，使得信息传播变得更为多样化，为受众带来了前所未有的多媒体体验，同时通过技术的融合，实现了这些多媒体功能的集成化，展现了全新的传播模式。

尽管新媒体的发展势头迅猛，传统媒体依旧在信息传播领域占据重要地位。长期积累下来的内容优势和受众对其信息质量的深度信任，使得传统媒体仍具有不可替代的价值。新媒体的发展不是对传统媒体的简单替代，而是需要在其基础上进行创新和发展，确保信息传播的准确性和可靠性。

新媒体的兴起促使了多种新型媒体形态的出现，例如网络电视、手机电视等，这些新型媒体在传统媒体与新媒体融合的过程中应运而生，为受众提供了更为便捷的信息接入方式。同时，这些新型媒体的多样性和互动性使得信息传播方式更为灵活，能够满足不同受众群体的个性化需求。

与此同时，传统媒体也未停止自我革新的步伐，积极通过数字技术转型，以更好地适应数字化时代的变革。这包括从模拟电视向数字电视的转换、印刷媒体向数字媒体的演进等。这种全方位的数字化转型，不仅涉及信息的生产和处理方式，也包括了呈现、存储和传输方式的更新，从而使传统媒体能够在新的时代背景下继续发挥其独特的价值。

（二）新媒体的文化特征

新媒体带来的文化特质显著体现在其与受众之间的交互性及其跨越时空的能力，推动了新媒体文化与社会文化的演进，同时也催生了众多创新理念与传播模式。新媒体文化，作为大众文化的一部分，不仅是展示平台、集散中心，更是新文化形态的孵化器。

在文化层面上，可以将文化划分为精英文化与大众文化两大类，其中精英文化注重深度与内涵，而大众文化则以广泛传播与接受为特点。新媒体文化主要定位于大众文化范畴内，呈现出一种面向广大受众的"快餐式"消费文化特征。这种文化形态易于消费、快速流通，反映了现代社会对信息即时获取和处理的需求。

此外，新媒体文化的这种快速、互动的特点，不仅满足了受众对即时信息的渴望，也极大地促进了文化多样性的发展。在这样的文化生态中，传统与创新、本土化与全球化相互交织，共同塑造了复杂多元的新媒体文化景观。

综上所述，新媒体文化通过其独特的文化特征，不仅反映了现代社会大众文化的消费趋势，也促进了文化的多元与创新，对当代社会文化生态产生了深远影响。具体表现如下：

1.强大的包容性和融合性

新媒体展现出强大的包容性和融合性，标志着传播媒介形态的一次深刻转型，既融合了传统媒体的内容和表达方式，也开创了如手机报、移动博客、电子杂志、网络电视等多种创新的信息传播模式。这种融合不仅扩展了信息传播的渠道，使信息获取变得更为便捷，也丰富了文化表达的形式。

新媒体的核心优势在于其将传统文化元素与现代技术手段进行融合，不仅包含了虚拟社区、网络文学等新兴文化景观，也促进了传统文化内容的现代化转型和传播。这种文化的融合与创新，使新媒体成为一个富有活力的平台，能够跨越文化边界，满足多元化的文化需求，为全球文化交流和文化创新提供了新的可能性。

新媒体的发展同时改变了传统媒体作为主流声音的单一角色，扩展了其代表性。这种多声部的传播模式促进了社会的言论自由，为个人和组织提供了更广阔的自我表达和社会参与的平台。

2.全球化扩张与不同文化的兼容

随着新媒体技术的兴起和普及，在全球范围内的迅速扩散，新媒体已成为推动文化全球化的关键力量。这一过程中，新媒体不仅是文化传播的工具，更是推动文化霸权主义的有效渠道，尤其是对于以美国为代表的西方国家而言，新媒体提供了一个数字化平台，促进了其文化价值和生活方式的全球传播。

新媒体文化的特征在于其开放性和包容性。它不同于传统的精英文化，不再单一强调价值观的优越性，而是以兴趣为核心，博采众长，兼容并蓄。这种文化形态的灵活性和多样性使其更容易跨越国界，吸收和融合不同文化元素，从而具备强烈的全球扩张动力和广泛的文化兼容能力。

新媒体文化的全球扩张并不单一地传播某一特定文化，而是跨文化交流和互动，为不同文化间的相互理解和融合创造了条件。通过新媒体，全球受众可以接触和了解不同文化背景下的信息和观点，进一步促进全球文化多元性的发展。然而，这种全球化扩张过程也伴随着文化同质化的风险，需要在传播和接纳外来文化的同时，保护本土文化的多样性和独特性。

3.文化生态：现实与虚拟的交错

新媒体技术的崛起已经深刻地改变了我们的社会文化生态，塑造了一个既融合现实又拓展到虚拟空间的复杂世界。网络空间的匿名性，为个体提供了一种前所未有的自由和安全感，使得身份和地位的界限变得模糊，促进了人们在虚拟平台上的平等交流。这种网络环境为敏感和边缘话题讨论提供了一个相对宽松的空间，让人们在保持隐私的同时，能够自由表达和交换思想。

然而，这种匿名性也伴随着一系列挑战和风险。在网络世界中，对个人言行约束的缺失可能引发不负责任甚至恶意的行为。网络空间的广阔和匿名特性，加剧了人们追求新奇、刺激的心理，有时候这种追求会超越道德和伦理的界限。因此，尽管网络为自由表达提供了机会，但对其的管理和监督同样重要。

在新媒体的背景下，信息的流动和扩散速度快、范围广，从社交平台到在线新闻，无处不在的信息成了现代生活的一部分。尽管这些信息似乎属于虚拟世界，但它们对现实世界产生了深远影响。网络上的讨论能够迅速形成公众舆论，对政治、社会乃至文化产生显著影响。

网络社会成为现实社会的延伸，构建了全新的社交网络和在线活动形式，跨越了地理和文化的界限，为全球范围内的人们提供了互动的机会。这种全球互联和虚拟性质的网络环境，虽然促进了广泛的联系和共同体意识的形成，但也可能导致社交隔阂和虚拟世界的疏离感。

因此，新媒体时代下的文化生态，既展现了数字技术带来的前所未有的互动可能性，也带来了新的社会文化挑战，需要我们在享受新媒体带来的便利的同时，也深思如何在现实与虚拟的交错世界中保持平衡和谐。

4. 大众狂欢的娱乐特征

网络文化在新媒体时代展现了其独特的休闲娱乐与艺术鉴赏维度，成为艺术与科技融合进步的显著标志。这一趋势不仅体现在新媒体艺术作品中，也映射在传统艺术品上。如上海世博会中国馆展示的"清明上河图"，以其创新性和互动性吸引了广泛关注，展示了信息经济时代下文化特征的新发展。

然而，网络文化的发展也伴随着大众狂欢的非理性特征，这种非理性表现为网民集体的、过度的参与，有时候缺乏深思熟虑的判断。这导致了一些负面的网络文化现象，如"网络暴力""恶搞文化"等。这些文化形态的出现，虽然反映了网络文化的活跃度和参与性，但也暴露了其潜在的道德风险和社会责任问题。

因此，新媒体时代的网络文化既是科技与艺术协同进步的产物，也是大众文化表达的新产物。人们在享受新媒体带来的娱乐功能与艺术魅力的同时，需要对其非理性的大众狂欢持审慎态度，促使网络文化向着更加健康、理性的方向发展。

5.人际交往与情感交流

网络技术的发展与普及，特别是手机和各类即时通信软件（如QQ、MSN）以及社交论坛（如BBS、贴吧）的兴起，已经极大地改变了人们的交际模式和情感表达方式。这种变革跨越了传统的面对面交流限制，允许人们在不受地理空间约束的环境中自由地进行沟通和情感分享。特别是对于那些在现实生活中可能因各种因素（如遇到挫折、性格内向或交际能力不足）而难以有效交流的人群来说，网络提供了一个寻找理解与共鸣的平台。

网络空间的匿名性和去中心化特征为用户创造了相对自由的交流环境，使他们能够不受传统社会规范的影响，更加开放地表达自己的想法和情感。这种去形式化的交流模式促进了网络关系的形成，包括网友之间的深层次交往乃至网恋的发展。这类虚拟空间中的关系有时会转化为现实世界中的面对面会晤，从而对传统的人际交往模式和情感交流关系产生影响。

然而，虽然网络为人际交流和情感表达提供了新的渠道，但它也带来了一系列挑战，如虚拟空间中的情感真实性、网络安全问题以及网络依赖等，这些都需要人们在享受网络带来的便利的同时，保持审慎的态度和批判性的思考。

6.文化表达：个性张扬中颠覆传统

新媒体文化标志着人类对表现力和真实性追求的新阶段，其核心理念是"透明化"，即对表现活动的真实性与一致性的追求。这种追求不仅重塑了现代社会的传播方式，也深刻影响了传统的中西方真理观念。

在传统媒体中，符号的固有局限性往往难以捕捉事物的微妙变化和情感的真实细节，导致完美表征的追求面临障碍。对更高度的表现力和精确度的探索，促使人们向更先进的表征方式转移，以满足对真实的深层需求。

随着电子传媒和数字技术的飞速发展，媒体文化的表现形式变得更加生动、逼真，甚至能超越现实本身，实现所谓透明化效果。数字技术的进步让创作者能够以前所未有的精度处理文本，如修改图像以贴合个人意愿。这种对文本完美化的追求加强了透明化的趋势，使得通过数字技术操纵的图像、声音和视频创造了一种令人难以区分的虚拟现实。这种技术超越了传统媒体的局限，为观众提供了全新的、前所未有的体验。

在个性张扬的同时，新媒体文化对传统文化观念的颠覆不仅体现在表征技术的革新上，也反映在其所提供的表现力和真实性上。通过这些先进技术，新媒体文化促进了文化表达的多样性和创新，同时对传统媒体的表征限制提出挑战，引领我们进入了一个更加丰富、多元和动态的文化生态环境。

（三）新媒体的产业特征

1.产业方式多元化

新媒体的产业特征体现了其传播方式的多样化和参与性，区别于传统媒体的单向信息流动。在传统报纸中，编辑和记者等专业团队负责筛选和传达公共信息至读者，形成了一种单向的信息流，这种模式因其封闭和非互动性，使得其产业结构呈现出一定程度的垄断化。此外，传统报纸的生产过程对普通读者而言，带有一定的不透明性。即使读者有反馈意见，也难以通过报纸本身实现直接反馈，而需依靠电话或信件等其他渠道进行沟通。

广播和电视虽在后期尝试引入互动功能，但其核心传播模式过去也主要为单向。与此相反，新媒体展现了从单向到多向、从单一发出到群体广播，以及从简单互动到群体之间复杂互动等多样化的传播手段。这种传播的多元性直接影响了新媒体的产业模式，促使其产业方式同样展现出多样化的特点。

在数字化和网络化的背景下，通过移动设备如智能手机阅读新闻成为可能。不论是在街头巷尾还是地铁车厢，只需简单操作手机，即可随时随地获取更新鲜、更丰富的新闻内容。这种方便快捷的信息获取方式，不仅体现了新媒体技术的先进性，也展示了其产业模式的创新。这种与新媒体技术相适应的产业发展，标志着新媒体产业的多元化与互动性，为信息传播和文化交流提供了更广阔的平台和更丰富的可能性。

2.产业技术兼容

新媒体的兴起标志着个人移动数字技术与无线通信技术的深度融合，展现了对传统媒体技术功能的扩展与超越。新媒体不仅继承了传统媒体的基本信息传播功能，更通过技术兼容开辟了前所未有的功能领域。例如，手机银行应用的普及极大地方便了个人财务管理，使得用户能在任何地点、任何时间，如公交车上或地铁中，便捷地完成转账等银行业务，无须亲自前往银行柜台。此外，手机影院等新媒体应用满足了青年群体对随时随地享受影视娱乐的需求，使得手机变身为一个无界限的电影院。

这种产业技术的兼容性不仅体现了新媒体技术的灵活性和创新性，还反映了新媒体产业对用户需求的敏感捕捉和快速响应能力。通过整合不同技术平台和服务功能，新媒体为用户提供了更加丰富多元、个性化和便捷的信息服务与娱乐体验，同时推动了传统媒体产业的技术革新和业务模式的转型。在数字化和网络化的时代背景下，新媒体的产业技术成为推动社会信息化发展和文化产业创新的重要力量。

3.满足分众传播需求

在当代信息社会中，信息传播的普遍性和即时性日益凸显，然而，信息的发布和接收并非无目的性的泛泛传播，而是必须针对具有特定需求和偏好的目标受众。信息发布者在内容生产和分发过程中，需深入洞察不同受众群体的特定需求，这一过程涉及精准定位和细分市场策略的运用，即分众传播的实现。

分众传播要求信息的制作和传递能够基于受众的细分，以便更精确地满足其多样化和个性化的信息消费需求。这种策略的采用，迫使传统媒体产业模式面临转型的必要，促使其在产业结构上进行创新，以适应现代社会对信息多样性、针对性与个性化的迫切需求。

因此，满足分众传播需求并非仅是媒体内容策划和营销策略的调整，更是对传统媒体产业构架和运作模式的根本性重塑。通过采用新技术和数据分析等手段，实现对受众细分的精准识别和内容定制，不仅能够更有效地满足受众的具体需求，也为媒体产业的可持续发展提供新的动力和方向。在这一过程中，新媒体技术的应用为实现细分市场的精准定位和高效传播提供了强大支持，使得分众传播成为现代媒体产业发展的重要趋势。

4.适应扁平化需求

在当今数字化时代，媒体传播流程正逐步走向扁平化。这种扁平化趋势表现为信息传递过程中中介环节的显著减少，信息源与终端用户之间的联系更加直接和紧密，微博、微信等社交媒体平台使得个体或组织能够直接、即时地将信息内容推送至广大消费者手中，无须经历传统的多层次分销渠道。

这一扁平化传播不仅显著降低了信息传播的时间成本和经济成本，也加速了信息的流通速度，扩大了信息的覆盖范围。更为重要的是，它反映了现代社会管理与组织结构变革的趋势，即通过减少中间层次，实现管理的高效与民主。在政治层面，扁平化管理强调权力下放和民主参与；在企业管理中，它倡导简化组织结构，提升决策效率和员工参与度。

因此，这种扁平化传播的趋势，不仅是对媒体行业的挑战，也是现代组织管理创新的机遇。媒体与企业应采取策略，利用新技术平台优化信息传递机制，加强和消费者的互动与沟通，从而在信息化社会中建立更加高效、透明的传播与管理体系。

第二节　新媒体的表现形态

新媒体的概念在现代社会中呈现出高度的动态性和包容性，既涵盖了以互联网技术为基础的网络媒体，也包含了网络技术所衍生的各种新型媒体形态。这包括但不限于有线网络与无线网络，以及随着技术进步而不断涌现的新媒体形式，例如数字电视、移动电视、手机媒体、网络电视、播客等。新媒体的特点在于其与计算机和互联网技术的紧密关联，这一特征定义了其广泛的应用和影响范围。

根据新媒体的不同特性和功能，我们可以对其进行多维度的分类。按照传播形式，新媒体可以分为户外新媒体、楼宇新媒体、社区新媒体、公交视频新媒体等；按照受众关注的方式，又可以分为强制性关注的新媒体（如楼宇广告、电梯广告、短信等）和选择性关注的新媒体（如网络播客、手机微信、电视购物等）。

接下来，我们从新媒体的功能性角度进一步探讨和分类，这不仅有助于深化对新媒体多维度特性的理解，也能更好地把握其在现代社会中的应用和影响。新媒体的功能性划分反映了其在信息传播、社交互动、商业营销等领域的独特价值和作用，从而提供了对其全面认识和评估的新视角。

一、自媒体新媒体

自媒体，作为数字技术强化下与全球知识体系紧密相连的现象，代表了普通大众自由提供和分享个人经验、观点及新闻的路径。这种传播方式体现了个性化、民主化、普及化及自主化的特点，使每个人都能成为信息的生产者和传播者。借助现代电子技术手段，自媒体向广泛受众或特定个体传递既包含规范性内容也包含非规范性内容的信息，成为新媒体领域的一大类别。

（一）自媒体的定义及其特征

自媒体是一种由个体主导的信息生产和传播方式，它赋予个人在数字平台上生成、累积、分享及传递内容的能力，具有既私密又公开的传播特性。自媒体内容的发布既不主动寻求受众的阅读，也不拒绝其广泛传播，其核心驱动力是个人的"自娱自乐"和"自我表达"。在数字时代，网络自媒体以其数量庞大和草根性质为特点，其运营者多为社会普通成员。网络的匿名性为用户提供了极大的自由表达空间。典型的自媒体形式包括个人微博、博客、个人主页等，而Facebook（脸书）、Twitter（推特）、QQ空间和新浪微博则是这一现象的典型托管平台。

与传统媒体机构主导的信息传播相比，自媒体突出了普通大众在信息传播中的主体地位，将信息传播的模式从"一对多"转变为"点对点"的互动式传播。在自媒体时代背景下，社会信息来源的多元化使得主流媒体的影响力逐渐减弱，人们更加倾向于从多个独立的信息源获取资讯，以形成自己对事物的独立见解。这标志着社会正从一个中心化的信息传播模式转向多元化和去中心化的新阶段，每个个体都在独立地获取信息，并基于自己的理解形成观点。这种现象体现了信息传播的民主化和个体表达的多样化。

自媒体的特征可以归纳如下：

（1）平民化与个性化。自媒体赋予每个个体公共发声的机会，从而实现了民主化的信息传播。它允许人们在个人的数字平台上自由地表达意见、分享生活点滴，并建立个人社交网络。这种平台成为大众表达个性、分享体验的主要场所。

（2）低门槛且操作简易。与传统媒体相比，自媒体的运营相对简单且成本低廉。传统媒体的创建和运维需经历繁复审批及高昂投入，而自媒体仅需简单注册即可轻松创建，无须专业技术背景或显著成本。

（3）交互性强，传播速度快。自媒体的互联网基础使得个体与他人、与世界的交流突破了时空限制，信息传播迅速、时效性强。用户可即时发布信息，也能快速收到反馈，这种双向或多向的互动是传统媒体无法比拟的。

（4）内容质量参差不齐。由于自媒体内容由个体根据个人兴趣自主发布，因此内容质量良莠不齐，既有深度的思考和有价值的分享，也有大量低质量甚至不健康的内容。

（5）信息真实性难辨。自媒体的信息快速更新和个体自由发布的特性，导致了信息真实性难以保证，增加了谣言传播的风险，使得自媒体的信息可信度受到质疑。在今天，"有话要说"的人越来越多。有的自媒体过分追求新闻发布速度或者说为了追求点击率而忽略了新闻的真实性，导致自媒体传播信息的可信度降低。于是，"网络谣言"成了一种常态，"造谣""传谣"和"辟谣""澄清"成了网上常见的"表演"。

（6）法律法规滞后。从宪法角度看，自媒体是个人言论自由权的延伸，应该受到法律的保护；从实践层面看，自媒体从一诞生就受到了诸多法律的限制；但保护和限制的边界在哪里，尚未形成明确的法律规定。我国目前有很多法令管制网上活动，但还只是停留在对网站的管理上。如何在法律上对自媒体进行规范与引导，迫切需要全社会来共谋良策，新媒体用户也应该学会在这个言论自由的地方负责任地表达，行使权利的同时不忘义务，使我国自媒体朝着健康的方向发展。

综上所述，自媒体在促进信息自由流通、丰富社会交流模式的同时，也带来了信息质量及法律监管不足等方面的问题。因此，构建一个健康、有序的自媒体环境，需要媒体从业者、用户、政策制定者共同努力。

（二）自媒体产生的影响及发展趋势

自媒体的崛起标志着媒体传播领域的根本变革，挑战了传统媒体的运作模式和新闻生产的基本原则。

第一,"共享媒体"挑战传统媒体"一对多"的传播模式。传统的新闻媒体将传播者与受众分得很清,它们是"自上而下""点对面"的传播方式。而博客、播客式的自媒体打破了这种不公平的格局,新媒体不再有传者和受者的界限,每个人都是传者,每个人都能做新闻,"人人即媒体"。因此,在博客、播客网站上,不再提及"受众"一词,而更习惯说"用户"。

第二,"我的地盘我做主",挑战传统媒体"把关人"。在Web2.0时代,网络传播成为零门槛的传播方式,任何网络用户都可以成为传播者。在技术层面,博客、播客具有非线性传播、零门槛、低成本等优势,正是这种互联网的特性决定了用户发布的信息内容不完全受网站的控制,传统媒体对信息的筛选及议程设置的特权将面临前所未有的挑战。

第三,不受时间、地域局限,用户成为新闻源。传统媒体的专业新闻工作者利用集团优势以及技术支持,在世界各地收集信息进行报道。然而,博客、播客式自媒体的出现打破了时间、地域的局限,用户也能成为新闻的采集者和传播者。即使在其他方面,自媒体发布突发性事件视频材料的速度也是主流媒体无法企及的,传统意义上的受众在自媒体时代成了新闻源。

第四,微内容对传统新闻理念的挑战。微内容这一概念,是相对于传统媒体环境中的巨内容而提出的学术区分。巨内容,作为传统媒体的核心构成,主要承载着彰显新闻价值要素——重要性、接近性、时效性、显著性及趣味性等关键信息。相对而言,微内容最初用以界定网页界面上细微的文字元素,如页眉、标题等"超微型文本单元"(Micro-content)。然而,在错综复杂的互联网生态中,微内容的范畴已远超于此,它涵盖了网络用户生成的所有独立数据单元,包括但不限于博客中的每一篇日志、论坛中的每一条评论,乃至用户的每一次点击行为,这些均构成了互联网微内容的广泛基础。微内容的影响力及其产生的社会效应,已与传统大众传媒中的巨内容比肩，甚至在某些维度上超越了后者。用户的每一次对视频、音频内容的点击、评论、收藏行为，不仅是个人互动的体现，更是微内容在信息传播过程中发挥效力的直接证明。在进行音视频内容检索时，那些受到更多点击、评论与收藏的媒体资源，会优先呈现于搜索结果的前列，这一现象揭示了微内容在内容推荐算法中的权重及其对用户注意力分配的引导作用。

自媒体的发展趋势显示，虽然它提供了信息传播的新途径并且促进了信息的民主化，但也伴随着一系列挑战。未来，自媒体与传统媒体之间的互补和融合，以及如何建立有效的信息验证和质量控制机制，将是媒体发展的关键方向。同时，法律法规和伦理指导的完善也至关重要，以确保自媒体平台的健康发展和信息生态的平衡。

二、知识新媒体

顾名思义，知识新媒体，主要以提供和共享知识信息为核心功能。这种媒体形态可视作网络版的百科全书，是知识信息集聚和传播的数字平台。目前，互联网上广泛应用的知识新媒体主要包括四大百科网站：维基百科、百度百科、互动百科、360百科。这些平台大多基于共创共享的原则运作，允许用户即时更正错误信息，补充最新知识，从而形成一个动态更新、互动性强的知识共享体系。这种基于网络的知识共享和传播方式通常被称为"维客"。通过这些平台，知识新媒体不仅为公众获取、更新和共享知识提供了便捷途径，也促进了知识的民主化和普及化，对教育、研究以及社会信息传播具有重要意义。以下主要对维基百科、百度百科展开论述。

（一）维基百科

维基百科，自2001年1月15日由吉米·威尔士和拉里·桑格创立并上线以来，已成为依托Wiki技术建立的多语言网络百科全书的典范，标志着自由百科全书的新篇章。作为一个开放、多语言的协同编辑平台,维基百科依赖于Copyleft的自由内容理念、协同编辑的模式,及其对多语言版本的支持,构建了一个全球性的知识共享体系。维基百科项目由非营利的维基媒体基金会负责运营,旨在提供一个动态的、自由访问和编辑的全球知识库。

维基百科的用户广泛参与的特性,使其被誉为"创新2.0时代的百科全书"和"人民的百科全书",这反映了当代社会中用户参与、大众创新、开放创新和协同创新的趋势。通过提供英语维基百科及其衍生项目如维基新闻、维基教科书,维基百科不仅促进了知识的共享与传播,也引发了关于内容准确性和编辑开放性的讨论。所有维基百科的内容基于GNU自由文档许可证发布,确保了内容的自由和开放。

维基百科采用Media Wiki编辑界面,允许用户编辑和扩充条目。新条目的初稿可能是松散和未经组织的,但维基百科社区成员通常会对其进行整理和改进。通过分类系统,维基百科帮助用户依据内容和属性快速查找相关条目。维基百科对条目质量的管理,包括将简短条目标记为"小作品"鼓励改进,以及将高质量条目提名为"特色条目"。

然而,维基百科的开放性也面临着破坏行为的挑战,如虚假信息、广告内容、偏颇观点等。维基百科社区通过编辑和管理机制有效地对抗这些问题,保持了平台的信息质量和可靠性。

中文维基百科自2002年10月24日正式启动,是维基百科国际协作计划的一部分,涵盖了多个中文方言版本,如闽南语、粤语、吴语等,体现了维基百科在促进知识共享和文化多样性方面的努力。

(二)百度百科

百度百科是百度公司推出的一个为网友提供的信息存储空间,是一部内容开放、自由的网络百科全书,其测试版于2006年4月20日上线,正式版在2008年4月21日发布。百度百科旨在创造一个涵盖各领域知识的中文信息收集平台。百度百科强调用户的参与和奉献精神，充分调动互联网用户的力量，汇聚上亿用户的头脑智慧，积极进行交流和分享。同时，百度百科实现了与百度搜索、百度知道的结合，从不同的层次上满足用户对信息的需求。

百度百科本着平等、协作、分享、自由的互联网精神，提倡网络面前人人平等，所有人共同协作编写百科全书，让知识在一定的技术规则和文化脉络下得以不断组合和拓展。2012年，百度百科运行基本成熟。同年4月，百度百科举办了"所有的一切，都因为知识"为主题的六周年活动，陆续推出"记录你在百科里的故事""百科网友相聚在北京""收集知识彩蛋""有模有样活动""知识幸运抽奖""名览天下活动"等。2013年4月20日，百度百科举办"十全十美 百科七周年词条质量提升活动""一目了然 百科七周年词条目录优化活动"，活动是为了提升词条质量，将词条整理得更加可读、更有逻辑性。并先后建立了百度百科学术委员会和百度百科质量委员会。

百度百科收录的内容包括具体事物、知名人物、抽象概念、文学著作、热点事件、汉语字词或特定主题的组合，例如："花""中国""百子论文""唯物主义""2008年北京奥运会"等。一般而言，词条须有一个单一的主题；若多个事物有相同的名称，重名事物需在以该名称命名的词条中分不同段落阐释。当事物存在标准中文名称时，百度百科不鼓励创建以外文单词或词组为名的词条。

与维基百科不同的是，百度百科设有专门的编审系统。用户提交的词条编辑或创建版本，根据百科规则，需要由百科编审系统给出处理意见。符合百科规则的版本，将会更新至词条页予以展示；不符合百科规则的版本，将由编审系统打回，并反馈违规所在。每日23时至次日8时30分为特殊编辑时段，此时段用户提交的版本将延时处理。

百度百科还设有用户投诉中心，负责受理关于百度百科的各种投诉。当用户发现某词条内容触犯法律，或词条被恶意修改时，可以向投诉中心申请删除相关词条的修改版本；当用户修改的词条未获通过，而用户对拒绝通过理由有疑义时，可向投诉中心申请复议；当用户认为两个词条构成同义词时，可以向投诉中心申请合并词条。此外，投诉中心也负责收集用户对百度百科提出的各种意见和建议，百度百科管理员每日定期集中处理各种投诉，并通过百度短消息及时告知用户投诉处理结果。

为了刺激用户的使用积极性，百度百科创建了用户积分体系，百度用户在百度百科上参与编辑即可获得奖励积分。积分分为经验值和财富值两部分，财富值可用于在商城兑换虚拟特权、徽章和实物礼品，经验值与等级头衔相关。

百度百科已成为媒体舆论、新媒体用户乃至整个社会最重视、最依赖的信息获取渠道之一。作为全球最大的中文百科，百度百科在历次引发公众危机的焦点事件中展现出了及时、全面、权威和深度的优势，成为时代精神的最佳注解。这种信息呈现的优势让百度百科不仅是知识平台，更是舆论利器，此外，百度百科官方也持续推动了打造平台权威性的战略，相继与多家权威部门机构合作，共同对全社会第一时间发布权威信息，且效果显著。

三、工具新媒体

工具新媒体是通过互联网为网友提供搜索信息、汇聚信息、使用信息甚至对信息进行证实、证伪的工具，本身不具有决策依据的性质。

工具最初是指能够方便人们完成工作的器具，后引申为"为达到、完成或促进某一事物的手段"。它既可以是机械性的，也可以是智能性的。大部分工具都是简单机械。例如一根铁棍可以当作杠杆使用，力点距离支点越远，杠杆传递的力就越大。但现在人们更倾向于使用智能工具，亦即使用工具媒体来实现既定目标，工具新媒体即众多工具中的一种。

（一）工具新媒体的常见类型

工具新媒体主要包括聊天工具、下载工具、系统工具、网吧工具、软件工具、翻译工具等。

1. 聊天工具

聊天工具又称IM软件或者IM工具，主要提供基于互联网的客户端进行实时语音、文字、图片和画面传输。从技术上讲，主要分为基于服务器的IM软件和基于P2P技术的IM软件。基于服务器的IM软件是第一代的IM软件，典型包括ICQ、MSN等；基于P2P技术的IM软件为第二代的IM软件。

常见的聊天工具有QQ、MSN、新浪UC、Skype、微信、YY等。

2. 下载工具

下载工具是一种可以使顾客更快地从网上下载包括文档、图像、音频、视频、游戏等各种数据的软件。用下载工具下载文件之所以快，是因为它们采用了"多点连接"（分段下载）技术，充分利用了网络上的多余带宽；同时采用"断点续传"技术，随时接续上次中止部位继续下载，有效避免了重复劳动，大大节省了下载者的连线下载时间。

常见的下载工具有：迅雷、FlashGet、eMule、QQ旋风等。

3. 系统工具

系统工具是指Windows自身程序之外的负责系统优化、管理等作用的工具，如系统维护工具、垃圾清理工具、桌面清理工具等。

常见的系统工具有：Windows优化大师、鲁大师、超级兔子、CCleaner等。

4. 网吧工具

网吧工具指网吧为了管理而用的一些专用工具，现在也指一些黑客软件，它们主要是为了破解网吧的一些限制，比如自由门、无界浏览等翻墙工具。

5. 软件工具

软件工具是指为支持计算机软件的开发、维护、模拟、移植或管理而研制的程序系统。它是为专门目的而开发的，在软件工程范围内而言，也就是为实现软件运行于其中的各种处理活动（包括管理、开发和维护）的自动化和半自动化而开发的程序系统。开发软件工具的最终目的是提高软件生产率和改善软件的质量。

软件工具大致分为六类：模拟工具、开发工具、测试和评估工具、运行和维护工具、性能质量工具和程序设计支持工具。

软件工具细化分类包括：扫描器、攻击程序、网络工具、后门程序、拒绝服务、嗅探器、木马、口令破解、代理程序、防火墙、入侵检测、完整检查、加密解密、加密隧道、编程相关、蠕虫以及其他工具。

6.翻译工具

翻译工具即能为用户提供快速准确的语言翻译服务，便于跨语言文献的理解和交流。

常见的翻译工具有：有道词典、金山词霸、灵格斯词霸、微软必应词典等。

7.搜索工具

搜索引擎是对互联网上的信息资源进行搜集整理，然后供用户查询的系统，它包括信息搜集、信息整理和用户查询三部分。搜索引擎是一个为用户提供信息检索服务的网络工具，它使用某些程序把互联网上的所有信息归类，以帮助人们在茫茫网海中搜寻到所需要的信息。

全文搜索引擎是目前广泛应用的主流搜索引擎，国外代表有Google，国内则有著名的360搜索。它们根据用户发出的关键词指令，从互联网提取各个网站的信息（以网页文字为主），建立起数据库，并能检索与用户查询条件相匹配的记录，按一定的排列顺序返回结果。

选择搜索关键词的原则是，确定所要达到的目标，在脑子里要形成一个比较清晰的概念，即"我"要找的到底是什么，是资料性的文档，还是某种产品或服务。然后再分析这些信息都有哪些共性，以及它们区别于其他同类信息的特性。最后从这些方向性的概念中提炼出此类信息最具代表性的关键词。如果这一步做好了，往往就能迅速地找出我们要找的东西，而且多数时候根本不需要用到其他更复杂的搜索技巧。

（二）工具新媒体的未来发展

未来的工具新媒体发展趋势预示着技术进步的加速化，将极大地拓宽媒体的功能范围和应用领域。例如，"媒体中心HD-电子节目表"的创新应用，能够为用户提供一站式多媒体体验，整合影视、音乐、图片及节目信息等内容，实现媒体资源的手机端集中管理和控制。用户将能够直接在手机上切换电视频道、观看电视节目、播放PC（个人计算机）上的媒体文件，并下载图片等。

技术进步不仅简化了用户操作，增强了媒体资源的可访问性和便利性，而且通过实时远程控制和记录冲突处理功能，提升了个性化服务的体验。此外，启动画面定制、美观的用户界面设计、电影预告播放、节目系列和演员信息集成，以及背景音乐的下载与加工等特色功能，进一步丰富了用户的媒体消费体验。

更重要的是，这类工具新媒体的未来发展将支持EPG（电子节目指南）数据整合，实现与其他主机的一键联结，以及应用程序（App）内直接访问网站的便捷性，满足用户对功能多样性和信息丰富性的需求。通过这些创新功能的实现，未来的工具新媒体不仅能提高媒体消费的效率和愉悦度，而且能推动整个媒体产业向着更加集成化、智能化和个性化的方向发展。

四、移动新媒体

移动新媒体，作为新媒体技术的一种展现形式，利用低成本和规模化这两种经济属性，带来了高额的投资回报。随着新技术的不断涌现，移动新媒体的发展、运营及其商业模式获得了突破性成功。这一领域的快速发展引出了"TMT"（Telecom，Media，Technology）概念，广受业界认可。基于此，诸如移动博客、微博、微信以及手机电视、移动多媒体广播等多种移动视听新媒体如雨后春笋般涌现。

（一）移动新媒体的不同分类

依据信息载体的不同，移动新媒体可以分为两类：

1.手持移动新媒体

智能手机的出现，极大地改变了人们之间信息沟通和信息传播的方式，它不仅仅是一种通信工具，而且已成为继报纸、广播、电视、网络之后的"第五媒体"。目前中国已经成为全球最大移动通信市场，中国手机用户已经超过全欧洲国家手机用户总和。受到手机使用方便等特征的启发，国家广播电视总局组织开发了手持电视收视设备。

手机在语音信道之外有了专用的数据信道，使手机在数据通信速率上获得较大幅度的提高，具有了能够流畅地接收图像信号和视频信号的能力，手机正在用一种新的方式向渴望得到新闻又忙于行路的公众提供一种"日常生活的指南"和"快乐阅读的享受"，它以手机报、手机电视、手持电视等方式向用户提供资讯。

对于手持移动新媒体而言，它们具备以下一些共有特性：

第一，便携性。手持终端设备允许用户随时随地访问信息，不受时间和空间的限制。用户不再需要依赖传统的电视或电脑来获取信息，而是可以在公共场所、咖啡馆甚至床上轻松获取所需内容。

第二，互动性。无论是手持终端还是局端设备，都具备强大的计算能力，支持各种互动功能，如手机游戏、社交媒体互动等。用户可以参与媒体内容的创造和分享，使媒体不再是被动接受的载体，而是一个互动性更强的平台。

第三，私密性。手持设备通常是个人拥有和使用的，用户能够更好地保护自己的隐私，并进行个性化定制。他们可以选择哪些信息和内容与他人分享，从而更好地掌握自己的数字生活。

第四，跨媒体性。手机等手持媒体可以与其他媒体形成紧密的互动，通过移动网络支持与报纸、广播、电视、互联网等媒体的交互。这种跨媒体性为用户提供了更丰富的媒体体验，同时也为媒体公司提供了更多的传播渠道。

第五，增值性。手机平台可以实现灵活的计费方式，包括广告、订阅、应用内购买等，从而创造额外的边际收益。有些手持媒体甚至可能成为主要的收益来源，为媒体公司带来更多商机和利润。

2.机载移动新媒体

机载移动新媒体主要是指机载移动电视。移动电视是以数字技术为支撑，通过无线数字信号发射、地面数字接收的方式播放和接收电视节目的一种电视传播媒介。机载移动新媒体主要指公交移动电视、列车移动电视、轮船移动电视和航空移动电视等。作为一种新型媒体，移动电视的迅速发展使人们始料未及，它具有覆盖广、反应迅速、移动性强的特点，除了具备传统媒体的宣传和欣赏功能，还具备城市应急信息发布的功能。

对于公交移动电视来说收视人群流动性大，观看节目时间比较短，注意力也容易分散，"强迫收视"成为其最大的特点。公交移动电视的强制性传播是指受众身在公交车上没有选择其他电视频道和电视节目的余地。这种受众被动接收信息的状态，决定了移动电视播出的节目在内容和编排方式上都与传统电视有较大不同。如果移动电视仍然沿袭传统电视频道的运作理念和节目编排，移动电视与传统电视的差异性就无法得到体现，市场占有率也就无法提高，不过传播内容的强制也有利于拓展"无聊经济"的巨大利润空间，移动电视正是抓住了受众在乘车、等候电梯等短暂的无聊时间进行强制性传播，使得消费者在别无选择时被它俘获，这对于某些预设好的内容（比如广告）来说，效果更佳。

移动新媒体由于可以伴随人们出行，并在旅途中为公众提供各种信息服务，因此功能独特，备受追捧。铁路、航空、水运等部门也积极利用移动新媒体，或传播企业形象，或提供公共信息服务，或做产品营销广告，不做新媒体的企业已经被视为缺乏竞争力的一种表现。

（二）移动新媒体的发展趋势

在移动新媒体领域，我们正见证着几个显著的发展趋势，这些趋势不仅影响着内容的生产和消费方式，而且正在重塑着媒介生态系统的结构。

1.个性化订阅服务

个性化订阅服务，特别是通过RSS技术实现的订阅服务，为用户带来了一种革命性的内容消费方式。这种服务允许用户跨越不同的内容来源，通过统一的订阅平台获取定制化的阅读体验。这种趋势标志着用户获取信息方式的根本转变，将用户放在选择的中心位置，使他们能够根据个人偏好筛选和消费内容。移动应用和第三方客户端的出现进一步促进了这一模式的发展，增强了用户对于消费信息的主导权，并且为内容创作者提供了更大的机会去吸引和留住目标受众，营造了一个更加多元化和个性化的媒介环境。

2.在线直播

移动新媒体的进步使得在线直播变得前所未有的便捷和受欢迎。直播方式提供了一种独特的即时互动体验，用户可以实时观看事件并与内容创作者进行互动。这种实时互动性是在线直播区别于传统媒体的关键特点。随着技术的进步，尤其是5G网络的推广，预计在线直播的质量和用户体验将得到显著提升。在线直播的兴起不仅开辟了新的商业模式，还深化了观众的参与度和体验，标志着互动媒体新篇章的开启。

3.用户生成内容

在移动新媒体的时代，用户既是内容的消费者也是内容的生产者。先进的移动设备使用户可以轻松地创造和分享各种形式的内容，如照片、视频、社交媒体帖子等。这种从下而上的内容创造模式不仅丰富了媒体内容的生态，也赋予了用户前所未有的参与机会，促进了媒体文化的民主化。

用户生成的内容成为移动新媒体领域的关键组成部分，同时也是推动数字时代持续发展的核心动力。

这些趋势共同描绘了一道正在快速变化的移动新媒体景观，其中个性化、即时性、互动性和用户参与成为定义未来媒介发展方向的关键词。随着这些趋势的不断演进，我们可以预见一个更加开放、互动和多元的新媒体生态系统的形成。

五、社交新媒体与互动新媒体

如果说前四种新媒体的共同特点是由社会成员单个使用它们的话，那么社交新媒体和互动新媒体则主要是公民对新媒体的共同使用；如果说前四种媒体的使用主要是以增进知识和方便生活为目的的话，社交新媒体和互动新媒体则主要是为了建立网络社区甚至是为了形成舆论或者达成行动意向。因此，社交新媒体和互动新媒体代表了新媒体技术与社会互动融合的高级形态。相较于早期的新媒体形式，它们更加强调用户之间的互动性和社群的形成。这些媒体不仅为用户提供了信息交流和社会交往的平台，而且在形成公共舆论和集体行动方面发挥着日益重要的作用。

（一）社交新媒体

社交新媒体作为现代信息交流和社会互动的网络工具，通过社交网站上的强大互动功能，极大地促进了信息的即时分享和反馈。用户可随时接收与他们密切相关的最新信息，并通过讨论、留言、上传和分享资料等方式参与到一个更广泛的社交圈中。手机和互联网的无线连接技术有效解决了信息传递的"最后一公里"问题，使得网络社交新媒体成为人们社交活动中不可或缺的工具。

社交新媒体的普及和应用已经深入人们日常生活的各个层面，革新了我们寻找、分享信息和彼此交往的方式。作为现代文化生活的一部分，社交新媒体对任何社会化活动的影响都不可小觑，无论是商业领域、政府机构还是体育组织，都必须认识到并利用社交媒体的力量。社交新媒体不仅是信息传播的渠道，更是塑造人们行为和决策的重要因素。它可以改变人们的看法、态度，甚至是生活方式，在决策过程中发挥着关键作用。

（二）互动新媒体

互动新媒体以其独特的互动性质，特别是在社交媒体和网络游戏领域内的广泛应用，标志着人们回归到一个社会化且高度互动的媒体环境。社交媒体平台，如微博和微信，超越了传统媒体平台的单向信息传递模式，它们不仅是信息和新闻的汇聚点，更是用户之间沟通和分享的重要场所。通过内容的聚合与分享，这些平台促成了丰富而有价值的用户互动和舆论形成，使得微博和微信成为新闻事件发生和传播的关键源点。

这种互动性不仅增强了媒体内容的吸引力和参与度，也重新定义了信息的流动方式和用户之间的社会关系。用户在这些平台上不仅能获取信息，还能即时反馈、讨论和传播，从而在虚拟社区中形成一种新型的互动文化。因此，互动新媒体成为研究社会动态、用户行为和舆论走向的重要领域，其对现代社会的影响正在塑造着新的社会互动模式和沟通方式。

六、社群新媒体与公共新媒体

在当今快速发展且日益碎片化的现代生活中，人们发现自己的个人空间和活动范围不断扩大，而可用于深层次人际交往的连续时间变得异常珍贵。这种现象通常被称为"生活碎片化"，导致了现实社会中人与人之间直接交流的机会显著减少，进而增加了建立和维持传统社会联系的难度。与此同时，互联网和新媒体技术的迅猛发展及其广泛普及，为人们提供了新的解决方案。现代数字技术使个人能够轻松地与拥有相同兴趣、志向的他人建立联系，形成基于网络的社群，从而促进了人际关系的"重新社群化"。

社群新媒体和公共新媒体的兴起，不仅为个人提供了重新联结和构建社交网络的机会，还为公共交流和集体行动开辟了新的途径。这些平台允许个体在虚拟空间中就共同关心的议题进行深入讨论和交流，从而形成强有力的社群联结。这种新形态的社群不受地理位置的限制，其成员可以跨越传统的社会和文化界限，共同探索、学习和行动。

因此，社群新媒体和公共新媒体成为当代社会中不可或缺的社交和公共参与平台。它们不仅促进了知识的共享和集体智慧的形成，还为公民提供了一个表达意见、促进公共议程和参与社会治理的空间。在这一过程中，社群新媒体和公共新媒体展现了其独特的力量，即促进社会联系的重塑和公共空间的扩展，为现代社会的人际交往和公共生活注入新的活力。

（一）社群新媒体

社群新媒体，亦称社区新媒体，是在网络时代背景下应运而生的一种媒体形态。现实世界中，个体因寻找志同道合的同伴而面临挑战时，互联网便成为一个新的建立联系的渠道。社群新媒体的出现，使得个人能够在虚拟空间中寻找和结识具有共同目标的人群，从而形成在线社群。这类媒体不仅为个人提供了与他人建立联系的新平台，而且促进了信息的共享、讨论与传播，增强了群体的凝聚力和认同感。

网络社群作为一种现代社会的自我赋权现象，为个体和集体带来了更多的控制权，以便更有效地利用个人和集体资源。在信息化社会，权力和财富的分布正在经历由物质财富向信息和知识的转变，从而使得信息拥有者拥有更大的权力和影响力。因此，控制信息的生产和分配成了一种重要的权力行使方式。

新媒体用户通过网络社群获取信息传播的权利，他们利用社交媒体和在线平台分享、传播信息和观点，挑战了传统权力结构的集中性。这种现象促进了权力的分散化，减少了信息控制的集中度。

网络社群的兴起，同时促进了政府权力的透明化、负责任化和分权化。

传统的政府信息控制和传播机制受到了挑战，政府和政治机构开始利用这些新媒体与公众建立更为直接、实时的交流，以期获得更广泛的公众支持和参与。这一转变不仅代表了技术进步对社会交往方式的影响，还体现了现代政治沟通和社会管理的新趋势。

（二）公共新媒体

公共新媒体紧密结合了社群新媒体，为社会人士提供了一个集思广益和意见交流的平台。社群新媒体主要为具有相似兴趣和观点的人们提供集结之地，而公共新媒体则扩展了这一概念，使之成为一个广泛汇集和传播社会意见的网络空间。在这个意义上，社群新媒体和公共新媒体之间存在着内在的联系，二者共同促进了网络社会意见的形成和传播。

我国公共新媒体的快速发展标志着新媒体形态在公共信息传播和社会意见表达方面的重要地位。新媒体电视作为其中的佼佼者，已经成为联结公众与信息流通的重要桥梁。以地区性新媒体为例，北京的北广传媒、世通华纳、巴士在线、DMG（数码媒体集团）等四大运营商各自独立运营，共同竞争和分享北京市场，展示了地区性公共新媒体的多样化和活跃度。而武汉地区的情况则体现了世通华纳和巴士在线在公交线路上的合作与竞争，进一步证明了公共新媒体在提升城市公共信息服务水平和促进社会意见交流中的作用。

这种发展趋势不仅反映了公共新媒体技术和应用的创新，也凸显了其在塑造公共空间、促进社会沟通、增进公民参与以及推动社会意见形成中的重要性。公共新媒体的发展为公众提供了更广泛的信息获取渠道和表达平台，为社会意见的形成和传播提供了新的可能性，进而为现代社会的公共参与和民主实践注入了新的活力。

（三）社交网络服务

社交网络服务（SNS）是指通过互联网技术，帮助用户建立、维护和管理社交关系，实现信息交流和资源共享的网络平台。SNS平台上的用户可以根据自己的兴趣和需求，加入不同的社群，形成社群新媒体的雏形；同时，SNS也承担着向公众传播信息、提供服务的功能，具有公共新媒体的特点。深入分析SNS能够让我们更全面地理解社群新媒体运作的内在机制。

1. SNS的内涵

SNS是基于互联网的社交网络服务平台，它使个人能够构建和反映社交网络，促进用户之间的互动和信息分享。SNS的理论基础部分来源于六度分割理论，该理论揭示了人际网络中任何两个人之间都可以通过不超过六个社交联系连接起来的现象。初期的SNS平台如Friendster和MySpace利用此理念，使用户能够通过现有的社交联系找到新的朋友，逐步扩展其社交网络。

随着技术的进步和用户需求的变化，SNS的定义已经从最初的"通过已知联系人扩展社交圈"演化为更为广泛的社交凝聚方式。现代SNS平台如Facebook、Twitter和LinkedIn（领英）等，不仅允许用户基于现实生活中的关系网络建立联系，也支持基于共同兴趣、职业背景、学术追求等因素构建社交网络。这种演变显著增加了SNS的多样性和可访问性，使之成为跨越地理、文化和兴趣界限的社交集合点。

SNS的技术架构主要基于P2P技术，这一技术允许网络中的每个节点既是信息的提供者也是信息的接收者，从而实现资源的有效分配和共享。这一架构支撑了SNS平台处理海量数据、支持庞大用户群体交互的能力，同时保证了系统的高效率和可扩展性。此外，SNS平台的发展也得益于云计算、大数据分析和人工智能等先进技术的应用。这些技术的融合不仅极大提升了SNS的性能，还丰富了平台的功能，如智能推荐、数据挖掘和用户行为分析等，为用户提供了更加个性化和互动化的社交体验。

2. SNS的技术服务

SNS的技术服务构成了当代网络社会的基础架构，以其独特的P2P信息传输和社区建立方式，免去了对昂贵硬件资源和额外软件资源的依赖。这种去中心化的结构不仅降低了运营成本，还极大地提高了信息传播的效率和社群互动的便利性。SNS技术的应用领域广泛，包括但不限于SNS P2P网络电视、内容收费系统、个人信息管理、企业工作流程优化及基础硬件市场等。

在中国，SNS的应用发展呈现多样化趋势，可大致分为平台类和应用类两大类别。平台类SNS以特定的服务或功能为基础，构建起庞大的用户网络和社交生态，代表性平台包括：

腾讯QQ：基于即时通信技术，发展成为具有丰富社交功能的综合SNS平台。

百度：依托于搜索引擎技术，逐渐引入社交元素，形成以搜索为基础的SNS生态。

阿里巴巴：以商务交易和电子商务为核心，构建专业的商务应用SNS平台。

一起网：采用开放式社会化网络结构，鼓励用户之间的自由交流和互动。

应用类SNS则侧重于特定领域或行业的社交需求，如：

工具化SNS：提供特定功能或服务，如任务管理、信息整合等，以提高用户工作效率。

IT专业人士SNS：针对IT行业的专业人士，提供行业动态、交流论坛等专业交流平台。

文化类SNS：围绕文化爱好和创意交流，聚集同好人群，促进文化产业的发展。

SNS的技术服务通过其灵活多变的应用形式，不仅改变了人们的沟通方式，也促进了信息技术和网络社会的快速发展。

3. SNS的缺陷

SNS的应用和普及无疑丰富了人们的社交生活和信息获取渠道，但其发展过程中也暴露出一些不容忽视的缺陷，主要体现在以下三个方面：

（1）内容分类与筛选的局限性。SNS以个人兴趣和社交关系为核心组织信息，信息内容丰富多样。即便是专注于特定领域的SNS平台，随着用户基数的增加和互动的深入，讨论话题也会变得极为广泛，逐渐偏离了平台的初衷和核心话题。这种以人为中心的信息组织方式虽然增强了社交的亲密度，但在保持话题集中和高质量信息筛选方面面临挑战。

（2）信息沉淀与积累的难题。在SNS平台上，信息流动性强但易于迅速沉淀和过时。由于社交网络往往根据好友关系形成信息的传递链条，这导致即使在用户基数庞大的社区内，个体用户也只能触及有限的信息范围。大量有价值的内容由于缺乏有效的推荐和传播机制，很容易被埋没，使得用户错失许多精彩内容。

（3）与搜索引擎的互动问题。SNS平台上用户生成内容的门槛较低，导致每日都有海量新页面产生。虽然搜索引擎能够收录这些页面，但在确定页面的主题、内容质量和分配适当的页面权重方面面临巨大挑战。这不仅影响了用户通过搜索引擎发现高质量社交媒体内容的能力，也为搜索引擎提出了决定内容相关性和权威性的难题。

针对上述缺陷，未来SNS的发展需要更加注重优化内容筛选和分类机制，改善信息的沉淀与积累方式，同时增强与搜索引擎的协同，以提高内容的可发现性和价值。这不仅需要技术层面的创新，也需要平台运营者对用户需求和行为的深入理解，以及对社交媒体生态的持续优化。

第三节　新媒体与技术变革

传播技术在人类社会的发展进程中扮演了至关重要的角色。特别是在新媒体领域，这些技术作为新媒体发展的核心动力，与新媒体的产生、演变和功能实现了紧密相连。根据新媒体的定义及其独特的特性，我们可以认识到新媒体的形成和发展是建立在网络和数字通信技术基础之上的。新媒体技术主要包含采集和生产技术、处理技术、传输技术、存储技术和播放显示技术，涵盖围绕互联网和移动通信输入、处理、输出等全过程的各项技术。

一、新媒体发展的驱动技术

自20世纪80年代以来，随着媒体技术变革的加速，新媒体得到了飞速发展。在传统媒体如报纸、广播和电视的基础上，新媒体技术利用最新的科学成果作为发展的背景和手段，形成了一系列新型的传播媒介。值得注意的是，联合国将1983年定为"世界通信年"，而西方国家也普遍将这一年誉为"新媒体纪元年"，标志着人类社会正式进入了信息时代。以计算机为工具，以现代数字通信为手段，以网络交换为传播形式构成对信息内容采集、加工、处理、应答传输和显示的全过程，并应用于大众传播媒体和行业的技术被统称为新媒体技术。

（一）数字技术

数字技术紧密伴随着电子计算机技术的发展。它通过特定的硬件设备将图像、文本、声音、影像等多种信息转换为电子计算机能够识别的二进制代码，即"0"和"1"，实现对信息的计算、处理、存储、传输和恢复。这种技术的核心价值在于将抽象的信息数字化，从而使其易于感知、管理和交互，开启了全新的科技时代。在这个数字化时代中，信息流成为日常生活的一部分，互联网成为人与人交流的主要媒介。通过互联网，家庭电器可以组织成网络，并由电脑控制，人们能在任何地点和时间获取所需信息。

数字技术在新媒体领域的应用彰显了其独特的魅力，它不仅改变了信息的传播方式，也深刻影响了社会经济和生活方式。例如，数字技术使视频资料经过多次非线性编辑而不降低质量，与模拟信号相比，大幅提高了信号的质量和编辑的效率。此外，数字压缩技术显著提高了信息的存储和传输效率，不影响速度和质量。数字技术还支持跨媒体平台的信息资源融合，使得信息能在多平台间互相渗透传播，例如，流媒体技术、计算机图形技术和虚拟现实技术的广泛应用。

新媒体产业正以前所未有的速度在全球范围内蓬勃发展，它整合了网络技术、文化产业等，成为数字时代的重要支柱。数字技术的不断进步是推动新媒体产业发展的关键动力，在产业中扮演着至关重要的角色。

随着移动互联网终端的普及，传统的PC客户端网络媒体受到了冲击。移动化和智能化已成为信息传播的主流趋势，信息传播不再受地理位置的限制，这得益于无线通信技术和移动终端的发展。移动互联网技术的创新使得人们能够利用碎片时间随时随地上网，彻底改变了信息传播的方式。"无线通讯（信）技术和移动终端是未来信息传播的重要特征之一，而无线通讯（信）技术和移动终端的发展也使得全民参与信息传播的深度和广度不断拓展，给信息传播的方式带来了巨大的变革。"[1]

（二）通信技术

通信技术利用有线电路、无线电波、光信号及其他电磁系统，实现文字、图像、声音等信息的传输、发射和接收，已经构筑了全球范围内的立体通信网络。这一网络使远距离通信与信息获取成为可能，从而极大地丰富了我们的信息交流方式。

移动通信技术是当今通信领域中发展最迅速、潜力最大、市场前景最为广阔的技术之一。自1986年第一套移动通信系统在美国芝加哥问世以来，移动通信经历了从1G到5G的技术革新。1G系统采用模拟信号传输，

---

[1] 张前程.数字技术发展对信息传播的影响[J].中国科技信息，2014（22）：216，218.

仅支持基础语音通信。进入1995年，随着数字技术的成熟，2G系统实现了从模拟到数字的转变，引入了数据传输服务，如文字信息传输和初步的网络浏览功能。

随后，第三代移动通信技术（3G）的发展标志着移动通信进入一个全新的时代。国际电信联盟在2000年确定的WCDMA、CDMA2000、TD-SCDMA等无线接口标准，使得3G技术实现了更高速的数据传输，"3G与前两代的主要区别是在传输声音和数据的速度上的改进，它能够在全球范围内更好地实现无缝漫游，并处理图像、音乐、视频流等多种媒体形式"[1]。

4G是指第四代无线蜂窝电话通信协议，是集3G与WLAN于一体能够传输高质量视频图像，且图像传输质量与高清晰度电视不相上下的技术产品。"4G系统能够以100 Mbps的速度下载数据或信息，比拨号上网快2000倍，上传的速度也能达到20 Mbps。"[2]2013年12月，工信部在其官网上宣布向中国移动、中国电信、中国联通颁发LTE/第四代数字蜂窝移动通信业务（TD-LTE）经营许可，也就是4G牌照。至此，移动互联网开启了移动互联网速度的新纪元。

2019年，5G技术的商用化许可标志着中国正式步入5G时代。5G不仅在人与人的通信上做出革新，提供了更加沉浸式的业务体验，同时还在人与物、物与物的通信上展现出广阔的应用前景。2019年6月6日，工信部正式向中国电信、中国移动、中国联通、中国广电发放5G商用牌照，中国正式进入5G商用元年。5G技术的低时延、高可靠性、低功耗特性，将支持从移动医疗、车联网到智能家居、工业控制等多样化的物联网应用，预示着它将深入渗透到社会经济的各个领域，成为经济社会数字化转型的关键基础设施。

总的来说，通信技术的发展极大地推动了信息社会的进步，使得信息

---

[1] 吴霞.第三代移动通信技术及应用［J］.通信与信息技术，2010（3）：57-61.
[2] 王若愚.4G通信技术综述［J］.文摘版：工程技术，2015：90-91.

传递变得更为快捷、高效和多样化，极大地影响和改变了人们的生活和工作方式。

（三）网络技术

网络技术是一种将地理位置分散、功能独立的多台计算机及其外部设备通过通信线路连接起来的技术。这项技术在网络操作系统、网络通信协议和网络管理软件的协同工作下，实现了信息的有效传输和资源的共享。简而言之，网络技术是计算机技术与通信技术的融合，旨在通过网络资源共享，全面提升计算机处理能力和效率。

网络的基础构成包括三大要素：通信介质、计算机设备和网络协议。这个技术体系可细分为七层结构，其中，物理层负责网络的具体物理设备和向数据链路层提供服务；数据链路层保证在有误差的物理线路上进行无差错的数据传输；网络层到应用层则负责为终端用户的应用程序提供服务，负责网络资源的管理和分配。

自1969年ARPANET投入使用以来，网络技术快速发展，促使全球各国计算机网络互联，构成了跨国界的国际互联网。目前，TCP/IP体系结构和国际标准化组织的OSI体系结构是国际上最为重要的两种网络结构标准。

20世纪90年代以来，尤其是1992年美国提出"信息高速公路"计划后，网络技术的发展迈入了高速和综合化的新阶段。局域网技术的成熟，以及光纤通信、多媒体网络和智能网络的发展，使得整个网络系统对用户而言如同一个透明的巨大计算机系统。4G网络的出现预示了互联网与通信网络的深度融合，这种技术的进步不仅扩大了网络媒体的覆盖范围，也使得无线设备成为信息传递的常用手段。

随着智能手机的普及，其独立操作系统和无线连接功能标志着移动互联网技术的诞生。智能手机上安装的应用程序接近电脑的功能，展示了其在移动互联网时代的特色。互联网的发展趋势是朝着更高速、更综合、更全球化、更智能化的方向发展，网络技术在此过程中扮演了不可或缺的角色，推动了社会信息化和数字化转型的进程。

二、新媒体技术的发展趋势

（一）移动技术

移动设备和技术正以前所未有的速度向市场渗透，成为媒体经营中不可或缺的移动解决方案的重要部分。

1.移动技术概述

在信息技术行业中，移动性被视为四大主导趋势之一，与社交技术、大数据分析和云计算并称为SMAC整合方案，这些趋势预计将在未来十年内重塑信息技术行业的发展轨迹。随着用户对信息技术需求的增长，媒体组织面临着适应移动革命的挑战。这场革命超越了用户通过智能手机或平板设备访问信息的传统理解，标志着移动技术对各种商业流程的广泛渗透和影响。移动设备已成为用户接入互联网的基本平台。截至2024年6月，中国网民规模近11亿人（10.9967亿人），较2023年12月增长742万人，互联网普及率达到78.0%。其中，手机网民规模达到10.96亿人，网民使用手机上网的比例为99.7%。这一统计数据强调了移动设备在日常生活中的普遍性。随着这种趋势的发展，媒体组织必须重新评估和调整其业务模式和策略，以利用移动技术的广泛应用，满足用户对于信息获取和交流方式日益多样化的需求。

2.移动设备和应用程序的开发

随着移动技术的蓬勃发展，媒体公司不仅在社交媒体领域加大投资，更是纷纷着手开发应用程序，以实现在自有平台和第三方平台上的内容投放平衡。对新媒体公司而言，"两微一端"（微信、微博和移动客户端）已成为抢占移动互联网市场的基本配置。众多公司正加速开发第二个甚至第三个移动应用，从侧重控制和安全的移动解决方案转变为促进业务发展的平台，显现出发展路线上的转变。大多数开发移动应用的公司采用多种技术解决方案，超过80%的媒体机构开发了适用于两种以上操作系统的应用程序，有70%的媒体机构计划采用Web开发或HTML工具。面对平台碎片化问题，越来越多的媒体机构选择使用Web应用架构，这不仅解决了兼容性问题，还允许充分利用现有开发资源。

尽管没有一种万能的方法适用于所有类型的移动应用开发，但根据国际数据公司（IDC）的研究，大多数媒体机构倾向于采纳以下三种策略：

（1）多渠道开发策略。即便移动端优先，但这并不意味着网站变得无关紧要。媒体需要一个统一的平台，以此为基础向终端用户开发应用程序。

（2）构建基于云计算的平台。大多数媒体机构面临时间、资源或资金的限制，无法独立开发和管理应用程序，因此急需一个集安全性、应用设计、开发管理、内容管理、数据分析和报告于一体的简便、通用型移动架构，以缩短产品上市时间并有效利用与计算相关的项目资源。

（3）整合多种数据来源。客户端应用程序必须能够与多种后端数据源进行联结，以确保数据的流畅交互和应用的功能完整性。

（二）云计算

在当今数字化时代，以灵活、需求驱动的商业模式提供内容服务已成为颠覆性的新趋势，其中云计算技术的应用尤为关键。

1.云计算概述

云计算是一种基于互联网的计算方式，它通过提供共享的计算资源（如服务器、存储、应用程序和服务）来实现数据的远程存储、管理和处理。用户无须直接管理底层硬件，便可以通过互联网访问和运行应用程序，其数据同样保存在远程数据中心。云计算服务提供商负责维护这些数据中心和计算资源，确保服务的高可用性和安全性。

云计算的核心优势在于显著降低了企业的信息技术成本，同时提高了业务运作的灵活性和效率。它主要分为三类：公有云、私有云和混合云。

公有云为用户提供经济高效、易于扩展的服务，但其数据安全性和隐私保护常受到质疑；私有云通过为单一客户提供定制的服务，确保了数据的安全性和控制权，适合对安全性和可控性有高要求的企业；混合云结合了公有云的成本效益和私有云的安全性，为企业提供了灵活且高效的云计算解决方案。

随着云计算技术的成熟，越来越多的组织和企业选择利用云服务来优化业务流程和降低运营成本。根据国际数据集团的预测，未来几年内，私有云的使用将显著增长，成为云计算市场的主导力量。私有云的构建通常基于基础设施层面，允许客户在传统的授权环境中运行应用，或开发并部署定制应用，从而满足特定的业务需求和安全要求。

总之，云计算技术不仅为媒体和其他行业的数字化转型提供了强大的技术支持，也推动了商业模式的创新和变革，使组织能够更加灵活和高效地响应市场变化。

随着云计算技术的迅速发展和广泛应用，传媒行业正经历一场前所未有的技术革命。云计算已经从一个试验性的技术转变为主流信息技术解决方案的核心，为新媒体领域带来了深刻的变革。这种转型对新媒体技能的发展产生了显著影响，促使传媒组织重新审视和调整其业务战略和技术架构。

2.云计算对新媒体技能带来的影响

在采纳云计算技术的初期，传媒组织可能更加关注如何简单地将现有的应用迁移到云端，而较少考虑应用间的整合问题。然而，随着云技术的成熟和对业务流程支持需求的增加，整合性变得尤为关键。这不仅涉及将传统的传媒业务应用迁移至云端，还包括应用与数据管理之间的整合，以及云服务间的无缝协作。因此，混合云解决方案逐渐成为传媒行业优先选择的云计算模式，允许组织灵活地结合公有云和私有云服务，以适应不断变化的业务需求。

对中国新媒体而言，云计算不仅仅是一项技术创新，更是推动行业发展、促进业务创新的强大动力。通过利用云计算，新媒体可以构建以用户、数据和服务为中心的社交网络平台，实现数据的高效管理和深度分析，进而提供更加个性化、动态化的内容和服务。这些平台能够支持包括搜索、广告、社交网络和电子商务在内的多样化应用，帮助传媒组织捕捉更多商业机会，同时增强与用户的互动和连接。

总之，云计算为新媒体领域带来的变革远超技术层面，它重新定义了传媒业务的运作方式、内容生产和分发机制，以及用户互动模式。随着更多传媒组织拥抱云计算，我们可以预见一个更加开放、互联、智能的新媒体生态系统的到来。

（三）大数据

大数据即通过快速抓取、发现和分析数据，从大体量、多样化数据中低成本获取价值的新一代技术和架构。

1.大数据概述

大数据技术的兴起标志着信息技术时代的新革命，它被广泛认为是推动"工业4.0"智能化生产的关键因素，成为当前产业创新和社会发展的核心动力。2015年9月，国务院发布的《促进大数据发展行动纲要》将大数据战略提升至国家战略层面，表明我国致力于发展大数据应用新产业，以促进经济社会的全面现代化。大数据并非单指海量的数据集，而是指规模庞大、结构多变、来源广泛的数据集，这些数据集超出了传统软件工具的处理能力范畴。大数据的核心特性通常被概括为"4V"模型：

体量巨大（Volume）：大数据的规模常常达到TB、PB甚至EB级别，海量的数据规模是其最显著的特征之一。

类型多样（Variety）：大数据涵盖了各种类型的数据，包括不同来源、结构和格式的数据，这增加了处理大数据的复杂性。

处理速度快（Velocity）：在信息量爆炸的今天，数据以前所未有的速度生成，这要求相关技术能够迅速处理和分析这些数据，以便实时做出决策。

价值密度低（Value）：虽然单个数据的价值可能很低，但通过对大量数据的聚合和分析，可以挖掘出其中蕴含的巨大价值。

因此，大数据不仅仅是数据量的积累，更是通过云计算等现代数据处理技术，实现数据整合、共享、交叉复用，从而转化为有价值的智慧资源和知识服务能力。这种数据的价值转化过程，为社会经济发展和科技进步提供了新的动能。大数据时代的到来，不仅要求技术的革新，还对企业和社会管理提出了新的挑战，迫切需要开发新的技能和策略，以充分利用大数据的潜力，推动社会向更加智能化、高效化的方向发展。

2.大数据分析及运用

从技术角度看，大数据由一整套原创的新技术（如高扩展性的数据库、高级数据可视化技术和高性能搜索引擎）以及更成熟的技术（如事件驱动处理、商业智能和数据挖掘）融合而成。通过数据集中整合、挖掘分析、展示应用，为客户提供智能化、个性化服务。通过挖掘分析，运用数量模型分析方法，发现数据背后的规律，发掘市场机遇和客户需求。大数据创新了商务智能，极大地提升了智能化服务水平。但是大数据的普及和运用还存在不少障碍。

大数据的一个关键要素是采用最新的 Hadoop 技术，这种开源处理框架能将大的分析查询分解为多个平行运行的小的分析查询，然后将结果重组为一个数据集。因为当前这种技术的供应不足，大多数 Hadoop 项目都是实验性的，在国内还罕有真正的生产环境。同时，大数据的崛起使得统计师们将对业务某种程度的理解整合到企业中，把自己打造成数据分析师。数据分析师的工作是将来自不同数据集的数据汇聚到一起，从中发现规律、洞察趋势。

（四）虚拟现实

以虚拟现实（VR）、增强现实（AR）为代表的用户体验信息技术：用于管理和优化用户体验的技术，以用户体验为中心，开发应用和服务。

1.虚拟现实概述

VR技术自20世纪80年代由杰伦·拉尼尔（Jaron Lanier）首次提出至今，已经成为现代计算机技术的一项重要分支。VR技术利用先进的计算机仿真系统创建一个高度逼真的虚拟环境，通过视觉、听觉和触觉的综合模拟，为用户提供了一种前所未有的沉浸式体验。用户通过佩戴特制的头盔、手套等装备，可以在虚拟世界中与虚拟对象进行自然互动，仿佛真实存在于该环境之中。

VR技术的核心在于其能够综合多源信息，通过三维动态视图和实体行为的仿真，构建一个互动式的模拟环境。这种环境不仅限于视觉感官的模拟，更扩展到听觉、触觉等多种感官体验，使用户得到全面的沉浸感。尽管VR技术仍处于不断发展与完善的阶段，但其在多个领域内的应用前景已被广泛认可。无论是在娱乐产业、教育培训，还是在商业展示等方面，VR技术都展现出了其独特的价值和巨大的发展潜力。

随着计算能力的提升和交互设备的创新，VR技术正逐步克服早期的技术障碍，为用户带来更加丰富和真实的虚拟体验。未来，随着技术的进一步成熟和应用场景的拓展，虚拟现实有望深刻改变人们的生活方式和工作模式，开启数字世界的新篇章。

2.虚拟现实技术采用及其影响

VR技术，作为一种颠覆性技术，已逐渐融入人们的生活和工作中，尤其在传媒行业内展现出其独特的价值和广泛的应用前景。VR技术的发展可以分为两个阶段：首先是优化用户体验，使"虚拟"世界更加"现实"，通过全面构建内容的视角、情节和交互方式，提供身临其境的体验；其次是加强虚拟与现实之间的联系和互动，通过高度仿真模拟，缩短人与人之间的距离，实现信息的无界共享。

VR技术的实现依赖于一系列基础性技术，包括实物的虚拟化和虚拟物的实体化两大问题。实物虚拟化涉及基础模型构建、空间追踪、声音定位、视觉追踪等关键技术，这些技术保障了虚拟世界的真实感生成和用户操作的准确捕捉。虚拟物的实体化则侧重于确保用户在虚拟环境中获得全方位的感官体验。

AR技术作为虚拟现实的衍生领域,通过计算机生成的信息增强现实世界的视觉,为用户提供更丰富的信息和体验。AR技术不仅可以将虚拟物体叠加到真实环境中,还可以提供关于真实物体的详细信息,实现信息的丰富化和多维度展现。

在传媒行业,VR技术和AR技术被视为革新传统叙事手段和加深受众共鸣的有效途径。通过虚拟现实体验,用户可以与新闻事件或影视作品中的场景和人物产生更深刻的联结。例如,英国广播电视(BBC)与阿德曼动画公司的合作项目将叙利亚难民家庭的真实故事转化为VR体验,英国《卫报》创建的VR工作室,探索了VR技术在新闻报道中的多角度应用,展示了VR技术在提升新闻报道深度和广度方面的巨大潜力。

总体而言,VR技术和AR技术不仅在传媒行业,还在教育、医疗、娱乐等多个领域展现出了革命性的影响和广阔的发展前景,正在推动信息技术和社会交流方式的根本变革。

(五)人工智能

人工智能(Artificial Intelligence,AI)是信息科技领域的一大革命性进步,旨在通过模拟、延伸和扩展人类的智能,创造出能够执行各种复杂任务的智能系统。AI技术的核心在于使计算机系统能够理解、学习、预测和操作,从而在无须人类直接干预的情况下解决问题。

1. 人工智能技术概述

AI技术,作为现代科技领域的一颗璀璨明珠,正日益展现出其广泛而深远的影响力。AI技术不仅涵盖了机器学习、深度学习、自然语言处理、机器视觉等多个技术子领域,还通过这些子领域的综合应用,使计算机系统获得了处理、分析大数据并从中学习适应的能力。这些高级能力让AI系统得以在语言翻译、图像识别、复杂决策支持等领域中执行极为复杂的任务。

AI技术的核心追求是创建出能够自主学习和自我完善的智能系统。这些系统的自我进化能力，意味着它们可以通过持续地学习和适应，不断提升自身的处理能力和效率。这一创新性技术的应用前景无比广阔，它在医疗诊断、个性化教育、金融风险评估、智能制造等众多行业内，已开始展现其强大的变革潜力和价值。

AI技术不仅仅是对现有技术的一种补充或改进，更是对人类社会各个领域运作方式的一种根本性革新。通过智能化的数据分析和决策制定，AI技术正帮助人类社会进入一个更加智能、高效和精准的新时代，不断拓展人类的认知边界，提高生活和工作的质量。随着AI技术的不断进步和应用深化，未来人工智能将更加紧密地与人类的生活和工作融合，成为推动社会发展和进步的关键力量。

2.传媒行业中人工智能技术的运用

在传媒行业的革新进程中，AI技术的引入标志着从内容创作、分发到用户互动等全方位的技术革命。AI在实现个性化内容推荐方面，通过深度分析用户历史阅读偏好和行为模式，智能匹配并推荐与用户兴趣高度契合的新闻或文章，极大增强了用户体验。自动化新闻生成技术，依托于大数据分析和自然语言处理技术，能够依据预设模板和实时数据，迅速生成标准化的新闻稿件，显著提升了新闻报道的时效性和准确性。

此外，AI在用户行为分析领域的应用，通过深度学习算法挖掘用户浏览、点击、分享等行为背后的模式，帮助媒体机构精准捕捉用户需求，为广告投放和内容定制提供了强有力的数据支撑。这种深入的用户理解进一步促进了内容与广告的个性化匹配，有效提高了用户满意度和广告转化率。

综上所述，AI技术的融入不仅为传媒行业带来了高效率和高精度的新闻生产能力，也极大地丰富了媒体与用户的互动方式，开启了传媒行业数字化转型的新篇章。面对这场由AI驱动的技术革命，传媒行业的从业者需不断提升技术应用能力，同时也要关注和解决伴随AI应用所引发的伦理和隐私问题，以促进健康、可持续的行业发展。

第二章

新媒体运营概述

第二章 新媒体运营概述

新媒体运营是当今数字时代中至关重要的活动之一，它是指通过互联网和各种数字平台，如社交媒体、应用程序等进行信息传播、品牌建立、受众互动等。本章阐释新媒体运营的概念，分析新媒体运营的主体、新媒体运营的构架流程，并深入探讨新媒体运营的分类。

第一节 新媒体运营的概念

新媒体运营是指通过新媒体进行的运营与营销活动。从实践角度理解，新媒体运营是指通过一切新媒体手段，帮助产品或服务进行推广、促进用户使用、提高用户认知等。本书将采用对新媒体（详见第一章）和运营这两个概念进行界定并整合的方式，来阐释新媒体运营的基本概念。

一、新媒体运营的相关概念

（一）运营概念的演进及界定

运营有时被称为营销，但事实上，运营是包含营销在内，并超越营销的整个生产、服务、消费环节。在新媒体时代，运营应更注重于服务的整体流程。因此，下面将从运营概念演化的角度来解释什么是运营。

1.运营概念的演化

美国思想家和社会学家丹尼尔·贝尔以技术为中轴，将社会经济的发展分为前工业社会、工业社会和后工业社会三个阶段。[1]运营概念起源于后工业社会服务业兴起时期，随后西方学者把与制造业联系在一起的有形产品的生产称为Production（生产），而将提供无形服务的活动称为Operations（运营）。从历史上看，运营的概念经历了三个阶段，现在常将生产与服务、战略与管理整合称为运营（图2-1）。[2]

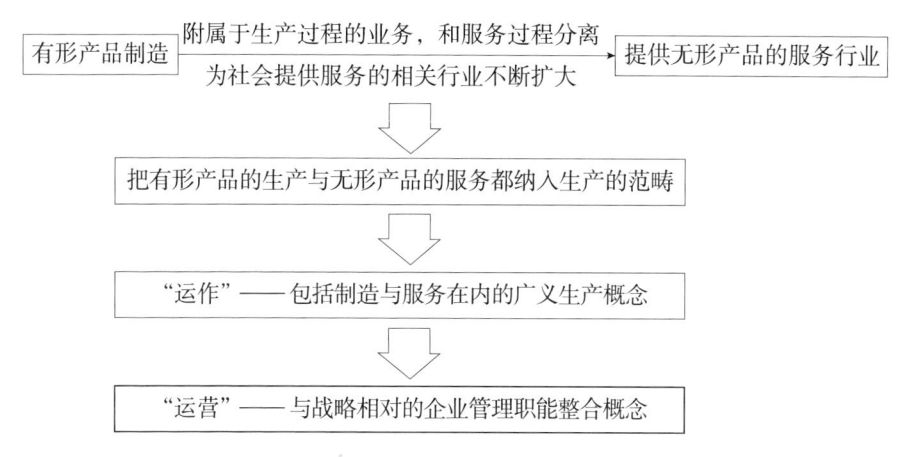

```
┌──────────────┐ 附属于生产过程的业务，和服务过程分离  ┌──────────────────────┐
│ 有形产品制造 │ ─────────────────────────────────→ │ 提供无形产品的服务行业 │
└──────────────┘  为社会提供服务的相关行业不断扩大   └──────────────────────┘
                              ↓
              ┌──────────────────────────────────────┐
              │ 把有形产品的生产与无形产品的服务都纳入生产的范畴 │
              └──────────────────────────────────────┘
                              ↓
              ┌──────────────────────────────────────┐
              │ "运作"——包括制造与服务在内的广义生产概念 │
              └──────────────────────────────────────┘
                              ↓
              ┌──────────────────────────────────────┐
              │ "运营"——与战略相对的企业管理职能整合概念 │
              └──────────────────────────────────────┘
```

图2-1 运营概念的发展

2.运营的概念界定

运营又称为生产运作。生产主要指以一定生产关系联系起来的人们利

---

[1] 前工业社会，主要的产业部门是农、林、渔、矿等行业。这些经济部门以消耗自然资源为主，人们利用体力和简单的工具，以家庭为基本单位进行生产，直接从自然界提取所需的物品，劳动生产率低下。工业社会，主要的产业部门是加工、建筑等行业。制造业的实质是通过物理和化学的方法，改变自然界的物质、生产人们需要的物质产品。人们利用机器和动力，以工厂为单位进行生产，大幅度提高劳动生产率。后工业社会是以服务为基础的社会，服务性产业成为社会经济的主导产业。人们利用知识、智慧和创造力，以信息技术为依托，通过不同的社会组织，为顾客提供服务，信息成为关键资源。参见：贝尔.后工业社会的来临：对社会预测的一项探索[M].高铦，王宏周，魏章玲，译.北京：新华出版社，1997：16.

[2] 孙慧.运营管理[M].上海：复旦大学出版社，2011：4.

用劳动工具，改变劳动对象，以适应人们需求的过程，即物质产品（有形产品）的制造过程。运作则是指社会组织把投入的有形或无形资源转化为服务（无形产品）和有形产品的过程。一般意义上讲，运营可定义为社会组织将其投入的资源转化、增值为社会用户所需要的产品或服务的过程。这个过程既包括物质转化过程，即投入各种物质资源进行转换，也包括管理过程，即计划、组织、实施、控制等一系列活动。其本质是以最经济的方式实现产品或服务的功能，并创造出新的价值。

（二）新媒体运营的概念内涵

结合前面对新媒体和运营概念的界定可以整合得出，新媒体运营是指社会组织通过采用网络技术、数字技术和移动通信技术进行信息传递与接收（包括固定终端与移动终端），将其投入的资源转化、增值为社会用户所需要产品或服务的过程；从广义上来看，就是社会组织基于网络技术、数字技术和移动通信技术，向电脑、手机、电视以及各类数字化终端传播信息的过程。

二、新媒体运营的分类与特点

根据对新媒体运营概念的了解，我们不难得知新媒体运营是一个涉及范围广泛，内容、形式更替快速的运营方法，对其分类和特点的界定必将会随着时代和技术的变化而转变。因而，本书对这两部分的解析，是完全立足于当下的时代和技术环境的。

（一）新媒体运营的类型

新媒体运营类型繁多，运用平台多元，形式变化急速。

就目前而言，新媒体运营基于媒介平台可分为微博运营、微信运营、App运营、电子商务运营、社会化媒体运营等；基于媒介技术可分为

SEO（Search Engine Optimization，搜索引擎优化）运营、P2P运营等；基于生产方式可分为UGC（User-generated Content，用户生产内容）、PGC（Professionally-generated Content，专业生产内容）和OGC（Occupationally-generated Content，职业生产内容）；基于不同层面可分为内容运营、用户运营和活动运营；基于运营目标可分为社区运营、社群运营等。

（二）新媒体运营的优势与特点

随着技术的不断发展，我们不难看出，新媒体在各类社会组织中正不断取代传统媒体，成为一种更有效的运营方式。新媒体运营的优势与特点表现在以下方面：

1.让消费者自主参与、互动销售

从传播理论角度看，传统媒体营销是面向所有受众，采用大众传播方法，对大众群体进行传播。而新媒体运营则是面向每一个具体的消费者，采用人际传播方法，以技术为链接，对每一个用户进行精准服务。

在新媒体时代，用户是市场的中心，消费者的需求直接决定着市场的导向。因此，运营主体只有在海量的信息中进行科学决策，精准运营，让用户能够不断参与到运营过程中，才能完成用户转化，实现赢利。同时，用户通过自主参与与互动，需求也随之升级，对个性化、定制化的服务要求越来越高，从而也正向推进新媒体运营方式与技术的不断提升。

2.能够有效降低营销成本

与传统媒体需要投入大量营销成本购买广告时段，建立、维护企业网站，雇用大量营销业务员不同，新媒体时代的运营主体有更多可选的营销渠道，且大部分渠道都是免费和开放的。例如，可以在百度上建立关键词，在豆瓣网上定期推出话题，在微博、微信上发布产品信息，与用户实时互动等，为新媒体运营提供近乎零成本的条件。运营主体可以将产品信息传递给某一消费者，再借助社群力量转发，从而引起其他用户的关注和分享，实现数十万、数百万的幂传播，引爆产品的销售。

3.能精准定位，满足个性化需求

与传统媒体相比，新媒体运营的最大特点就是能为消费者提供个性化、定制化服务：搜索引擎的关键词推荐、电商平台的售品推荐、各类应用平台资讯推荐等。随着新媒体时代的发展，消费者的个性需求越发凸显，市场也根据消费者的个性需求不断地调整运营策略。加之大数据和移动互联网技术的发展，为运营主体获取消费者需求提供了便利，使精准定位、满足个性化需求的产品得以实现。例如，今日头条通过强大的人工智能个性化推荐算法，分析用户的兴趣，进行抓取，给用户推送相关内容，然后为用户推送一些未点击过的内容，测试用户的兴趣宽度，以保证信息的丰富性。比如，一个人喜欢滑雪，平台会为他推送新的雪具或者促销活动，同时还会为他推送一些旅行、新闻资讯等内容。今日头条以独特的定位，结合精准推送广告获得盈利。

4.可以有效面对危机公关

消费者是一个个独立的个体，会产生不同于他人的需求，因此在运营主体为其提供产品时，必然会出现令部分消费者不满的情况，特别是在新媒体时代下，消费者的个性化需求强烈，对产品有着独特的需求，同一产品会产生不同的需求效果。面对此类危机，新媒体运营有着无可比拟的优势，可以通过智能技术在任何时间、地点及时回复用户需求，同时还可以将员工及忠实用户组成群体对产品进行一对一贴心回馈等，让危机消失在萌芽期。

第二节　新媒体运营的主体分析

通常来说，大众传播过程中的基本要素为传播者、受传者、讯息、媒介、反馈等五个要素。按照这五个要素，我们非常清晰地看到传统媒体的运营主体由以下几个部分组成：传播者和媒介往往是统一的，传统媒体具备强大的采编能力，他们是传播者，同时通过他们的媒介将讯息传播给受众，形成在传统传播过程中单向传播的模型。从大众传播时代到互联网兴起后的Web1.0时代——门户网站的崛起，就是这种运营方式。随着越来越多的新媒体的发展，整个传播的形态发生了颠覆式的变化，我们发现整个新媒体的运营主体已经和以前完全不一样了。

一、新媒体运营的用户

在传统媒体时代，用户是传播的受传者。在新媒体时代，用户依然是最重要的受传者。从早期的"眼球效应"，所有的网络经济和媒体的核心都是抓住消费者的眼球，到中期的"注意力经济"，最大限度地吸引消费者的注意力，并影响消费者的心智，从而获得未来市场的营销方式，再到现在的"得人口者得天下"，在移动互联网时代，占据消费者聚集的最核心阵地，从而抢夺到人口，最终就能获得庞大的用户和最终的盈利。这些理论发展的基础都是越来越重视新媒体运营过程中的最核心要素——用户。

用户是所有媒体运营过程中的最核心要素，传统媒体时代是，新媒体时代依然是。没有用户，新媒体运营就失去了存在的基础。

值得注意的是，在传统媒体时代，因为媒体地位的强势性，用户普遍是集体失语的。但在新媒体时代，从早期的BBS，到后期的微博、微信，整个传播已经从Web1.0时代的单向发声，变为Web2.0时代的信息交互，再到Web3.0时代的用户主动发声，并在用户中进行多次传播。

用户在新媒体时代不仅仅是受传者，也是传播者，并能主动发布信息，让更多的用户接收。这是在新媒体时代发生的最显著的变化。

二、新媒体运营的内容生产方

在传统媒体时代，新闻内容的生产方往往是媒体自身，媒体拥有强大的采编权。其他内容的生产方,比如电影、音乐等内容,也是掌握在传统的内容经营集团手中(比如,好莱坞八大影业公司、世界五大唱片公司),只有每一次新的文化浪潮来临,才会有新的文化传播集团进入。

随着新媒体时代的到来,内容生产真正进入了百花齐放、百家争鸣的时代。

首先,虽然纸媒逐渐式微,但传统的新闻媒介集团多年积累的人才、资源的优势依然不可小觑。他们依然把控着强大的话语权,特别是在媒介领域的权威性。传统的内容经营集团,也依然出品着全球大部分高质量的内容。

其次,大量的工作室和专业的制作机构逐步涌现出来。这些新兴工作室和制作机构具备几个新的特征,具体如下:

第一,打造以主要人员为核心的标志性内容。以个人为核心的,主要是围绕其知识储备、人脉储备、著作储备的标志性内容,这些内容在新媒体时代受到了大量新用户的欢迎。而且,这些内容大多以IP(Intellectual Property)的形式呈现,不仅仅在网络等新媒体上传播,而且通过网台联动,更多优秀的内容会输出到传统媒体上,从而形成更强的爆发力。

第二,传统媒体与新媒体融合的内容。在新媒体浪潮下,更多符合传统媒体特征和新媒体特征融合的内容出现。新的制作平台和工作室大量涌现,并趁着这股浪潮,逐步向传统媒体时代的领军者发动挑战。

第三,完全具备新媒体特征的新内容。通过研究新的媒体形式、新的用户特征,推出更多满足新用户的内容,在新媒体上进行最大幅度的推广。

第四,完全具备新媒体特征的个人。以上三种形式,很多时候从另外的角度来看,都是具备商业目标的经营团队产生内容。但在新媒体时代,内容的生产更多的是以个人为主体的内容生产方。个人会在SNS等平台上产出自身创造或加工的内容,这些内容不一定是具备商业价值的,可能是个人出于兴趣、爱好甚至冲动而创作的内容。

以上是新媒体时代内容生产方的特征,尤其以第四个特征最为典型。内容生产方的变化会驱动整个传播形态的变化,也会为营销模式带来深远的影响。

三、新媒体运营的平台提供方

平台提供方,在传统媒体时代非常简单,就是官方授权能够发声的媒体。但是在新媒体时代,随着用户和内容生产方的变化,特别是在新技术的驱动下,越来越多的平台提供方崛起。

整体而言,平台提供方主要是由以下两个方面的变化而产生:

(一)传统意义的网络媒体兴起催生新的平台提供方

随着互联网时代的到来,传统意义的工具、内容、形态很自然地延伸到互联网,并在互联网的驱动下,又有了新的发展。媒体发展也遵循这个客观规律。

在互联网兴起的早期,媒体从传统的纸媒和广播电视媒体自然地延伸到互联网,因此,老牌的门户网站出现,比如新浪网、搜狐网。同时,随着业态的正常竞争,腾讯网、凤凰网等也加入了门户网站的竞争。但这些平台方其实没有特别明显的本质变化,仅仅是传统媒体加上了互联网的翅膀,将传统媒体的形式转移到了互联网平台上。

随着互联网的进一步发展,新的平台提供方逐步兴起,而且这些平台的属性是专属于网络本身的,比如论坛、贴吧、SNS。用户的变化和行为习惯的变化,自然就催生了更多新的平台提供方的出现。

这一系列的变化,依然没有脱离传统媒体的本质,就核心而言,依然是诸多传统形态的互联网属性的延伸,但已经引发了平台提供方诸多变革,让平台提供方产生了诸多变化。

（二）新技术的驱动下兴起更多平台提供方

在移动互联网的驱动下，诸多新的平台提供方出现。一方面，新用户兴起，新的内容驱动新的平台出现；另一方面，新的平台也驱动产生更多新的内容。

以微信为例，微信可以说是一个平台，也可以说是一种工具，但不会有人定义微信是一个媒体。这个平台的出现，催生了朋友圈的变现形式，出现了更多的KOL[①]、更多的订阅号，催生了越来越多的新内容。这些新内容的出现，也不断地推动微信变化，不断地调整平台规则，让消费者的体验更好，更便于产出内容。

这一系列变化，在上一阶段是没有的，更是在传统媒体时代不可能发生的。新的平台供应方的加入，加速了新媒体格局的变化，更凸显了新媒体运营的平台属性之间的差异性。不同属性的平台提供方，各自应该采用不同的方式来进行运营，才符合新媒体时代的发展之道。

四、新媒体运营的广告主

从传播来说，广告主是发起广告信息传播的主体。但如果从媒体运营的角度而言，广告主发挥的作用就非常重要了，特别是在传统媒体广告代理时代，广告主提供了整个媒体运营环节中的大部分资金，保障了整个媒体的核心运营。

在纸媒和部分付费电视运营中，媒体一方面面向消费者收费，另一方面收取广告主的广告费用。就整体而言，广告收入肯定大于消费付费收入，广告主起到了很大的作用。在互联网媒体兴起的过程中，免费媒体越来越成为主流的运营方式，面向消费者免费，所有的资金来源大部分依靠广告

---

① KOL一般指关键意见领袖（Key Opinion Leader，简称KOL）。关键意见领袖是营销学上的概念。

主的广告金。

这种广告主付费模式保障了整个媒体运营,为媒体生产更加优质的内容提供了基础。比如,伊利金典与《我是歌手》的牵手,背后是数亿金额的冠名费用。冠名费用越高,媒体运营方越是能够为节目邀请到更好的嘉宾,提供更好的硬件设施,节目才会有更好的质量。同时这些节目内容,又以免费的形式输送给普通的电视观众,为观众提供更好的娱乐体验。收看的观众越多,给广告主带来的传播效应越好。整个媒体运营,在广告主的间接参与下,实现了一个运营的闭环。

但是,随着新媒体打破诸多传统的运营规则,广告主的参与也变得更加活跃,甚至是突破常规。

(一)广告主突破了节目或内容赞助方的身份

传统媒体时代,因为媒体的话语和平台提供方的单一性,广告主只能以赞助、冠名、植入等广告主的身份介入。但在新媒体时代,诸多平台提供方兴起,广告主的身份进一步突破,成为制片方等角色,更多地参与到大型内容生产当中。

这种身份的突破,就目前阶段而言,基本上是有两个前提,具体如下:

第一个前提,大型广告主作为企业资本行为以及多元化的尝试,并不是每一个企业都适合该种身份的变化,每一家企业的经营思路也不一样,但该方案确实是多元化企业的可实践道路之一,既有投资——资本的投资和广告的投资,又有回报——资本的回报和广告的回报。

第二个前提,诸多企业目前的状况是在保守中前行。该模式的小规模尝试很多,但大规模复制,目前没有出现,大部分局限在网络综艺、网络电影等方面。这样做既能降低风险,又能积累经验。但我们能看到,在不远的未来,该形式将得到更多的普及和创新式发展。

(二)广告主自己生产内容

基于企业自身的经营思路,企业选择各有不同。而在广告主自己生产内容方面，则是前所未有的态度统一。一方面，随着自媒体的兴起，大多数的广告主都会选择运营自媒体，比如微博、微信、官网、电商等。另一方面，随着更多新媒体平台的产生，内容的门槛逐步降低，广告主会在诸多新的平台提供方上运营（生产）内容，比如微电影、漫画、H5等。而且这种趋势，与现在内容营销的营销趋势也是吻合的。

总而言之，广告主是媒体运营中的一个核心环节。新媒体运营的变化趋势激发了广告主的变化，同时，广告主的变化也促进了整个新媒体运营的变化。

五、新媒体运营的运营优化方

运营优化方是在新媒体时代才出现的一个角色。其主要作用是帮助内容生产方、平台提供方及广告主实现新媒体运营过程中的一系列优化。

在传统媒体运营中，各个角色共同运行，分工明确，运营方式也明确，所以一直没有运营优化方的存在。但在新媒体时代，大量创新的模式爆发式出现，之前的角色也逐渐模糊。特别是大数据时代的来临，使得运营更加需要从数据端出发，为运营的效果保驾护航，因此，运营优化方的作用越来越重要。

（一）内容生产方的运营优化方

新涌现的内容生产方以新型公司（组织）为主，这类公司（组织）经营都会以垂直定位、精确细分为主要特点，因此和传统的内容生产方相比，这类公司（组织）经营规模一般较小。以个人为主的内容生产方，比如KOL等，该特点更为突出。

为了弥补运营上的短板，大量的运营优化方出现。基本上，除了内容生产这种核心环节，从内容的宣发到内容的变现，都会和运营优化方产生大量合作。

（二）平台提供方的运营优化方

新媒体的平台提供方以科技类平台为主，这些平台会更关注技术、平台和用户本身这些核心环节。而且全球的科技类公司基本上都走上了轻资产运营的道路，所以运营优化方是它们在整个运营过程中迫切需要的。

首先是弥补环节中的不足，比如在内容的审核、制作等各个环节中，运营优化方能协助平台提供方把平台运营做得更加完善。其次是对核心数据的增强，比如云服务和大数据服务上，平台提供方没有必要投入大量资金在该领域进行研发，直接和相应的运营优化方合作，即能达到优化补强。

（三）广告主的运营优化方

广告主在新媒体运营中充当着不同的角色，这是新媒体时代本身的特点所决定的。比如，可口可乐就组建过内容生产团队，但不是每一个广告主都能投入巨大的资金和人力进行新媒体的运营，所以广告主的运营优化方在新媒体运营中起到助力作用。简单来说，从官网的搭建、"双微"的运营到视频的拍摄等各种内容的生产以及自媒体的运营，运营优化方都能起到重要的作用。

因为服务对象是广告主，所以运营优化方一般都是数字广告公司，该类广告公司一般都以新媒体、新内容运营服务为主，基于数字营销的特征，为广告主进行运营优化服务。该类广告公司与传统的4A公司相比，不论从经营规模还是经营类别上都有着较大的区别。

运营优化方是随着信息时代来临，以及社会化大分工更进一步发展后的必然产物。很少有组织或者机构能做好每一个环节。加强运营优化方与内容生产方、平台提供方、广告主之间的合作，才能把新媒体运营做得更加完善。

第三节　新媒体运营的构架流程

传统媒体的运营流程是简单的B2C[①]模式，即以媒体为核心，生产内容面向消费者进行传播，最多在此过程中加入广告主的角色，将广告信息通过媒体直接传递或者将广告信息加入内容中间接传递。

在以移动互联网为依托的新媒体运营的今天，消费者的环境、媒介的环境都发生了极大的变化。上一节已经阐述过，各个运营的主体也发生了极大的变化。这种变化促进了整个新媒体运营构架流程的变化，产生了很多新的模式。比如C2B2C[②]，消费者产生内容，然后通过平台的力量传递给更多的消费者；比如B2C2C[③]，媒体产生内容，传递给消费者，其中KOL根据内容加工产生新的内容，再传递给更多的消费者。这两种典型模型的相关案例，不胜枚举。

但如果只看到流程产生变化，那么对新媒体意义的理解是不够深入的。这种表象的变化，在传统媒体运营过程中也有可能存在，比如作者投稿，就是在传统媒体时代的C2B2C模式，作者产生内容，投稿给纸媒，然后纸媒发行内容，这些内容最终传递给消费者。我们不能简单地看到一些表象变化，更应该透过这些表象，看到新媒体运营构架流程上更加根本的变化。因此，我们从另一个角度，找到媒体运营流程中两个核心的要素：内容与费用。这两个要素，虽不是媒体运营流程中的基本环节，但却是必不可缺

---

① B2C（Business To Consumer）是电子商务的一种模式，也是直接面向消费者销售产品和服务的商业零售模式。

② C2B2C（Customer To Business To Customer）即顾客通过企业电子商务平台，实现顾客与企业之间、顾客与顾客之间的信息交流。

③ B2C2C（Business To Channel To Customer）即为企业提供网络直销渠道，网店老板作为消费者，从平台上进货，顾客（终端消费者）购买后，由商家直接发货。

的要素。

一、聚合分发取代垄断生产模式

内容是媒体运营过程中的核心要素，媒体运营过程中的核心要点就是如何把内容发布出去。传统媒体时代，内容的生产加工是垄断的，在整个媒体运营流程中，其他环节虽然对内容有影响，比如媒体应该制作消费者喜欢的内容，但无论是消费者还是广告主，对内容其实都只有影响力而没有决策力。

而在新媒体时代，我们会发现，内容的经营此时已经完全变化。简单来说，就是聚合分发取代垄断生产。理解这种取代关系，通常可以从以下三个角度来看：

（一）媒体发布内容变为平台聚合内容

新媒体时代，首当其冲的就是传统媒体，特别是纸媒的经营。岌岌可危的纸媒成了转变最快的媒体。大多数纸媒与新媒体联手，成为合作伙伴。以今日头条为例，在媒体合作方面，今日头条逐年增加投入力度，目前已覆盖中央媒体、省级媒体、地市级媒体，以及各行业媒体超过3700家，如新华社、光明网、解放军报、新京报、澎湃新闻等，在今日头条上可以看到越来越多的优质媒体内容。

除了纸媒，传统的电台会和网络电台、视频平台合作。它们都会把自己发布的内容通过约定的方式分发到各个平台，再由平台聚合这些内容。

传统媒体依然在发布内容，只是因为传统媒体本身的影响力下降，所以关注其的消费者越来越少。借助新媒体，传统媒体把内容分发给平台，平台对内容进行聚合，然后推送给消费者。这是目前新媒体运营流程中内容发布最主流的方式。

（二）消费者选择媒体变为消费者选择平台

传统媒体时代，信息是稀有的，发布渠道是垄断的，消费者只有选择合适的媒体，才能找到合适的内容，消费者需要去选择媒体。

在信息爆炸的今天，特别是移动互联网时代的到来，内容聚合已经成为大趋势，随着今日头条、一点资讯等新闻类聚合App的兴起，信息已经没有垄断的可能。所有的信息都会不断被聚合，然后分发出去。消费者只要找到合适的平台，就能看到合适的内容。

既可以说消费者在移动互联网时代的选择导致了这种变化，也可以说，新媒体的变化导致消费者在这个时代不断选择。但无论如何，这种聚合分发，造就了消费者从选择媒体到选择平台的事实。

（三）消费者找内容变为内容找消费者

信息爆炸后，消费者想要找到合适的内容，最合适的途径是搜索引擎。但搜索引擎的前提是知道自己要搜索什么。

以新闻为例，消费者并不知道今天发生了什么，所以搜索引擎无法提供媒体本身的推送内容的价值。消费者从选择媒体到选择平台后，依然存在着巨大的障碍，就是海量的信息。面对大量的信息，只有真正地智能聚合，才能让消费者看到愿意观看的内容。

这样也就实现了从早期的消费者来找媒体，通过媒体来看内容，变成了消费者选择平台，平台通过智能聚合，让内容来找消费者，把每一个消费者真正需要的内容，个性化地呈现在消费者的面前。

二、程序化购买开始取代传统代理经营模式

媒体运营过程中，营收模式是一个非常重要的环节。营销和运营费用的高低与媒体运营能力和质量有着紧密关联，所以不能把媒体的营收作为

一个单纯的经营指标来看,需要把它纳入整体媒体运营指标中去。程序化购买开始取代传统代理经营模式,这是因不同媒体形态而产生的区别,更是因不同媒体形态的构架流程而产生的重大区别。

传统媒体产生大量的内容,用内容吸引用户,用户带来广告价值。因为其版面或者时长的限制,传统媒体只需要采用简单的代理机制,按照版面或者时长来进行广告销售。

新媒体的运营过程突破了版面和时长的限制,突破了媒体平台的限制,突破了内容产生源头的限制。这三个层面的突破是新媒体运营发展的必然,也是聚合分发时代的必然,所以产生了以程序化购买为核心的新的媒体经营模式。

就概念而言,程序化购买是一个技术和数据取代人工、多维策略取代单维策略、聚合多媒体取代单一媒体的大趋势。整体而言,程序化购买取代传统代理经营,在媒体运营的构架流程上,具备以下三点意义:

(一)提升了整个媒体运营的效率和经营价值

程序化购买带来的最大影响,就是整个媒体运营的效率提升和价值经营的最大化。

由技术和数据取代以前的人工投放,能极大地提升工作的效率。最典型的代表就是门户网站。新浪网有几百个广告位,每一个广告位都涉及各自位置的售卖排期,需要大量的人力负责投放。但同样的老牌门户网站雅虎,广告位数量有限,所有的广告位都是由SSP(Supply-Side Platform,供应方平台)来对接,包括对接广告公司的DSP(Demand-Side Platform,需求方平台),以及RTB(Real Time Bidding,实时竞价)和Ad Exchange(广告交易平台),以达到效率的最大化提升。这之间的对比,足以显现出程序化购买在执行过程中的效率。

以新浪网和Facebook为例,新浪的每一个广告位都需要进行人工售卖,分别卖给固定的广告主,这样就意味着总有大量的广告位是空缺的。但是

Facebook通过程序化购买，对接了无数的DSP系统，每一秒钟都有广告主进行实时竞价投放。这样就避免了广告资源的浪费，而且极大地提升了广告销售的效率。

常规的广告销售，一般都存在广告价格，这个价格理论上是固定的，一般媒体经过半年时间调整一次。不管广告价格高低，都需要按照这个策略进行销售。但媒体一旦实施RTB，广告位的价格就是实时竞价，竞价过程中自然能够根据市场最大的价值回归到最高的价格。

（二）改变了整个媒体运营中的经营关系

媒体运营需要耗费大量的精力进行代理型的广告售卖。大型传媒机构形成了长期售卖的能力，情况较为良好。而中小型传媒机构的媒体运营则处于比较艰难的层面。特别是在新媒体运营中，大量新的内容生产方和平台提供方出现，如果按照以前的媒体运营方式，中小型传媒机构自身则无法进行广告的售卖，那么就会阻碍其媒体的经营和发展。程序化购买则解决了这种单纯的售卖模式，中小型内容生产方和平台提供方，只需要对接程序化购买，就能快速根据自身的流程和影响力，通过DSP平台来实现收入。

传统媒体运营中，因为广告主的介入，很明显地形成了甲乙方关系，这种关系的形成，对媒体运营总能产生影响。比如内容的选择上，因为甲方广告主的介入，必然会导致商业行为的倾向，这些倾向或多或少都会干预媒体运营。程序化购买从某种程度上避免了人与人的沟通，而供应方和需求方通过平台的方式来实现供需的平衡。在这种平衡的影响下，以往的甲乙方关系就不会影响到日常的媒体运营。

（三）更好地达成传播效果

在代理制的模式下，广告的传播模型受到技术的限制，在传播效果上一直存在很多障碍。高效和精准，一直都是广告寻求的终极目标之一。简单来说，在传统的代理制之下，广告主在任何媒体上投放广告，都无法保证所有用户是这个广告主的目标群体。

在程序化购买时代，每个DSP平台都能通过各自的逻辑和优势，进行消费者的行为数据积累和沉淀，从而把消费者的识别做到更加精准，最常规的逻辑就是给消费者打"标签"，通过特定标签来实现消费者的筛选。最后投放过程中，让特定标签的用户看到特定的广告。比如，一个尿不湿品牌想投放广告，那么它一般会选择"育儿频道"（网站的一个频道），但我们很难保证观看育儿频道的用户到底是谁，可能是一个5岁孩子的妈妈，可能是一个学习育儿经验的护士，也可能是无聊随便点击跳转到这里的一个18岁男性用户。我们只能初步判断观看育儿频道的用户都是和儿童相关的，但这个相关与尿不湿之间有多少关联，则无法判断。

如果是程序化购买，那么逻辑是这样的：我们通过数据来寻找近期购买过奶粉的用户，并且这些用户一直在观看关于出生婴儿的文章等，我们可以根据这些行为判断，这个用户应该是"新父母"，给这个用户打上标签，在投放过程中，可以实现让这些新父母在接受程序化对接的各种育儿频道时看到尿不湿广告，不是新父母则不用看到，这样的投放自然会更加精准有效。

当然，这是在程序化购买过程中一个初级的例子，程序化购买还能通过程序和智能学习做更多的判断，从而让广告主的广告投放达成目标。

三、新媒体运营构成与传统媒体运营构成的差别

新媒体运营构成从运营主体到运营构架流程都发生了很大的变化，这些变化肯定是由不同媒体运营的特点而决定的。但是这么表述有些笼统，虽然看到了新媒体运营的特点，但还是无法厘清这二者在运营构成上的核心差别以及形成差别的原因。

如果要更加清晰地认识运营构成，我们需要从用户价值、科学技术、

营销传播这三个维度来进行更加深入的剖析。

（一）用户价值的转变

用户价值往往是媒体运营的核心要素。用户价值的变化是区别媒体运营变化的核心因素。新媒体运营构成变化，首要原因肯定是用户价值发生了转变。

随着90后新生代用户的崛起，特别是以"互联网原住民"为核心特点的95后、00后的消费群体的成长，互联网越来越成为他们的主要阵地。于他们而言，网络不仅仅是一种媒介工具，而且已经是一种生活方式。

在传统媒体时代，我们没有听说过，电视是一种生活方式，报纸是一种生活方式。但在网络时代，整个生活方式的颠覆是驱动一切变化和发展的核心原因。

这种生活方式的变化给用户价值也带来了新的转变。用户不再是观众，而是参与者。传统媒体运营过程中，用户只是观众，只是观看者，但是新生代的消费者需要更强的参与感，他们要参与到内容、平台、媒介之中去。这种价值的转变是传统媒体无法实现的，从而更加促进了这种迭代和更替。

用户价值的转变驱动媒体运营构架的变化。之前的平台提供方无法提供消费者某种价值，那么用户自然会选择能提供这种价值的平台。之前的内容生产方无法制造某种价值，那么自然会涌现出新的内容生产方来生产新的内容，满足用户的需求。

如果看到了用户价值的转变，那么一切新媒体运营构成的变化都不难理解。因为用户价值的转变，新媒体运营参与的主体才会不断自我调整，新媒体运营构架流程才会不断优化。用户是一切变化的根源，用户价值转变是所有变化的核心原因。

（二）科学技术的驱动

用户价值为什么会转变？新媒体运营主体为什么能承载诸多特点？新

媒体运营构架流程为什么能产生诸多变化？科学技术的驱动是另外一个非常重要的原因。

很难去探究，究竟是科学技术驱动了用户价值的转变和发现，还是用户价值的转变和发现推动了科学技术的发展。我们暂且把用户价值和科学技术看成是两条并行的腿，缺一不可。科学技术的驱动，特别是移动互联网时代的到来，无疑加剧了这种变化的程度。因为技术的进步，更多的平台提供商爆发式地涌现；因为技术的发展，更多的内容有了实现的可能。

无论是聚合分发取代垄断生产模式，还是程序化购买开始取代传统代理经营模式，都离不开科学技术的一系列发展。广告的核心疑问——"我知道我的广告费有一半被浪费掉了，但我不知道是哪一半"，已经存在了几十年，只有科学技术发展到今天，才能给这个疑问的解答带来新的思路。

科学技术的驱动促进运营主体的变化，才能促进运营构架流程的变化，才能打破传统媒体运营的垄断力量。随着科学技术的不断进步，新媒体运营构成还会进一步加速变化。

（三）营销传播的升级

在用户价值转变的过程中，必然会带来营销传播的升级，同时，科学技术的驱动也加速了这种升级的过程。营销传播的升级，保障各个环节的运营，从而为用户价值转变和科学技术驱动提供了运营的保障。

在媒体运营的行业里面，广告和营销是不可回避的重要板块，它们对新媒体运营方式起着支撑和促进的作用，也是新媒体运营方式是否能存活的试金石。营销传播的升级在新媒体运营的主体环节直接影响了内容生产方、平台提供方、广告主和运营优化方的变化。在这种传播升级的变化之下，程序化购买也能得到最大化的发展。

从另一个角度来看，虽然很多传统媒体试图调整，向新媒体转型，但因为其营销和传播方式的限制导致市场的不认可，从而也就无法保障其运营下去的生存基础。

市场是检验媒体运营的试金石，新媒体运营之所以会发展得越来越好，是因为符合市场发展的需求。而市场发展的需求，又驱动了营销传播的一次又一次升级。

第四节 新媒体运营的分类

一、新媒体用户运营

内容、平台、渠道、终端、用户是互联网实践中至关重要的几大要素。无论是优质的内容供给、开放的平台搭建，还是完善的渠道建设、智能化的终端设备革新，最终都是为了实现一个目的——通过用户获取盈利，这也是新媒体时代的商业模式。

（一）新媒体用户运营的界定

用户运营是用户研究的一种角度，其实质来源于传播学的重要研究部分——受众研究。受众是指传播过程或传播活动中讯息的接收者或受传者，是传播的对象，也是读者、听众和观众的统称。在新媒体环境下，用户不仅包括其受众的传统含义，而且包括以互联网为代表的新媒体网民和可精准辨析的使用者。"用户"一词，反映了受众的主动性和能动性，在新媒体时代，通常指网络信息的使用者与网络服务的应用者，并具有个人性、互动性和参与创造性等鲜明特征。

"用户运营"一词，脱胎于国内互联网从业人员的工作实践，一般用来指代互联网的运营。目前业界和学术界众说纷纭，没有给出一个完整而确切的定义。从商业模式角度看，用户运营指以用户为中心，遵循用户的需求设置运营活动与规则，制定运营战略与运营目标，严格控制实施过程与结果，以达到预期所设置的运营目标与任务；从目标导向角度看，用户运营是一种带有业务目标的策略化服务，指对用户获取、用户采纳、用户留存、用户参与、用户体验、用户满意和用户回流等主题的研究；从职业角度看，用户运营是一种职业，也是一种手段，其职责包括传递价值、打造生态和创造玩法。用户运营致力于建立和维护用户生产和用户消费的内容生态闭环，告知用户产品的核心价值并使其深入用户内心，同时赋予产品多种多样的新鲜玩法和功能，能吸引用户，让产品更富有人情味。

综上所述，为了便于理解与记忆，本书将用户运营定义为：以用户为中心，通过用户获取、用户活跃、用户留存、用户转化、用户传播、用户回流等流程，赋予产品更多创意和功能，进行用户维护的互动行为。

（二）新媒体用户运营的流程

在传统产业和PC互联网时代，运营主体并不拥有用户，用户的流量统一存放于大平台（例如新闻网站、应用市场、搜索引擎和电商平台），大平台扮演了具体分发用户的角色。因此，运营主体需要用户时就必须持续付费给大平台。但在新媒体时代，新媒体的交互特征让用户与运营主体之间开始产生追随关系，即运营主体可以自己拥有用户，并可以通过反复不断地将信息、优质服务传递给用户，来推动用户转化及自传播。因此，运营主体把对大平台的依赖转换为对自有用户的依赖，用户运营便成为新媒体运营的核心。

一般来说，用户运营流程就是用户获取、用户活跃、用户留存、用户转化、用户传播、用户回流的一个漏斗式循环模式。在这个漏斗中，被导入的一部分用户会在某个环节流失，而剩下的那部分用户则在继续使用中抵达下一环节，在层层深入中实现最终转化。

1.用户获取

用户获取是指在确定目标用户群体后，最大限度地将他们转化成自己的产品的用户的过程,这也是用户运营中所称的开源或者拉新。用户获取的方法和策略通常有平台导入、流量截取、社群推广、内容推广、线上引流、线下地推等几种,具体的内容与方法将在用户运营方法中进行详细讲述。

2. 用户活跃

用户活跃是相对于"流失用户"的一个概念,是指要让用户积极使用产品并参与产品和其他用户的互动。流失用户是指那些曾经访问过网站或注册过网站的用户,但由于对网站渐渐失去兴趣后逐渐远离网站,进而彻底脱离网站的那批用户。活跃用户用于衡量网站的运营现状,而流失用户则用于分析网站是否存在被淘汰的风险,以及网站是否有能力留住新用户。

用户活跃根据不同产品有不同的界定,有的产品只要在用户指定时间内登录或者启动一次,就算用户活跃;有的产品需要进行特定的操作才算是用户活跃。当然后者比前者更具有价值,因为它调动了用户的参与性和互动性。

用于表现用户活跃的指标称为用户活跃度,常见的有日活跃用户数DAU(Dayly Active Users)、周活跃用户数WAU(Weekly Active Users)和月活跃用户数MAU(Monthly Active Users)。通常DAU会结合MAU一起使用,来衡量服务的用户黏性以及服务的衰退周期。

3. 用户留存

用户留存是指在互联网行业中,用户在某段时间内开始使用产品,经过一段时间后,仍然继续使用该产品的行为。留存是一个用户使用长度和频道的指标,通常以留存率为核定标准,按照每隔1单位时间(日、周、月)来进行统计,计算留存下来的用户占新增用户的比例。用户留存和留存率体现了应用的质量和保留用户的能力,是衡量一个产品是否健康成长的重要指标之一。其公式为:

留存率=登录用户数/新增用户数×100%(一般统计周期为日)

一般情况下，观察与统计一个产品的留存分别以次日、第3日、第7日和第30日为时间节点，它们的计算方法分别为，次日留存率：（第一天新增的用户中，在第2天还登录的用户数）/第一天新增总用户数。第3日留存率：（第一天新增的用户中，在往后的第3天依然登录的用户数）/第一天新增总用户数。第7日留存率：（第一天新增的用户中，在往后的第7天依然登录的用户数）/第一天新增总用户数。第30日留存率：（第一天新增的用户中，在往后的第30天依然登录的用户数）/第一天新增总用户数。例如，Facebook平台流传的留存率"40—20—10"规则，规则中的数字表示的是次日留存率、第7日留存率和第30日留存率。规则所传达的信息如下：如果想让DAU超过100万，那么新用户的次日留存率应该大于40%，7日留存率和30日留存率分别大于20%和10%。

4.用户转化

用户转化也可以称为用户变现，是指让用户进行消费，转化成付费用户。商业的本质是将用户需求变现。一款产品或服务，对其进行的一切运营，归根结底都是为了通过对用户需求的迎合与满足，采取适当的方式进行转化和变现。

用户转化是整个用户运营中最核心也是最困难的一个环节，其困难之处表现在并不是具有巨大用户量和用户活跃率的产品就能够获得相应的用户转化率。

5.用户传播

用户传播是以人际传播理论为基础，应用社交网络完成依托用户关系的病毒式传播，这是目前低成本推广产品的全新方式，运营恰当可以引发幂次方增长，通常也被称为爆发式增长。

6.用户回流

任何一款产品都会面临玩家流失，流失是不可避免的用户行为。在用户运营中，召回已经流失的用户也是提高运营效果的一项重要指标。回流是指用户在看到广告或好友的分享后，重新回来使用产品的过程，是运营主体追求的社交红利。回流能够验证用户对产品价值和体验以及社交影响力的确认。这是产品与社交互动运营之间最简单有效的闭环。

（三）新媒体用户运营的方法与策略

新媒体是以用户为中心的媒体传播。因而，做好用户运营是新媒体运营的核心所在。首先，要对用户需求定位，用户运营的意义是寻找痛点，满足用户的真实需求，只有满足用户需求的运营，才能吸引用户的目光。其次是吸引用户，即用户获取、用户活跃、用户留存及用户转化。吸引用户是用户运营的基础，但只吸引是不行的，在活跃中留存用户是关键，用户留存后如何转化成经济收益才是产品的追求目标。因此，如何进行有效、高转化的用户运营至关重要。下面对用户运营的方法与策略进行详细讲解。

1.定位用户需求

需求也称为需要，是指人们在个体生活和社会生活中感受到某种欠缺而力求获得的一种心理状态。它是人和社会对客观现实的需要在人脑中的反映。

"平衡论"理论认为，在正常条件下，人的生理和心理处于平衡或均衡状态，但当某个方面出现"缺乏"时，就会变为不平衡，出现一种不舒服的紧张感，而需求可以被看作用来减少或消除紧张感而出现的心理反应。因此，用户需求是生理或心理从不平衡到趋于平衡的动态过程，并通常以对产品的愿望、意向、兴趣、态度和理想等形式表现出来。

明白了用户需求的概念后，接下来的是该如何做。那么究竟如何做才能让我们确定用户需求？本书将从发现用户需求、分析用户需求和描述用户需求三个方面进行比较详细的分解，来寻求用户需求定位的答案。

（1）发现用户需求。

从用户需求的概念我们已经了解到，用户需求是一种生理或心理平衡的过程，其本质不是用户要什么，而是需要解决其生理或心理问题。比如说，一个用户想要一匹快马，表面需求是要马，但真实需求是想要一种更快速的交通方式。又如，一位单身男士想要寻找一个女朋友，他的问题是太不修边幅，那么他真正的需求是找个能帮助他打扮得体的人，所以找女朋友并不是他的真实需求。然而，更有意思的地方在于，人们往往分不清楚自己和他人的表面需求和真实需求，这才让发现用户需求变得难以洞察，当然也让运营商们费尽心力创造出一批批有趣的、便捷的，能够满足用户需求的产品。

我们最早对需求的认知来自马斯洛在1943年出版的著作《调动人的积极性的理论》中提出的"需求层次论"，这一理论流行甚广，是国内外心理学家解释需求规律的主要理论，我们可以把它看作用户需求定位的基础。在这一理论中，马斯洛把人类多种多样的需求归纳成五大类，并按照发生的先后次序分为五个等级。具体如下：

生理需求（Physiological needs），是人类级别最低、最具优势的需求，如食物、水，是推动人们行动的最强大的动力。例如，当一个人极度需要食物时会不择手段地抢夺食物。

安全需求（Safety needs），同样属于低级别的需求，其中包括对人身安全、生活稳定以及免遭痛苦、威胁或疾病等。人们对安全的需求是整体机制，在消费活动中随处可以表现出来。比如，人们买电器时先考虑安全性，外出旅游时购买人身保险等。

社交需求（Love and belonging needs），属于较高层次的需求，它包含两个方面：一是对爱的需求，即人们都希望伙伴之间、同事之间关系融洽或保持友谊和忠诚，人人都希望爱别人，也渴望得到别人的爱；二是对归属的需要，即人们都有一种归属于一个组织或群体的需求，希望能成为其中的一员并相互关心与照顾。社交需求要比前两个需求都更加细致、复杂，它和一个人的生理特征、经历、教育、宗教信仰等紧密关联。

尊重需求（Esteem needs），属于较高层次的需求，如成就、名声、地位和晋升机会等。尊重需求既包括对成就或自我价值的个人感觉，也包括他人对自己的认可与尊重，同个体感受到自己对世界有用的感觉有关，也与有关事物，如衣服、汽车、教育、旅游和接待重要人物等能否增进自我形象有关。例如，人们购买私人轿车、穿名牌衣服、住高级酒店，不仅令人羡慕，而且能够满足他们受人尊重的需要。

自我实现需求（Self-actualization needs），是最高层次的需求，是指实现个人的理想、抱负，发挥个人的能力与极限的需要，包括对真善美至高人生境界获得的需求。因此，前面四项需求都能满足，最高层次的需求方能相继产生，是一种衍生性需求，如自我实现、发挥潜能等。

基于马斯洛的需求层次理论，我们不难看出用户需求是有特定指向和层次的，从让消费者满意的战略角度来看，每一个需求层次上的用户对产品的要求都不一样，只需要提供所需产品即可满足用户各层次的需求。但现实不遂人愿，现实是：需求真伪难辨，而且一种需求会对应几种甚至上百种的产品。那究竟如何才能找到真正的需求，实现用户精准定位呢？目前在用户运营中，根据马斯洛的需求层次理论衍生出来，并被广泛使用的方法有两个：一是创造用户需求，二是寻找用户痛点。

第一，创造用户需求。

从前面的定义我们已经知道，用户需求是一种生理或心理平衡的过程，本质是解决生理或心理问题。这一过程，我们可以称为状态，即需求是一种状态。状态来源于几个基础诉求。①塑造自己在他人眼中的形象：形象诉求会导致"自我审查"现象，即用户会再三审视自己发出的信息、更换头像、添加好友、进入圈子等，并判断这些动作可能给自己带来的影响，这一诉求信息的扩散性最强。②维持并增进和某群体的关系：这一诉求的表现为修改个人状态以加强和外界的联系，在朋友圈里主动点赞、将内容分享给特定好友等行为。③表达的意愿：最常见的是直接发出诉求和潜藏诉求两种。潜藏诉求可以理解为用时间换取娱乐、信息、知识等诉求。在新媒体时代，用户拥有大量的碎片化时间，并希望能用这些时间交换一些他们认为有价值的东西。定义状态是腾讯系列产品最常用的方法，如QQ的换装功能，解决用户塑造形象的需求；微信的定位功能，方便别人找到自己，解决用户希望建立联结的需求等。定义用户状态往往来自用户最简单的诉求，而且是结合场景化思考的必然结果。

创造用户需求，就是在用户多层次需要中寻找一个定位，结合自身的技术条件，通过组合配置不同资源的方式创造新的产品，最后利用人们的心理引导出新需求。简单说就是需求不仅是可以被挖掘的，也是可以被创造的。这是一种主动出击的方式，与其苦苦去寻求，不如主动去创造。例如，在饮用水市场中，两三元钱一瓶的农夫山泉已经能满足用户解渴的基本生理需求，结果高端水品牌——依云、昆仑山、百岁山却打着适度的碱性、丰富的矿物成分、富含电解质，对人体机能有更多益处等口号砸出高端水市场。事实上，不论喝依云还是农夫山泉，都无法从实际意义上影响消费者的感知，至少人体是察觉不到这种区别的。从中我们可以得知，需求不仅是解决生理和心理问题的过程，也是一种基于支付能力条件下购买具体商品欲望的体现。正如口渴要喝水，不同群体的需求也不一致，有的选择农夫山泉，有的选择依云，差异在于购买力和消费欲望，但都属于满足需求（想喝水）的范畴。因此，我们想要找到用户的真正需求，就应该从用户的身份、年龄、支付能力、使用情景等方面对用户进行分级定位，并把能满足需求的产品也进行分级定位，为不同层级的用户创造不同类别的产品，最终实现用户需求精准定位。

第二，寻找用户痛点。

通过需求的概念我们得知，需求是一个解决生理或心理问题的过程，解决问题势必付诸行动，行动难免会面对阻碍。痛点是指让目标用户付出某种行动的最大阻碍。比如在美图秀秀之前，大部分图像处理软件（如PhotoShop）都专注于提高处理图像的性能，那用户使用图像处理软件的最大阻碍是什么呢？此时，用户使用图像处理软件的最大阻碍可能是易用性，因此易用性就是痛点，抓住这一痛点，专注于提高易用性的美图秀秀就取得了初期成功。由此，我们不难看出，发现痛点不仅仅是为了满足用户需求，而且基于更快、更多、更便宜、更好玩的理念来更好地满足用户需求。

痛点寻找是持续不断的，因为用户需求和行业都在不断变化，过去被想当然认为是痛点的属性，可能很快就被解决，不再是痛点，而在大多数运营主体一窝蜂聚焦于曾经的痛点时，一旦挖掘了新痛点，就可能逆流而上。寻找用户痛点的过程，意味着"提出新的问题"，而不是"对原有问题提出正确的解决方案"。

痛点的寻找方式大体有两种。一是纵向寻找。纵向寻找痛点，需要先找出影响某个环节的全部因素，然后看哪个因素是消费者现在的最大阻碍。二是横向寻找。当所有的竞争者都在关注用户的"使用"阶段，那么可能应该看看其他阶段有没有痛点。

（2）分析用户需求。

如果说发现用户需求是一种思维方式，那么分析用户需求就是实际的操作方法。因此，本小节将主要从操作方法层面讲解如何进行用户需求的分析。

第一，用户访谈。

用户访谈是最常用的需求采集方法，主要形式是和调研的用户进行一对一或一对多的直接沟通，最好是采用面对面的方式。如果条件不允许，可以通过电话、邮件、QQ、微信等方式进行，获取用户的需求。

用户访谈可分为设定目标→设计问题提纲→用户筛选→现场（在线）访谈→结果汇总与分析→提炼需求6个步骤，凝练为访谈准备、现场访谈和需求分析3个关键环节，每个环节在执行过程中应注意以下事项：

访谈准备。首先要明确访谈的主题和目的，目的不明确不访谈；设计访谈提纲，设置开放式问题，如对什么的评价、有什么问题、出现什么情况等；确定访谈用户，要对邀请的用户打标签："男or女""陌生用户or忠实用户""小白网民or高级网民"等。

现场访谈。为用户建立轻松的环境和氛围，访谈像聊天，避免固定问答或审问；鼓励超出提纲跟踪用户回复，适当连续追问获得更深层次信息，做标记；观察用户肢体语言和表情，判断用户回复是否可以信赖，做标记；除了访谈收集信息，建议录音或者安排观察员帮助详细记录；建议40分钟内。

需求分析。汇总结果后，先过滤无效信息（严重跑题的、不可信赖的、重复回复的），提炼用户反馈的需求，避免被用户提出的"解决方案"误导，识别用户"说的"和"做的"是否一致。确认需求分析结果：①用户：个人信息与网络使用偏好；②问题：用户遇到什么问题；③行为：用户会怎么做；④原因：用户问题和行为的原因是什么。

第二，可用性测试。

可用性测试是邀请用户实际使用产品，在用户使用产品的过程中观察用户遇到的问题，从用户实际使用产品行为来分析用户需求。这种方法操作难度和要求相对于用户访谈与问卷调查更高，对于产品需求的验证是非常有效的。其步骤分为：目的设定→测试准备→用户邀请→测试执行→用户访谈→结果汇总与分析。需要注意的事项如下：

测试准备。测试准备工作，主要是测试环境和产品准备；用户邀请很重要，根据测试目的邀请代表性用户。

测试实施。给用户创造轻松的环境，避免给用户产品提示；测试中观察用户表情、肢体动作等，做好标记；多倾听和观察，不轻易打断用户，及时记录测试要点；测试后要访谈用户。

需求分析。测试后根据记录和记忆，快速做需求分析，确认需求分析结果：①用户：测试用户是否是典型代表用户；②问题：问题是否重现或问题严重程度；③行为：用户遇到问题的操作和反馈；④原因：测试后访谈了解用户感受和想法。

第三，问卷调查。

问卷调查是社会调查的一种数据收集手段，是用户研究中最重要的工作之一。问卷调查的步骤分为：目的设定→问卷设计→测试→问卷投放→结果汇总与分析→提炼需求。问卷调查需要注意的环节如下：

调查准备。用户访谈后，明确调查目的再做问卷调查。

问卷设计。问卷设计时注意设置封闭式问题、无诱导用户、题目表述明确、避免专业词汇、不超过15个题目。确认问卷设计后一定要先小范围测试。

问卷投放。根据调查目的，选择适合的渠道投放问卷。要做网络调查问卷，收集超过1000份数据。注意问卷调查的用户体验，不要让用户填写问卷的体验很差。为刺激调查样本数量，不要奖励过高，避免用户为获得奖励胡乱填写。

需求分析。过滤不完整、无效问卷后统计调查结果。需求分析结果包括：①用户：使用产品的用户特征比例与人数规模；②问题：用户遇到问题的比例、重要性与频率；③行为：用户行为选项的比例和行为意愿度及满意度；④原因：用户原因选项的比例。

第四，数据分析。

数据分析是利用用户在互联网上被记录的行为和痕迹，通过在产品中植入统计代码，获得用户的实际使用数据，直观分析用户需求的一种科学方法。数据分析的具体实施过程可分为数据准备、数据收集和需求分析，步骤分为：目的设定→代码植入→数据收集→数据分析→需求分析。其注意要点如下：

数据准备。确定需求分析的目的：用户特性、用户行为，越小、越明确越好。定向植入代码，做短期测试。

数据收集。数据收集的时长尽量长。数据收集完成后，统计结果量化、图形化。

需求分析。分析前，确认数据采集的正确性。需求分析结果包括：①用户：调取用户日志文件，分析用户特征；②问题：通过数据对比发现用户问题；③行为：数据结果直接反馈用户行为；④原因：通过用户数据结果判断原因。

第五，需求过滤和汇总。

需求过滤是指首先排除不合理需求、小众偏门需求和没有应用场景的需求，再运用四种需求分析方法来发现、验证和量化、过滤需求，然后提炼汇总。需求过滤和汇总的要点如下（表2-1）。

表2-1 需求过滤和汇总的注意事项

需求过滤和汇总		
需求	问题	用户主要反馈的问题及数据是什么？这些问题就是用户的基本需求
	行为	用户的反应、行动及数据
	原因	用户问题和行为的原因及数据是什么？原因就是用户的真实需求
用户	属性	主要包括用户性别、年龄、职业、收入、喜好等数据
	场景	在什么时候、什么地点、什么情况下用户产生需求，以及场景数据
	频率	用户需求的周期及数据

第六，需求排序。

需求排序是指根据用户需求的次数、比例以及用户反馈的重要性进行排序，即先做什么后做什么的问题。

第七，用户分级。

用户分级基于20%核心用户创造了80%价值的理念，对用户进一步识别和定义，为后续的产品设计和运营打好基础。可以通过RFM模型三要素——R（Recency，最近一次消费）、F（Frequency，消费频率）、M（Monetary，消费金额），以及忠诚度（黏性和活跃度）和传播度（自传播程度）两个元素对用户进行分级。一般原始数据为5个字段：客户ID、购买时间、购买金额、忠诚度和传播度，用数据挖掘软件处理[①]，加权（考虑权重）得到RFM得分，进而可以进行客户细分。对客户等级分类，把用户确定为三类。①无效用户：对产品认可度不高，也不主动传播。②目标用户：目标用户分两种情况，一是对产品或服务认可，忠诚度高，但不主动分享；二是兴趣不在产品，贪图奖品，但分享和传播非常给力。③忠实用户：（粉丝用户）频繁使用产品，传播力度大、速度快的用户。例如，滴滴出行在用户补贴时非常精准，根据用户在订单行为中使用券的比例，把用户分为价格敏感用户和不敏感用户。对不敏感用户减少补贴，因为少量补贴用户完全没有感知；敏感用户在有补贴的情况下，能明显提升打车的活跃度。网易游戏的运营会根据玩家在游戏里的花费情况，将玩家划分为大R、中R、小R和非付费玩家，设立专门的客服团队来服务好大R们的特别需求。

（3）描述用户需求。

描述用户需求也称为用户画像，是将产品的用户具体化、形象化，让产品团队的成员更好理解产品的用户，从而在设计过程中可以根据具象化的用户特点设计产品。用户画像，根据用户是谁、用户希望以及用户使用过程这三个条件，把用户画像分成三种应用场景，然后用"一个文档、一张画像、一个故事"的方式完成用户需求描述。

值得注意的是，用户画像并不只是代表一个具体的用户，而是代表具有相同特点的一类用户。用户画像的目的是让团队中其他成员更明确用户特点以及行为习惯，为产品设计、研发提供辅助参考。对于以用户研究为目的的用户画像构建，在构建前期要明确目的，根据目的收集相关的用户信息。在用户画像构建完成后，要根据用户画像去发现这一类用户群体，

[①] 目前数据挖掘分析软件品类众多，大抵根据针对性和通用性进行分类。在这里介绍5种免费数据挖掘软件，供大家选择使用。Orange功能是数据分析和可视化；RapidMiner是一个独立的工具，也是一个数据挖掘引擎，可以用来集成到其他产品中；Weka是一种基于组件的知识流接口，可以处理一个数据库的查询结果；JHepWork主要是为了科学计算用的二维和三维的制图；KNIME是一个数据集成、数据处理、数据分析和数据勘探平台。

并提出具体方案为这一类群体进行服务。

（4）验证用户需求。

在市场不确定的情况下，贸然倾全力投入资金大规模地进入是很危险的。验证产品是否可行，可以通过使用最小化可行产品MVP（Minimum Viable Product）来完成。这个概念是硅谷作家埃里克·莱斯在其创业学著作《精益创业：新创企业的成长思维》中提出的。

最小化可行产品是指将产品原型用最简洁的实现方式开发出来，快速投放市场让目标用户使用，然后通过不断地听取反馈价值信息，对产品原型进行优化，尽早达到符合市场的状态。最简洁的产品原型可以是界面设计图，可以是带有简单交互功能的原型，可以是一段视频、一个公众号等。其优势在于节约成本、调转灵活，能够直观地被目标用户感知到，有助于激发真实意见，帮助解答产品开发中最重要的两个问题：一是这款产品是否能够满足用户的需求？二是用户是否愿意为产品买单？

2.用户获取的方法

用户获取阶段也通常被称为"冷启动"阶段，在新媒体运营中，是指产品之初尚未形成完善的生态体系和足够多可消费内容的情况下，从零开始导入第一批用户和制造内容的过程。早期用户的获取并不是盲目的，而是要在扎实做好用户需求的基础上，筛选出第一批种子用户。高质量的用户加入和建立充足的数据沉淀，可为日后发展奠定良好基础，而一旦冷启动解决不好，很可能埋下后续运营的隐患。

用户获取是一项劳心劳力的系统工程，这项工程方法、渠道众多，而且最终效果因人、因情景各有不同。因此，照搬以往的方法，可能并不适合具体产品，而需要不断地尝试和创新。本书将介绍一些比较常用且曾经在具体产品中用户获取效果明显的方法和渠道，供大家在具体产品需求分析的基础上选择操作。

（1）走访和了解用户。走访和了解用户是传统营销中最广泛使用的方法，它是一件复杂困难的事情，但却能与用户进行面对面的交流，掌握用户的真实需求。走访用户，同时也是走进用户内心的过程，是将用户视作活生生的个体，通过面对面的沟通，吸纳意见并获得鼓舞，帮助许多初创公司走过了从零开始举步维艰的阶段。

（2）社交红利引爆用户。社交红利就是指利用种子用户进行从分享到转化再到分享的链接式反应，这是大部分产品在冷启动时的重要命题。社交红利是借助社交网络链，利用六度分隔理论，即每个用户能够直接覆盖、影响的好友（亲戚、朋友、同学、同事等）称为一度，再通过6个人可以找到任何一个陌生人，形成节点。当节点与社交网络完成连接，就会引爆整个网络获取大量的用户。

（3）数据抓取。数据抓取是用来替代人工采集和标准化数据录入的有效方法。在获取用户的过程中，数据抓取可以从竞品和其他相似产品中获取价值信息或用户。当然在进行抓取前要再三思考，以防侵害他人权益。

（4）讲一个用户爱听的故事。故事是能够帮助我们理解这个世界文化意识的重要资源。故事能够栩栩如生地描述让人着迷的某种情怀，快速而便捷地向人们提供大量的商家信息。一个很好的故事甚至不需要做任何促销就可以吸引顾客持续消费。故事既节省了时间，也节省了精力，以一种人们最容易记住的方式向人们提供他们最需要的信息。

（5）优化搜索引擎和应用商店。搜索引擎（Search Engine）是指根据一定的策略，运用特定的计算机程序从互联网上搜集信息，在对信息进行组织和处理后，为用户提供检索服务，将用户检索的相关信息展示给用户的系统。利用搜索引擎的排序规则，通过人为手段来干预页面排名的手法，称为搜索引擎优化，它能获取更多自然流量，带动自我增长。常用的搜索引擎优化方式包括提高关键词的密度和权重、增加长尾关键词数量、建立外链、优化页面结构、付费收录和购买排名等。应用商店优化是指通过一些方式提升App在各大应用商店的搜索排名，类似于移动App的搜索引擎优化。主要有榜单优化、搜索优化、关键词优化、转化率优化等几种方式。

（6）免费增值。免费增值是指通过向用户提供免费内容或者补贴价格来实现两个目的：向用户销售另一种利润更高的产品；向第三方（比如广告商）销售用户数据。常见的三种运营模式有：①永久免费模式，没有付费服务，如谷歌和Facebook；②会员付费模式，有永久免费的基础功能，用户也可选择付费使用增值服务，获得更高级的功能或更高的用户权限，如优酷；③限免模式，在限定的时间内免费，或限定功能免费。

（7）线下活动。除了寻找线上的宣传渠道，某些互联网产品因其覆盖人群特点和本地化特征，更适宜采用地面推广的方式。常用的地面推广策略包括派发传单、投放线下广告、设置摊位搞有奖活动等。该部分内容将在活动运营部分中进行详细的讲解。

3.激发用户活跃

用户活跃可以用来衡量产品的用户黏性以及产品的衰退周期，是用户运营的一个重要指标。激发用户活跃度常用的策略和方法主要有以下六种。

（1）调整准入门槛。

提高准入门槛。对于拥有稀缺内容或者优质内容的产品，可以采用抬高用户的准入门槛的方法，通过设置"护城河"、用户分级，让真正需要内容的用户进入，让不是真正需要内容的用户离开，不仅可以保障用户的荣誉感，也能让进入的用户的积极参与度得到提高，活跃氛围。该方法适用于个性专业产品或高端人群。

降低准入门槛。降低准入门槛可以使产品简洁，让用户不用花费大量的脑力、时间和费用便可轻松使用和操作，从而让更多的用户参与到产品中，并及时对用户需求做出反应和回馈。例如，新浪微博通过140字限定，让用户发现其实制造内容并不是一件非常困难的事情，从而使微博这种形态与过去的博客形态分离，只要在规定字数内表达出自己的观点，即可以生成一条内容。通过关注、转发、评论、私信、点赞等功能，让不同类型的用户都有适合自己的动作。

（2）A/B测试。

A/B测试是物理学的"控制变量法"，即提供两个方案，设定一个变量并排除其他干扰因素进行测试，筛选出最优方案的方法。简单来说，就是为同一个目标制订两个方案，让一部分用户使用A方案，另一部分用户使用B方案，记录下用户的使用情况，确定其变化对用户转化率或者收益的影响，多用于测试和评判如何排除收益季节因素、市场环境因素的影响以及页面改动与收益关系等。

使用A/B测试，可以将产品的优化过程看作两个阶段。第一个阶段是后验阶段，即通过统计分析目前的用户行为和系统指标来判断产品的哪些地方可以改进，如注册页面流失率太高需要优化，购物车报废率太高需要改进。第二个阶段是试验阶段，尝试改进这些产品的薄弱环节。如是否可以在注册流程里增加一个送优惠券环节，是否可以精简一下购物车付款的流程；要不要改写文案，要不要替换图片；等等。这就需要对可能的决策进行A/B测试评估，只有那些被试验数据证明了真正有改进效果的决策才会被真正实施。

（3）返利补贴。

返利和补贴是激发用户活跃度屡试不爽的惯用方法，二者的区别在于，前者是直接给出优惠条件，后者则是需要顾客先行付出，再获取一定的好处。补贴不仅能在短时间内影响用户的单次决策，还能在更大的时空范围内逐渐引导和改变用户习惯。最简单的补贴形式无非是线下玩法到线上的简单平移，即对用户消费后的直接返利。例如各大电商网站挂出的"买满99元送10元优惠券""电子书全场5折起，买两本可免费获赠一本"等。在此基础上，衍生出一种限期使用的优惠券，即当天消费获得优惠券并不能马上用来买新的东西，而必须等到未来的某一时间才能生效。例如在美团消费后，用户会收到一张限于一天后或一周内使用的现金优惠券，商家试图通过赠送优惠券来促使用户一周内再次消费。

（4）自主激励。

自主激励是指给出简单而清晰的目标，让用户主动寻找属于自己的游戏或社交，激励并逐级实现活跃的方式，其特征为目标清晰、规则明确、及时反馈和自愿参与，如在竞技场中获得更高排名、在社交平台获得更多点赞等。这包含了产品价值本身之外的另一重体验，即参与感和成功激励。

（5）脚本自动化运营。

脚本自动化运营是指在产品早期，用户来源尚未稳定，但为了尽快让用户达到一定规模，并建立起对等友善的信号，而编写脚本开发"机器人"，自动替运营团队模拟成用户、扮演玩家或采取的类似创建"马甲"自问自答的做法等。脚本自动化运营成功地解决了人工运营内容和互动产出量的瓶颈，目前被大量的产品使用。如微博中频繁出现的连转发带评论的"僵尸粉"；交友应用无论到哪里都有长相俊俏的异性在线；招聘网站上时不时有神秘猎头或用人单位发来私信，交钱加入会员之后却发现那些消息都不见了；刚上线几天的众筹服务，赫然已有几十万用户贡献了超过千万的交易额，甚至在游戏里玩家会根据游戏行为和付费金额的特征被划分到不同的组别，进入专门为其量身定制的"副本"世界。在这个模拟的环境里，用户看到的其他在线玩家实际上都是通过数学建模与人工智能生成的机器人，玩家的行动都被精确地计算与实时地配合着，当系统发现玩家战斗屡遭失败，信心受到打击时，就会在下一场战役中派出较弱的杂兵；当系统发现玩家乐于为低等级的用户赠送武器装备时，就尽可能在玩家周围分布多一些"机器人"，以此激励用户充值付费。

（6）制造观念冲突。

这是一种比较有风险的做法，同时也是一种能够在短时间内制造出用户活跃和用户引入的做法。通常这一套运营方式是利用社会热点，形成多种不同角度、不同立场的初始内容，然后通过手段，让认同不同观点的用户发现彼此，并制造冲突，从而引发用户的站队。

4.增大用户留存

用户留存是一个相对于用户流失的概念。用户留存是指那些使用了产品的人群，能够留下来并反复光顾，持续带来价值；用户流失则是用户使用产品一段时间后兴趣减弱、逐渐远离直至彻底离开。任何一款产品都会出现用户流失,是用户新老交替中不可避免的,用户流失与用户留存的比例和变化趋势能够说明产品满足用户的能力和在市场中的竞争力。用户留存率低的原因可能有这么几种:程序存在漏洞,性能瓶颈,用户被频繁骚扰,话题的热度减退,出现更好的替代品和其他因素(游戏通关、设备遗失、需求不再存在、产品生命周期终结等)。下面将围绕这些原因提出几个用户留存的方法。

(1)提升用户体验。

用户体验的核心思想就是以用户为中心,考虑用户使用产品的感受和体验。基于用户视角改善产品的性能以提升用户体验,就能够将用户留在产品中。提升用户体验的方法和原则众多,下面主要介绍五个最重要的用户体验原则,分别是不强迫用户、减少用户思考、简单易操作、遵守用户习惯、超出用户预期。

第一,不强迫用户。

不强迫用户就是让用户在使用产品的过程中有足够的自由,随时随地想用就用、想关就关。不要强迫用户注册,不要强迫用户升级,不要强迫用户使用。例如,MSN在2010年前是与QQ争夺即时通信市场的产品,它的定位是办公应用,功能设计方面做得非常优秀,但在运营过程中,微软却对用户不了解、不重视,强迫MSN用户注册使用Hotmail邮箱,如果是非Hotmail的注册用户,MSN需要重新验证,将注册账号修改为微软的Hotmail,否则就不能正常使用。同时,用户把个人资料、日常沟通、好友关系留在MSN上,结果却遭到强迫统一验证升级,否则停用,且升级过程极其复杂,造成大量用户升级困难。此时,QQ以用户为核心,不在使用过程中对用户形成任何强制阻碍。因此QQ得以击败MSN,独霸即时通信市场。

第二,减少用户思考。

新媒体时代,产品的核心能力不是设计出多么炫目的产品,而是应该设计出使用门槛最低的产品,让用户在不需要思考的情况下便能使用,如一般3岁以上的小孩都能使用智能手机,这种没有任何学习成本、拿在手里就可以使用的产品,就是好的用户体验。用户在开始使用产品之前,已经形成了某种心理预期,他们希望在产品中尽快满足这种预期,而不是在产品中浪费时间。如用户对骑行类产品的预期就是尽快找到能用的车,对借贷类产品的预期就是尽快能借到钱,对修图类产品的预期就是尽快完成图片处理。那么,在产品的主要流程、核心功能的设计上就要遵循这一原则,尽快满足用户的核心诉求。而相反,看不懂、找不到、选择多都会导致用户进行思考,大大阻碍用户的留存与转化。例如,当我们想要购买飞机票出行时,如果选择登录国航官网,不仅注册烦琐、页面信息杂乱,而且查询结果中,还有"享""停""PEK—SZX"(机场代码)、"S"等特殊图标和专业用词,生涩难懂,需要停下来研究。而选择使用携程App,不仅注册便捷、信息简单,提供比价以及快速购买、值机、退改签服务,还会推荐接机、住宿、景点门票等外出一条龙服务,用户自然就更愿意继续使用携程App。

第三,简单易操作。

简单,主要是在产品结构、用户流程方面尽量简化,易操作主要体现在产品的交互设计方面。当我们了解用户需求后,为了全面满足用户需求,会不自觉地增加产品功能,这样做反而会让产品越来越复杂,导致核心功能弱化,用户迷茫。好的产品一定是最简单、最容易让用户理解和上手的,它需要产品的结构和用户流程简单、易操作、交互强。例如,奇虎360的产品在用户体验方面做得非常好,360安全卫士将核心功能描述为"立即体检"四个字,用"体检"而非专业术语"检测",运用了形象的表述,让用户很容易与身体体检关联起来,明白是给电脑做检查。同时,用户只需要点击"立即体检",360安全卫士就会自动对计算机进行全面的查毒、清理、修复、加速等工作,任何人都能轻松操作。

第四,遵守用户习惯。

对于用户体验的研究,需要时刻记住用户不是专家,对于产品不会从专业角度理性判断,用户只会使用产品,从使用角度感性评价。

产品在最初决策时要十分谨慎,一旦功能上市,就很难被取消。在产品升级时,也尽量不要破坏用户的使用习惯,产品要优化,但不要一次性颠覆性改变,因为任何巨变都可能让用户因不适应而产生抱怨的情绪,从而离开或选择其他的产品。尊重用户习惯、不破坏用户习惯是用户体验的重要原则。

第五,超出用户预期。

超出用户预期意味着不仅要更好地满足用户需求,而且用户体验要远超同类产品,超出用户原有的体验,让用户有额外的惊喜。这是产品设计以用户为中心,努力为用户着想,极致追求用户体验的设计思路。

(2)引导新用户快速上手。

产品开发团队经常陷入一个误区,即将自身对产品的了解代入普通用户的认知中,想当然地觉得用户能理解产品的作用和操作方法。遗憾的是,如果产品的作用和操作方法复杂,绝大部分用户的注意力很快会被其他更加简单有趣的东西吸引走。在此,比较常用和有效的方法是添加蒙版引导进行说明,可以有效地节约阅读时间,也更加容易被用户理解和吸收。例如,采用较为醒目的气泡或者箭头等指示性图形配合文字,直接标注在界面上进行说明。

(3)社交绑定,让用户留下来。

社交绑定是一种非常柔和且效果显著的用户留存方式,其核心是依赖于人与人之间的情感关系进行连接,这种连接关系能使用户自愿、自动地在产品中留下来,并积极地进行活动。

(4)设计唤醒机制。

唤醒机制是指互联网产品中专为召回流失用户而设计的产品机制。常用的唤醒机制包括电子邮件唤醒、消息推送通知、移动网页唤醒等。目前在新媒体中使用最广泛的唤醒机制为消息推送通知。应用内的消息推送通知(Push Notification)机制是移动产品唤醒用户的有效手段。但频繁和不合时宜的推送也会造成用户的困扰和反感，甚至引发卸载。因此根据目标人群的使用场景，推送符合其兴趣和需要的优质内容，才能带来更高的黏性。

第一，做有针对性的推送，让用户感兴趣或者觉得有用。推送应该要做到有针对性，建立用户数据库，按照年龄、喜好、地域、行为等进行用户细分。然后，把合适的消息传达给最适合的用户，做到精准的点对点推送，用户才更易于接受并产生兴趣。例如，一个健身App想面向广东地区的注册会员做福利活动，那么只需要把信息通知推送给广东的用户就可以了，其他地区的用户，没有参与的资格，收到这样的消息对他们而言就是打扰，只会引发反感。

第二，写好消息推送的文案，增加用户点击欲望。推送消息先呈现给用户简短的几十个字的主题概述，用户是进一步点击该消息，还是直接忽略删除，取决于这条消息的内容吸引力。假如文案能够深入用户内心，引发共鸣，就会让用户有进一步了解的欲望，对整个产品产生好感，增加黏性；而假如文案相当敷衍，用户则会相当排斥和厌烦，最终可能使产品面临被卸载的命运。

写好消息推送文案可以简单地概括为三个方面。借用时下热词，为避免文案过于生硬死板，可以适当运用当下流行的词汇，紧跟潮流，让消息更接地气一点。在文案中加上数字，用户对数字是相当敏感的，出现人数、促销价格、优惠金额、百分比等这些数字，简单粗暴，更具说服力，比如："满199减100""跨店满3件7折"。适当加点小图标（表情包），若都是文字，用户可能会感觉比较沉闷，如果加入图片元素，会显得更加生动显眼。目前来说，一般都是以添加表情包为主。

第三，消息推送的频率要适当，避免造成打扰。消息推送的频率很重要，这是关于度的把握，推送的频率要刚刚好，可以根据产品的属性特点以及用户的使用频次来确定。对于微信、QQ这种社交型产品，用户使用频繁，每天打开的次数可能是几十、上百次，其推送聊天提醒消息，都是用户想立即收到的，因此可以频繁进行消息推送。对于工具类的产品，用户通常一天使用一次，因此，消息推送最好也是每天一次的频率，甚至是固定好推送的时间。比如，天气类产品固定在每天早上推送当天的天气信息，让用户形成习惯，对其产生一定的依赖。

第四，做好场景化消息推送，在最恰当的时间把消息推出去。消息推送应该做到场景化，这是因为人处在不同的生活场景下，对消息的接受程度和处理方式存在差异。在对的时间推送过来的消息，往往更能让用户接受；而不考虑场合时间的盲目推送，只会让用户反感。比如，晚上十一二点的时候发消息过来，并且不是紧急性通知，会直接影响用户休息的心情。消息的场景化推送是要设身处地地站在用户角度，分析用户的使用习惯，以及在每一个时间段大部分用户所处的生活场景，并试想在当前的场景下，发送消息过去，用户是否有时间、有心情、有需要去看。

5.促进用户转化

商业运营的本质是将用户的需求变现。一款产品或服务，从需求分析开始到内容建构再到用户管理等，归根结底都只是为了通过对用户需求的迎合与满足，采取适当的方式达到用户转化和变现。用户的转化是整个运营过程的核心目标，决定了整个产品或服务运营的成败。

用户转化包含两个内容：转化率和转化数。转化率是指真正产生消费的用户比例（公式：转化率=有效用户/所有用户×100%）。这里所指的有效用户就是真正持续使用产品并可能为之付费的用户。转化数是指有效用户的具体数量。用户的转化，可以是一个环节，比如登录、点击、支付，也可以是很多环节组成的一个流程，比如电商的购买流程、理财产品的注册绑卡流程。

用户要发生购买行为，需要产品单独或完全具有以下八种"比免费更好"的原生性特征：即时性，付费解决等待问题，如排队等；个性化，付费解决自我独特需求，是一种对时间的消费，是创造者与消费者、艺术家与粉丝和用户之间的不断对话；解释性，付费解决理解和使用问题，例如软件是免费的，但是能适应我们理解力的指导方式是非常有价值的，十分昂贵；可靠性，付费解决质量与安全问题，如免费下载应用，需要考虑其是否有缺陷、是否为恶意垃圾应用；获取权，付费获取简单便利，例如付费给优酷就可以很快看到我们想看的视频节目；付费体验，如音乐是免费的，但观看演唱会是非常昂贵的；付费表达喜爱，如直播的打赏行为；可寻性，付费提高效率、寻得价值。基于上述特征，究竟如何才能促进用户的转化？本书接下来将详细讲解四种最为有效的方法。

（1）做好螺旋上升式的需求管理。

用户需求是一切行为与结果的源头，它不仅仅是心理需要的体现，还涵盖了支付能力与实际行为。因此，用户需求包含了除基本需要之外的多方面诉求。例如，用户要买一部手机，希望它是正品、质量好、价格便宜、到货迅速、整个购买流程简单方便等，我们发现，此时用户除了"买手机"这个目标，还存在许多其他诉求，时间层面的、价格层面的、体验层面的等，如果我们把用户"买手机"这一明确目的称为显性需求，时间、价格、体验等这些软性诉求则称为"隐性需求"，"隐性需求"常常是由用户在达成目标过程中的限制性、影响性因素引起的，即用户在达成目标时的成本因素。所以，用户要发生购买行为，需要用户购买的商品符合用户需求，把握显性需求和隐性需求与转化率之间的关系，完成这个行为需要的成本是可接受和可达成的。就此，我们有三个基本的思考方向：需求层面，探索和激发用户真实的需求和意愿；转化率层面，提高卖点和目标用户需求吻合度；成本层面，降低用户的达成成本。

第一，探索和激发用户真实的需求和意愿。这是一个用户变量的维度，主要受用户自身需求因素影响，同时，我们也可以激发用户的需求，引导用户探索和发现新需求。例如，我们做活动要塑造活动氛围，其实是希望传递活动感知、带动用户的购物情绪，影响用户的情绪其实是为了进一步影响用户的购买需求。虽然需求产生是由用户控制的，但是我们发现用户自身的需求受到方方面面的影响，而这些影响因素则是我们可以思考、发力和延伸的方向。

第二，提高卖点和目标用户需求吻合度。在针对目标人群进行运营时，把握用户的真实需求点很重要，努力让卖点和目标用户需求吻合度增高，吻合度越高，用户的认可程度就越大，成交的可能性就越高。通常，在实施过程中会把用户分为四个层级，对不同层级用户实行不同运营策略。第一层，这部分用户是最理想的目标用户群体，要做好维护，经常与他们互动，做好二次营销；第二层，这部分用户的基本需求度满足得还不错，但是对产品品牌认可度不够，或者忠诚度不够，所以要把重点放在产品品牌灌输上面；第三层，这部分用户对产品有一定认知，但是宣传的卖点和用户本身的需求不是非常吻合，这个时候就要挖掘用户的显性需求和隐性需求，然后有针对性地运用运营策略来打动用户；第四层，这部分用户基本不是用户群体，不用花费太多时间。

第三，降低用户的达成成本。用户的达成成本主要受客观因素、设计因素影响。例如，我们把用户从想购买某商品到商品送到用户手中看成一个行为，那么，要达成商品到手这一目的，用户所需要花费的时间、精力、金钱等则是用户需要付出的成本。我们对这个行为进行粗略的分解，会得到这样一个行为路径：用户想购买某物（需求）→打开手机→打开应用→选购→付款→等待快递→收货。在这个购物行为中可能付出的成本就包括时间成本、精力成本、金钱成本、习惯成本、心理成本等。运营需要解决的是如何通过渠道和设计去降低它们，方法通常分成四个方面：减少时间和精力成本，运用动线规划、页面节奏、高识别度的信息、具有辅助决策意义的内容或细节元素等，让用户更高效地找到目标产品；降低金钱成本，运用折扣、满减、秒杀、直降、优惠券等优惠让利，降低用户的金钱成本；贴合习惯成本，运用排版布局、反馈、文案等设计来保证符合用户的习惯；削弱心理成本，削弱用户心理负担、用户决策的心理门槛，让用户快速进行转化。

（2）巧妙运用互联网免费经济。

免费早已成为互联网行业的通识。互联网的免费并不是"左口袋出、右口袋进"的传统营销噱头，而是一种把货物和服务的成本压低到零的卓越能力，这意味着企业的核心服务永远不收费。免费模式之所以在互联网行业大行其道，得益于以下几点。首先，互联网极大地降低了信息的传播成本，这是免费模式的基石所在。其次，产品通过互联网面向全球的海量用户，这进一步摊薄了边际成本，即使付费转化率较低，最终也总能凭借整体用户量与付费率的相乘得到一个可观的付费用户总量。最后，免费对人们有着难以抗拒的魅力。在使用免费产品时，人们抱着反正不会损失什么的心态，更加宽容豁达，行动能力更强。因此，大家都想靠免费这一招来快速跑马圈地，抢占市场，迅速实现用户转化。那免费模式如何才能转化成收益呢？常见的免费转化收益策略包括以下几种。

第一，基本功能免费，高级功能收费。

基本功能免费，高级功能收费的策略称为Freemium模式，这个词最早由AVC[①]的弗雷德·威尔逊（Fred Wilson）于2006年提出。它的含义是指企业通过免费服务吸引用户，然后通过提供增值服务，将一部分免费用户转化为收费用户，实现创收。Freemium模式的提出基于"二八法则"现象：产品中有一小部分面向的是对价格不敏感的高端用户，愿意支付额外费用来换取全部的高级功能，而这部分费用成为服务提供商的大部分收入来源，凭借这块收入负担起那些免费用户的服务成本。Freemium模式兴起于传统软件行业，如早期的"共享软件"（Shareware），允许用户先免费使用一段时间，等到期之后就给软件加"锁"（一般是通过硬件序列号来作为判定用户身份的依据），必须付费换取注册码才能继续永久使用。例如，QQ利用会员为广大的QQ用户提供专属的VIP服务。开通QQ会员后，用户可以获得会员身份图标、等级加速、聊天炫彩字、魔法表情、专属皮肤等个性化特权，还能开启诸如聊天记录漫游、好友克隆、提高群组上限、

---

① AVC全称Asia Vital Components，它是全球五大散热器制造厂家之一，主要以研发和制造CPU散热器、笔记本电脑散热模组、热导管和直流风扇为主。

好友克隆恢复等实用功能。

第二，交叉补贴。

交叉补贴策略，思路是通过有意识地以优惠甚至亏本的价格出售一种产品（优惠产品），从而达到促进销售另一种盈利更多的产品。交叉补贴需要人们对优惠产品的价格足够敏感，而对盈利产品的价格不那么敏感。此外，两种产品的互补性越强，同时购买的概率就越高。交叉补贴在新媒体应用中最典型的代表是游戏行业。在游戏中，游戏免费、道具收费，免费玩家不得不花费大量的时间和精力来换取等级的提升、装备的升级或被强制暂停解封，而对于有付费能力和意愿的玩家而言，完全可以靠充值来一步登天。如此，游戏开发商从中获得了巨大的利润。

第三，第三方市场的流量变现。

流量变现最典型的代表就是互联网广告，例如在体育爱好者社区里投放运动鞋广告、在演员的粉丝集中营里在线售卖电影票。从消费习惯和付费意愿来说，将精准人群导流到电商平台是目前最为成功的盈利模式之一。

（3）利用社交进行关系转化。

就本质而言，人与人建立关系链都是为了获得心理动机或者共同目的而进行资源的协作、交易行为。相互协作关联的次数越多，协作成本越高，产生的关系链越多，便越巩固。因此，基于社交关系链进行用户转化也就十分有效。下面将介绍三种利用社交进行用户转化的方式。

第一，亲自询问。当面获取用户反馈是社交运营最有效的方式。一对一亲自询问用户反馈的方式无疑会达到极好的效果，亲自询问的效果是通过邮件询问效果的7—8倍。所以，在销售中或结束后，销售人员可以通过质量反馈等方式和用户进行更深入的接触并建立相对的关系，从而实现用户转化及再次销售的可能性。

第二，用户奖励。利用小小的奖励来促成用户转化率的增长是非常有利的，即可以让种子用户对产品进行传播和推广，并通过老用户带新用户消费奖励或颁发特权等方式进行奖励，这也是非常有效的用户转化方式。

第三，促使用户进行评价。当新用户在选择产品时，既不熟悉产品，又要面对琳琅满目的竞品，此时查看以往用户的评价（口碑）便成了最好的依赖途径。用户评价好、评价数量多的产品自然就会更快促进用户转化。因此，用户评价是新用户进行转化不可或缺的一个有效方法。

（4）通过设计引导用户行为提升转化率。

真实用户其实是注意力不集中、不爱记忆、视觉不敏锐、不爱探索、没有耐心的。因此，在产品设计过程中，应该避免让用户去记忆、思考、寻找和反复尝试。可以通过巧用神奇的数字（分组、记忆、选择）、赋予进度效果、任务拆分、界面排布（图片大小、运营内容的展示）、视频的展示、增加紧迫感和稀缺性元素、折扣信息和授权信息展示、重视移动支付、提升响应速度、提升用户满意度等方式来调整产品的设计，促进用户转化。

6.用户传播与回流

用户传播与回流是整个用户运营的最后闭环，也是检验和优化产品的有效指标。一般而言，设计精良且能满足用户痛点的产品会获得用户的青睐，并能引发用户主动传播和增加用户回流。当然在此基础上，也可以采取几个有效的方法来促进用户传播和回流，获得更好的运营效果。

（1）触发病毒式传播。病毒式传播是基于用户诉求的一种传播方式。一款产品如果采用了正确的病毒式传播方式，能够自然地勾起人们分享给他人的欲望，在新媒体语境下用最低的成本将产品扩散给更广的人群。形成病毒式传播在内容上需要具备三个特征：与我相关，符合利益诉求，彰显个性、爱心和优越感。病毒式传播的效果由其循环周期决定，病毒循环周期是指从用户发出病毒邀请到新用户完成转化（如点击阅读、注册、消费的行为）所花费的时间。病毒循环周期越短，效果越好。

（2）用Bug引爆传播。Bug是一个英文单词，本意是臭虫、缺陷、损坏、犯贫、窃听器、小虫等，现在用于指代电脑系统或程序中隐藏着的一些未被发现的缺陷或问题，统称为漏洞。利用Bug营销是基于用户爱占便宜的心理，完成一场传播和转化。

（3）借用时机乘势而上。现代社会信息的剧增和传递速度的加快，使任何传播都会迅速爆发并迅速衰减。从某种程度来说，病毒式传播追求的是"时机的艺术"。一条消息从什么时候开始推送，在什么时候影响到特定的人群，如何延长半衰期等，都依赖于技术层面的精密策划。

二、新媒体内容运营

（一）新媒体内容运营概述

内容运营在新媒体运营发展过程中占据着非常重要的地位，随着信息的爆炸式发展，运营者们开始重新思考何为内容，何为内容运营。今天的内容运营有了新的定位：内容的产生是基于差异化人格的，是基于用户真实需求之上的，是为用户服务的。基于此，本章将从新的角度去讲述内容运营特点、方法和策略。

1.内容运营的概念

通常我们所说的内容是指所读到的东西，如网页、博客上的文章以及视频、图片。在新媒体运营中，内容则指知识与信息，具有明确的目的性，为特定人群创建并能够打动特定用户的有用信息。近年来，有价值的内容运营已经跃升为运营人员和经营者的首选方式。那何为内容运营？

根据美国内容营销协会（Content Marketing Institute，CMI）的定义，内容运营是"一种通过生产发布有价值的、与目标人群有关联的、持续性的内容来吸引目标人群，改变或强化目标人群的行为，以产生商业转化为目的的营销方式"[1]。可以说，内容运营就是通过创造、编辑、组织、呈现网站内容，提高互联网产品的内容价值，制造出对用户的黏着、活跃产生一

---

[1] 范冰.增长黑客：创业公司的用户与收入增长秘籍［M］.北京：电子工业出版社，2015：81.

定的促进作用的运营内容。

2.内容运营的特点

做好内容对新媒体运营来说举足轻重。但是，今天对好内容内涵和形式的定位与传统定位有着天壤之别。对好内容的定位有三个特征：稀缺、高场景度和体验性。现今对稀缺的需求已经颠覆了大众传播时代对重要的需求，稀缺是一种低频度的需求，它决定着生活的质量和品质，是通过细节的差异来显示的，如我们怎样登上月球；高场景度就是个体产生的专业需求，如需要专业人士进行精确的就医和咨询；体验性是消费升级的推动力，能为人们打开不同的人生窗口。根据好内容定位的三个特征，可以把内容运营的特点分成以下四个方面：

第一，内容运营先提供解决方案，帮助用户解决需求问题，而不是直接展示产品。内容运营不同于传统营销直接展示产品、重复品牌的做法，而是先提供解决方案，帮助用户解决实际问题，培养用户信任。在此基础上，再引导用户自发消费。在内容运营中，解决用户需求的方案和产品并不是割裂的。事实上，好的解决方案必然成为产品的一部分，甚至是产品的核心组成部分。而传统营销打造出来的产品往往将品牌作为核心资产，围绕品牌打造系列产品。

第二，内容运营是搭建感性购物场景，向用户传递产品独特价值，而不是采用价格战。内容运营喜欢向用户传递产品独特价值，而传统营销往往更喜欢价格战。因为购物场景有了新的变化。在传统购物场景中，无论是线下商城还是线上商城，都存在着大量同质化产品供用户挑选，消费者面临的主要问题是买哪个，此时，价格高低、有无促销，是很多用户重点考虑的因素。而在新的购物场景中，内容运营通过有趣的标题，更好地吸引用户注意，继而通过场景搭建，强化用户对产品价值的关注，弱化用户对价格的关注，促使其产生感性的消费。

第三，内容运营一般依赖品牌自媒体进行，而不是传统主流媒体。传统媒体时代，信息单向线性传播，内容制造权被少数主流媒体把控，运营推广不得不依赖主流媒体。新媒体时代，信息网状交互传播，人人都可生产内容，自成媒体。此时，内容运营和自媒体战略紧密结合。一方面，内容运营中方案的发布、传播，购物场景的搭建、转化，都基于品牌自媒体来持续有效进行；另一方面，通过持续、稳定地生产高质量内容，产品具备了媒体功能，通过自媒体直接接触目标用户。自媒体的本质仍然是媒体，构建合格的自媒体，实施内容运营，至少需要达到三个要求：有足够数量的粉丝，持续稳定地生产满足用户需求的内容，有切实可行的盈利模式。

第四，内容运营下，用户分享发生在用户决策的任一阶段，而不是只有体验过后。分享产品体验是用户行为决策的重要环节，社交媒体的兴起，放大了这种口碑效应对品牌的影响，也使得企业越发重视用户口碑。不过，传统营销模式下，用户通常只有在亲身体验过产品后，才会产生分享行为，且分享的内容一般以产品体验为主。而内容运营模式下，用户分享可能发生在用户决策的任何一个阶段，只要内容有价值，引起了用户兴趣，即使最终没有消费，用户也会很乐意分享产品的相关内容。由此可见，内容运营能更好地利用社交媒体的传播优势，扩大产品的影响。

（二）新媒体内容运营的内容来源

随着以论坛、博客为代表的Web2.0跨入以社交平台、微博为代表Web3.0时代，内容的生产方式基本上分为OGC、UGC、PGC三个类型。OGC为各大新闻站点、视频网站，其内容由内部自行创造和从外部花钱购入版权；UGC为各大论坛、微博、微信等，其内容均由用户自行创作，管理人员只是协调和维护秩序；PGC则在这两种网站中都有身影，由于其既能共享高质量的内容，同时网站提供商又无须为此给付报酬，所以OGC站点和UGC站点都很欢迎PGC。

1.职业生产内容

OGC是以职业为前提，其创作内容属于职务行为，工作职责所在。可以把OGC理解为电视台和影视公司等。例如，新浪网是典型的中心化模式，内容由专业记者和编辑参与制作，内容生产的质量和数量都有所保证。OGC有内部自行创造和从外部花钱购入版权两种模式，内容基本上不产生收益，收益大多来源于广告。

2.专业生产内容

在OGC和UGC中间有个区域称为PGC。这种形态的内容是由专业人士制作，但其大型程度比不上OGC，却也不是UGC。这个部分的内容不是头部，也不是尾部，而是腰部。目前，热门网红、IP都属于这个领域。

（1）PGC的发展历程。

PGC市场发展模型经历了五个时期。2005—2010年，是PGC、短视频发展的雏形期。2010—2013年，是PGC发展的萌芽期，这一时期专业的PGC制作者出现，乐视、优酷等视频平台陆续上市。2013—2014年，是PGC发展的蜕变期，这一时期PGC的专业度持续提高。2014—2015年，是PGC发展的兴起期，这一时期PGC制作、运营、商务的团队形成，自制内容成为重点。优酷的PGC视频数量已经过半，腾讯、今日头条等开展了"原创平台"，面向专业用户和机构建立的内容合作渠道，分为个人认证包装、品牌及内容宣传展示、商业分成回报等模式。2015年至今，是PGC发展的爆发期，这一时期PGC的生产、融资日益旺盛，商业模式陆续形成，打造"品牌共建—内容共创—商业共赢"的三维闭环，构建产业共赢的内容生态。从内容上来看，PGC生态系统是从内容生产、内容推广到品牌形成、粉丝会聚，最终品牌内容被粉丝反哺并进行自推广的整套生态闭环；从商业上来看，优酷让优质内容形成品牌价值，再通过价值变现让创作者无后顾之忧，更专注内容创作平台链接内容，通过内容推动商业的升级发展。

（2）PGC生态系统的完善。

完善PGC的生态系统，包括价值延伸、商业变现和PGC生态体系下自制内容的发展等几个方面。

第一，价值延伸：从自建IP到衍生品开发。

在PGC生态系统下，自建IP成为提升附加值的重要途径之一，内容运营已经成为广告的重要传播方式，通过内容嵌入，让品牌成为内容的一部分，让消费者产生兴趣，最大化提升传播效果。例如，网络自制节目《侣行》计划推出IP电影，邀请明星与张昕宇、梁红夫妇共同出演，同时开启相关手游制作计划，以及"边看边购"众筹等运营模式。《侣行》众筹的互动糖果书，23小时内便筹款40万元，最终以60万元收官。对没有剪入节目中的海量素材，制作微系列，以付费或者会员制的形式在网上呈现。《侣行》同名传记《侣行1》《侣行2》延展至线下的落地活动进行社群传播，开展主题分享会。价值的延伸也成为网络自制节目发展的趋势。这种既契合中国年轻人价值观又具备国际视野与水准的本土开创性节目越来越受到观众的欢迎。

第二，商业变现：形成长尾消费市场。

PGC生态系统的参与者分别为投资者、内容生产者、生态平台、用户、广告主，相对应主要发挥资金、资源、制作、服务、运营及消费商业变现功能。各平台更多介入内容产业链条中，以加强对内容的掌控力。随着内容精品化发展，各平台之间的互动与合作增多，精品内容多平台联合传播已经成为趋势，为内容付费和衍生品开发提供了商业空间。在网络时代，小众市场的受众忠诚度不断提高，在粉丝经济时代，优质内容变现能力提升。因此在用户消费上，撬动粉丝和会员力量形成长尾消费市场。

第三，PGC生态体系下自制内容的发展。

PGC生态体系下自制内容的发展，表现为以大数据引导内容制作、内容生产更具国际视野和以原生广告带动社群运营。

以大数据引导内容制作。内容制作基于趣味、利益、互动、个性四原则，在未来随着大数据技术的发展与应用，新媒体的技术、传播模式优势将得到进一步凸显，将会出现新的CGC（Calculation Generated Content，算法生产内容），这种内容生产方式体现出对UGC与PGC的融合与超越，能够科学洞察受众的信息需求与偏好，并且在生产、营销、传播等各个环节予以体现，大幅提高内容生产与传播效率。

内容生产更具国际视野。在内容制作上，秉承用户参与、内容为王的原则，就需要合理构建互动平台，提供汇聚集体智慧的网络平台，不但要根据搜集分析出的用户需求制订生产内容，还要积极响应用户想要参与内容制作的愿望，增强用户体验。加强UGC、PGC融合，创作具备国际视野与本土开创性的UGC、PGC融合的节目。

以原生广告带动社群运营。UGC使内容题材更贴近受众并显多元，制作机制更加大胆开放，PGC提供了尖端技术和平台支持。因此，网络自制节目的广告生产投放与传统的生产投放模式有所差异，广告与内容也形成了伴生状态。在传播渠道上，通过新兴技术将推送内容精准化，展现形式多元化，注重移动端的用户体验。在经营方式上，通过打造完整的产业链，拓展盈利渠道。

3.用户生产内容

UGC指用户创造内容，即用户将自己动手制作的内容通过新媒体平台进行展示或提供给其他用户。在UGC模式下，浏览者和创作者为一体，用户既是观众，也是演员。最早的国内UGC模式，以起点中文网、酷6为代表，要求用户具备一定的专业技能或独家资源。现在，随着互联网科技的成熟，特别是智能手机、App、H5的普及，用户记录生活、抒发心情、交流互动的手段更为便捷，UGC的门槛大幅度下降，并融合了更多的社交性、即时性、多媒体性，更加追求个性化。

（1）UGC与用户关系。

UGC作为一个网络情感诉求渠道，可以让用户达到与他人交互、满足多维度的心理需求的目的。

首先，可以让用户获得成就感。用户都有一定的表现欲，希望能够把自己最擅长的东西拿出来给别人看并且得到认同，实现自我价值。新媒体的出现，给了每个人大展拳脚的可能。例如，爱好唱歌，不一定要选秀或者成为歌星，可以在原创音乐网站发表音乐作品；有丰富的旅游经验，可以在旅游网站上传攻略帮助其他驴友；不少知名作家都是先在榕树下、晋江等文学网站出道，渐渐地为人所知。所以，用户通过贡献高质量的UGC展现才华，受到尊重，同时也能获得自我满足。

其次，可以让用户获得愉悦感。用户总是希望能在这里看到好玩的事情，热衷围观、欣赏他人的喜怒哀乐。由于用户自己生产的内容是真实和接地气的，所以更容易使人感受到亲切、产生共鸣。像一些颠覆性的认知、搞笑夸张的段子等，可以满足用户享乐生活的诉求，给用户带来新奇与刺激。

最后，可以满足用户的归属感。现代网民渴望消除孤寂感，想与志同道合的陌生人进行交流。互联网、新媒体打破了地域、身份的界限，用户借助UGC觅到知音，不再孤芳自赏，而是与他人畅谈言欢，满足交际的诉求。

（2）UGC与品牌关系。

UGC模式对产品品牌来说也已经是一种新型的营销手段，其特点表现为三个方面：

第一，高度参与，病毒式传播。与PGC相比，UGC的最大魅力在于用户的主动参与。这种参与不仅体现在内容的创作上，更体现在内容的传播上。用户在使用产品或服务后，往往会自发地产生分享的欲望，通过社交媒体等渠道，将自己的体验、感受或创意以UGC的形式传播出去。这种由用户驱动的二次传播，往往能够引发爆炸式的关注和追随，形成病毒式传播效果。以H5作品《穿越故宫来看你》为例，该作品最初在朋友圈中流传，随后通过用户的不断转发和分享，迅速成为网络上的爆款，其成功很大程度上得益于UGC的病毒式传播效应。

第二，内容优质，多元化呈现。随着新媒体用户群体的年轻化，90后、00后等"互联网原住民"逐渐成为消费主力军。这些用户更加注重个性表达和自我展示，他们乐于利用新媒体平台，结合自身的兴趣、经验和创意，创作出多元化的UGC内容。这些内容不仅丰富了新媒体的生态，也为品牌提供了更多与用户互动和沟通的机会。例如，在抖音、快手等短视频平台上，用户创作的各种搞笑、才艺、生活分享等视频内容，不仅吸引了大量观众，也为品牌提供了植入广告、合作推广等营销机会。

第三，沉淀核心用户，提升忠诚度。UGC社区平台通过激励机制，如内容分成、粉丝打赏等，鼓励用户持续创作优质内容。这种机制不仅刺激了用户的创作热情，还提高了用户对平台的依赖性和忠诚度。以斗鱼直播平台为例，主播通过直播吸引粉丝，粉丝则通过购买虚拟礼物送给主播来表达支持和喜爱。这种互动模式不仅为主播带来了收入，也为平台巩固了核心用户群体，提高了用户忠诚度。

（3）常见的UGC玩法。

目前，常见的UGC玩法有弹幕H5、图片生成和内容征集三种，以下将进行详细的讲解。

第一，弹幕H5。弹幕作为一种即时评论形式，以其独特的互动性和趣味性，成为H5页面中的一大亮点。美的在中秋节点推出的H5《谁动了你的中秋？》就是弹幕应用的成功案例。用户可以在H5页面中发送弹幕，与其他用户进行互动，这种即时反馈机制极大地增加了用户的参与度和沉浸感。同时，弹幕中的幽默、吐槽等元素也为H5增添了更多娱乐色彩，使得整个营销活动更加生动有趣。

第二，图片生成。在社交媒体上，用户热衷于分享自己的照片和图片，这为图片生成工具提供了广阔的市场。腾讯新闻的《没品新闻颁奖礼》就是一个典型的例子。用户可以根据自己的喜好选择新闻和名字，生成个性化的日报并分享到社交媒体上。这种玩法不仅满足了用户的个性化需求，还通过用户的分享行为扩大了品牌的影响力。

第三，内容征集。内容征集是品牌邀请用户共同参与内容创作的一种方式。通过设定主题或规则，品牌可以激发用户的创造力和参与热情，从而收集到大量优质的用户生成内容。星巴克的手绘纸杯竞赛活动就是一个成功的案例。活动邀请用户在手绘纸杯上展示自己的创意和才华，不仅为星巴克提供了丰富的UGC内容，还成功推广了可重复使用纸杯的环保理念。同时，活动还通过奖金和名声的激励，吸引了更多用户的参与和关注，提升了星巴克的品牌影响力。

（三）新媒体内容运营的流程与方法

一个产品或者服务，只要说到内容运营，就要涉及内容供应链的建立和产品本身、内容生产者以及内容消费者三个方面。内容消费者与产品定位息息相关，它决定了产品的内容给谁看，谁会对这些内容感兴趣从而提供可转化的流量。内容生产者是产品内容的发动机，它决定了产品会输出怎样的内容给内容消费者。内容生产者所提供的内容与内容消费者兴趣的匹配，是保证内容流转效率和产品转化能力的动力。产品本身需要维系内容生产者、满足内容消费者，通过各种方式去保证产品的运转。从内容运营的角度来看，它不仅仅需要明确定位内容消费者，也需要努力维系内容生产者，同时对用户的反馈进行跟踪和跟进，以期让内容流转更顺畅、内容消费更黏着、用户转化更快捷。

1. 内容运营的流程

内容运营的流程就是内容生产、输出（传播）、转化的整个过程，包括内容消费者定位、内容生产者维系、内容反馈与跟进等。

（1）内容消费者定位。

内容消费者定位是以内容为主的产品。在这个策略中，初期种子用户的选择是确定内容消费人群的关键步骤之一。不同产品早期的内容消费者定位示例可以从知乎、豆瓣网和时光网这些平台中找到。

知乎在初期阶段聚焦于邀请制，这有助于控制用户进入速率，产生稀缺感和紧迫感。这种策略帮助知乎精确锁定其目标用户群体，考验了其运营和生产能力。然而，值得注意的是，邀请制也要求内容生产和运营能力足够强大，否则可能导致低用户活跃度和留存问题。

豆瓣网采用更加开放的注册方式，但仍然注重内容的质量和多样性。豆瓣网通过用户的内容贡献和互动建立了一个内容聚焦的用户群体和评价体系，这有助于吸引品位相近的用户。这一策略在一定程度上避免了过快进入，从而保持了用户接受度。

时光网早期采用邀请制来控制用户进入。这种策略有效地创造了稀缺感和紧迫感，吸引了与电影相关的用户群体。通过这一定位，时光网建立了一个强大的用户社区，为电影爱好者提供了有价值的内容和互动机会。

（2）内容生产者维系。

定位了内容消费者，就会返回考虑内容由谁来提供、提供什么样的内容是内容消费者所喜欢的。这一点类似于电子商务，如某产品定位的是女性客户，就不会去进购男士外套。定位内容消费者只是第一步，而下一步就是要提供内容消费者感兴趣的内容，这部分内容可以自己制作，也可以外包，但不管由谁完成，都是内容生产者。内容生产者制作出内容后，还需要根据内容消费者的需求与变化进行内容的维护、修改，以保证内容消费者在产品中能获得充足的内容，与产品维持比较长久的用户、消费关系。

（3）内容反馈与跟进。

完成内容消费者的定位，制作并持续维系产品内容后，就要时常关注内容反馈，并进行跟进，形成日常的内容采集与管理工作。在内容的采集与管理工作中，必须考虑用户反馈和对应反馈的跟进策略，该策略可以根据平台的不同挑选展现方式，设定内容运营的关键绩效指标（Key Performance Indicators，KPI），并与数据挖掘机制相结合，进行数据挖掘之后的反馈与跟进。

2.内容优化的传播方法

内容优化的传播方法可以分为内容故事性优化、内容可信度优化、传播方式优化、传播技术优化等方面，优化的最终目的是以更快捷、更容易被认知、更低成本的方式，在新媒体时代进行最有效、最广泛、收益最大化的传播与运营。

（1）内容故事化、事件化、娱乐化。

信息本身并没有情感上的冲击力，仅有一堆事实资料的信息是无法和用户产生共鸣的。逻辑表述与情感说服之间是存在较大差异的，用户可以赞同思路而不响应号召，很少有人仅凭因果关系就会付诸行动。为了增强说服力，必须触动人们根深蒂固的欲望和信念。这就需要用比事实更锋利的情感来刺痛心灵。因此，情感成为人们强有力的消费驱动。内容要具有情感召唤力，就需要故事化、事件化和娱乐化，使传播的信息让人喜闻乐见，能"抚慰我""逗我开心""让我思考""令我感动""让我难过""让我幻想""给我欢笑""令我愤怒""让我哭泣"等。

（2）内容短视频优化。

在视频移动化、资讯视频化和视频社交化的趋势带动下，短视频内容运营正在成为新的风尚。短视频和图文内容一样都是社交传播的介质，但是短视频因其表现形式使得其在传播过程中具有更强的表现力、更多的互动形式，同时也容易形成更强的壁垒。从各大短视频平台的迅速崛起到头条视频每天10亿次的播放，再到微博和秒拍联合建立起来的中国最大的短视频"分发+播放+社交"的生态联合体，我们看到的是短视频在短时间内占据了大量的流量，形成了广泛的影响力。短视频的内容凭借有情、有趣、有用、有品等特点，进行着广泛的口碑传播。

（3）在SEO中植入内容运营基因。

中国的互联网环境正在快速演变，这给SEO领域带来了巨大的变革。尽管如此，搜索引擎仍然将持续不断地改进，以提供更出色的用户体验。用户体验的核心因素之一是内容质量，因此在SEO中，关注内容的质量至关重要。不论搜索引擎如何呈现搜索结果，最终都离不开高质量的内容。在进行SEO时，需要注意以下要点：

第一，精准定位。要实现网站内容的优化，首先需要明确网站的核心关键词。这些关键词应该突出网站的主题，确保内容与之相关。例如，如果网站专注于英语培训，那么关键词可能包括"英语学习""英语教育"等。通过精准定位，可以实现内容的垂直化，专注于特定领域，提高网站在搜索结果中的排名。

第二，增加百科类内容比例。提供详尽的百科知识是吸引访客的一种有效方式。这种内容可以回答与网站主题相关的各种问题，为访客提供有用的信息。同时，使用大小标题可以增强文章的层次感，使访客更容易阅读和理解内容。

第三，开通博客专栏。建立博客专栏是一个解决访客问题和提供解决方案的好方法。例如，一个翻译服务网站可以创建一个名为"翻译大学"的博客专栏，解答有关翻译的各种问题，为用户提供有用的信息。这种做法有助于吸引更多的访客，并增加网站的权威性。

第四，避免自我中心化。在优化网站内容时，不要过度强调创始人的故事、公司文化等与SEO无关的内容。要站在访客的角度思考，关注他们的需求和兴趣。这样可以确保网站内容更贴近访客的期望，提高他们的满意度。

第五，内链优先。内链建设是优化网站内容的重要一环。通过在文章中插入内部链接，可以将不同页面的内容有机组合起来，提高网站整体的可用性。这有助于访客找到相关信息，提升他们的浏览体验。

第六，深度内容合作。将友情链接转化为深度内容合作是一种有效的合作方式。建立合作伙伴关系，共享资源，互相引用优秀的文章，可以为网站提供更多的价值。这种合作不仅有助于提高网站的权威性，还可以增加流量和影响力。

第七，主动导出链接。为优秀且相关的内容提供链接是一种帮助搜索引擎更明确地归类网站内容的方法。这有助于提高网站在搜索结果中的排名，同时也提升了用户的体验。通过主动导出链接，可以与其他相关网站建立联结，增加网站的可信度和权威性。

（4）做真内容。

用户自从被新媒体解放，感受到了多源内容的丰富多彩，人口红利带来了大量流量，让移动资讯里的内容生产者都能分到一杯羹。但很快，随着大鱼号、百度等纷纷清剿"做号党"，移动资讯转向竞争状态，取代了人口红利的内容红利被搬上台面,成为竞争核心。

然而所谓做优质内容,可能并不是培植、扶持那么简单。重复轰炸,再丰富也会变成垃圾内容。对用户来说,媒体追求热点无可厚非,不过都汇集到一起,就变得千篇一律。加上标题党横行、低劣爆文充斥平台,算法又助长了垃圾内容,于是平台又慌忙搞起人工审核和推荐。但是无论如何,妄图通过技术优势构建移动资讯的护城河,显然都是舍本逐末、缘木求鱼。在此环境下,唯有"真内容"才能破局,"热点+角度+态度"的不重复组成,才是真内容正道。

(5)跨界内容优化。

现在流行一句话,运营做得好与坏,朋友圈来验证。显然,朋友圈已然成为行业广告风向标,验证着产品传播的好与坏。当优质内容被朋友圈刷屏分享时,即意味着品牌的一次加冕,一场来自行业盛大的"注目礼",从百雀羚一镜到底的神广告到网易云音乐的乐评地铁的现象级刷屏案例,无不验证了这一点。例如,脉脉的"职场回复帖"营销。当上班族从媒介上捕捉到这些来自职场人士的"职场神回复"时,可能也会产生些许共鸣。其实,这次刷屏的背后,是脉脉联合一些明星企业发起的一次跨界内容运营活动。脉脉是一款职场社交软件,里面聚集了各行各业的职场人,他们有着各自的圈子文化和标签。在脉脉,他们可以结交同行、吐槽八卦,也可以讨论工作、招人跳槽,也正因为基于社交属性,脉脉每天都会产出非常多的UGC,里面不乏一些或扎心或惹人发笑的"职场神回复"。为了表达这个时代职场人的真实心声和多元化的态度观点,团队从1万条热门八卦点评中甄选出100条内容作为对外沟通点,与职场人一起洞悉职场万象,并与共享单车等企业充分洽谈,达成品牌资源置换和市场合作,最终实现了行业内现象级的零成本投放。例如,2017年7月31日,脉脉将这些扎心的"职场真相"统一以脉脉蓝色主调制作成活动宣传板,规整地放置于杭州的共享单车前,并将单车摆放在上班族聚集的区域,供其使用。

与此同时,摩拜单车(现美团单车)也将此次活动调至推广优先级,在App端予以弹窗支持，向百万杭州用户推送活动；2017年8月5日，"北上广深杭"5个一线城市，对2万个办公写字楼的电梯进行了包装，除了将"职场神回复"制作为电梯包装物料，也把部分神回复文案制作为文艺范的书签，悬挂于电梯顶部，这个讨巧的创意源于许愿树，让办公楼的白领们在来来往往间感受另一番体验。

3.内容运营的盈利模式

在新媒体中，内容运营、内容产生的价值与效果，可以称为内容变现。

（1）平台补贴。

平台补贴一般按曝光量计算，也就是广告分成。今日头条、大鱼号及很多直播平台都采取类似方式。下面列举几个平台的补贴、分成方式。

今日头条是一个广受欢迎的内容分享平台，但要想获得平台分成，用户必须度过一段"新手期"。这个新手期可能会对新用户构成一定的挑战，但一旦通过，他们就有机会享受到多重收益的好处。首先，用户可以通过将自己的内容标记为原创来获得观众的打赏，这为他们带来了额外的收益。其次，带有原创标记的内容还能够吸引更多的广告，从而增加广告收入。这一政策鼓励用户积极创作原创内容，提高他们的收益潜力。

在一点资讯平台，视频创作者需要向平台的编辑申请，才能够开始获得收益。这一步骤确保了平台上的视频内容质量和合规性，同时也为创作者提供了机会与平台互动，以更好地实现他们的收益目标。

网易号开放平台通过星级制度来确定用户的分成。账号从零星级逐渐升级到三星级，这决定了他们可以获得平台分成的比例。这种星级制度旨在激励用户提高他们的内容质量和受众吸引力，以获得更高的收益。

企鹅号，包括天天快报和腾讯新闻等，收入主要来自有效流量补贴。要想获得这些收益，用户必须满足一系列入驻、推荐量和内容质量等要求。这种政策鼓励用户创作高质量的内容，并努力吸引更多的读者。

大鱼号是一个与优酷网、土豆网、UC相关的平台，注册需要邀请码或已有相应账号。为了获得广告分成，用户需要达到一系列条件，包括获得五星评级、开通原创保护、推荐和阅读量等标准。这些要求鼓励用户积极创作和提高其内容的质量，以便更好地实现收益目标。

腾讯视频是一个要求原创内容的平台，用户必须上传至少5条原创视频，并且总播放量达到10万次，才能有资格获得平台分成。此外，平台分成仅适用于特定内容领域，如娱乐类，而生活类短视频则不享有分成。这些政策确保了平台上的内容质量和多样性，同时也为具备特定领域专业知识的创作者提供了更多的机会。

但平台补贴、内容分成这种方式存在两个主要问题。一是平台补贴金额相对较低，不足以吸引用户为平台贡献独创内容。这一问题的根本原因在于，补贴的数额不足以让用户感到有动力将他们的创意和劳动投入到平台上。这使得用户更愿意选择在其他平台上发布内容，然后在该平台进行内容同步。这种情况下，平台失去了吸引和留住原创内容创作者的机会，进而影响了平台的内容质量和多样性。

二是现金补贴政策吸引了大量"羊毛党"，他们利用规则进行套利。高额的现金补贴吸引了许多"羊毛党"注册多个账号，以最大限度地获得补贴。这些"羊毛党"往往利用机器发文或抓取他人的内容，以获取更多的现金补贴，而并不真正为平台的社区和内容质量做出贡献。这一现象不仅导致内容质量的下降，也损害了原创作者的积极性，因为他们感到自己的努力未被充分认可，未得到相应回报。

（2）广告与软文。

优质内容与广告相生相伴。设定目标人群—生产优质内容—吸引用户—产生影响力—行业周边广告主投放，是互联网内容平台的标准流程。当内容平台或公众号拥有了一定的流量与用户时，广告主自会找上门来，形式有冠名广告、漂浮广告和软文。相对于硬广告，植入式软文更受广告主青睐。例如，云科技的"图片+链接"的广告模式。2013年1月，"云科技"（自媒体网站）向业界推出微信广告业务，以"图片+链接"的形式，附在公众号和网站所发布文章的末尾，报价为1万元/天或5万元/3天，每天发布1—2篇文章。凭借"云科技"的巨大人气，其微信广告大获成功，在不到两个月的时间里就获得了13万元的广告收入。

（3）内容电商。

内容电商模式是指通过在内容平台之上衍生出的电子商务业务来获取利润。内容电商有以下三种模式，三者之间并非完全并列，其中也有交叉。

第一，情怀营销。情怀营销一直是内容创作者和平台之间的默契合作关系的核心。在信息时代，用户信任对于建立持久的商业关系至关重要。情怀营销通过将精神消费与商业逻辑相结合，实现了以人为中心的商业模式。用户对于内容创作者的信任，不仅仅是对其专业知识和创造力的认可，更是对其情感共鸣和真诚传递的认可。因此，内容创作者可以通过情感共鸣，建立深厚的用户忠诚度，并将其信任转化为商业机会。这种关系不仅使内容创作者能够提供有价值的产品或服务，还增强了平台的可持续性，为商业生态系统注入新的活力。

第二，垂直营销。垂直营销是一种将内容创作者视为行业专家的战略，以推荐可信赖的产品为核心。内容创作者通过专业化内容和卓越的用户体验，深耕垂直领域，建立了自身在该领域的专业声誉。这种专业性吸引了更多的资源，包括品牌合作和广告投放，从而为创作者提供了稳定的收入来源。同时，由于用户将创作者视为专业权威，他们更愿意购买被创作者认可的产品，提高了产品的转化率。垂直营销不仅增加了内容创作者的收入，还提升了用户体验，使内容创作者、品牌和用户之间形成了良性循环的互动关系。

第三，需求整合。需求整合是内容电商平台的一项重要策略，旨在满足用户需求的一站式服务。内容电商平台通过将内容消费与产品消费跨界融合，为用户提供更加便捷的购物体验。用户可以在同一个平台上获取专业的垂直内容，了解产品信息，进行购物，甚至享受售后服务。这不仅节省了用户的时间，提高了效率，还增强了用户黏性。通过需求整合，内容电商平台建立了一个综合性的商业生态系统，为内容创作者、品牌和用户之间的互动提供了更多的机会。这种一站式服务不仅满足了用户的需求，还促进了商业合作的发展，推动了平台的可持续增长。

（4）知识付费。

知识付费主要包含两种形式。

第一，打赏。打赏是非强制行为，打赏的价值不在于钱，而在于对内容创造者的激励，以及创造全新的用户关系——付费用户。付费用户的黏性往往要高出普通用户很多。当然，秀场直播里的打赏另当别论。

第二，内容付费。内容付费模式一般分为三类，订阅专栏、咨询服务、讲课付费。订阅专栏以得到和喜马拉雅为代表，一般一次订阅1年的专栏，形式为1对多，内容制造者边际成本为0，本质是出版社模式，是内容金字塔顶端头部生产者首选。咨询服务以分答和在行为代表，形式为1对1，按次收费，边际成本较高，是内容金字塔腰部生产者的选择。讲课付费是以知乎Live、一块听听、分答小讲、喜马拉雅、虎嗅怒马为代表，形式为1对多，按课收费，边际成本为0，头部和腰部生产者均可选择。

（5）IP运管。

IP是指知识（财产）所有权或者智慧（财产）所有权。大IP运营，包括拥有知识产权的内容、形象、故事、漫画、动画、电影、游戏，也可以是经营作家（如韩寒）、节日（如巴西狂欢节）、活动（如丽江雪山音乐节）等。优质IP的形成和升华需要不断进行用户刺激，引发用户情感代入，增强用户黏性，生成更高的品牌价值。

（6）PR：公关掏钱。

随着新媒体的兴盛，传统的公关面临着严重的挑战。在自媒体驱动下，每个人都是媒体，每个人都有话语权，增加了公关事件的偶发性，也加大了公关的难度。与此同时，一些企业领导人借助社会影响力获取强势话语权，直接兼任公关总监冲到第一线，利用微博等社交平台宣传自我或攻击别人来提高企业知名度。在此环境下，内容发布、修正、删除也成了内容运营的获利途径，企业及商家为了提升竞争力或消除负面影响，不惜拿出大量资金用于内容公关。

三、新媒体活动运营

（一）新媒体活动运营概述

活动运营在目前新媒体运营中普遍运用，是最直接、最高效的运营手段。从广义上来讲，活动是一种用于获取和活跃用户的方法，实际上活动运营是个比较复杂且庞大的体系，包含活动策划、活动实施、活动执行跟踪、分析评估活动效果等步骤，其主要目的是拉新、活跃用户及提高用户留存率和转化率。

1.活动运营的概念

活动运营是针对不同的产品、商品或者项目，用线下活动的形式进行运营，包含了活动策划、活动执行以及嫁接相关产品和对产品或者项目的后期反馈等。对于新媒体的产品来说，活动运营人员几乎是标准配置，因为活动是用户感知最明显的一项工作。活动除了可以提升用户参与和转化，还可以为产品探路。比如，一个电商网站发现用户很喜欢促销打折的活动，那么电商网站就可以将它固化成团购系统、优惠券体系、秒杀功能等；一个社区网站发现邀请活动可以有效地拉动用户注册，那么它就可能将这类活动固化成推广员机制；一个产品网站发现可以用签到等手段提升用户的持续活跃，指引用户行为，那么它就可能将一些类似的活动固化成任务系统等。

2.活动运营的意义与价值

活动运营的意义与价值的根本在于为什么要做活动，做活动能够为产品带来什么样的效果。主要有以下四点。

第一，吸引新的潜在用户。这是大多数活动运营的目标，即拉新。活动拉新是以活动为手段、以拉新为目的的过程统称。通过不同的活动形式去提升新用户的注册量、激活率和关注量。拉新是所有新产品走向市场的第一步，事关产品的成败。在拉新活动中，可以把潜在用户进行分类，比如说学生、家庭主妇、白领、单身、旅行爱好者或宠物爱好者等。依靠活动来聚集同类别的目标用户，让这些用户可以通过活动更加直接地了解产品，加深用户与产品之间的距离，完成拉新的目标。

第二，维护和活跃已有用户。以用户维护和活跃为主的活动，最终的目标就是制造一个机会，让老用户有机会互相沟通，互相交流，也可以让用户跟工作人员之间或者产品相关人员有更亲近的关系。这类活动形式多种多样，通常会依照用户的级别来安排。比如，很多公司都会在年终的时候邀请用户参与年会，双十一可能会办单身节Party，有世界杯的话也会办世界杯的Party，就是找一些机会让用户聚在一起培养感情。

第三，快速提升运营指标。活动的参与者基本上都是目标用户，是对产品有一定兴趣的用户，如果是销售方向的活动，就能够提高一些产品的销量；如果是拉新方向的活动或者产品迭代方面的活动，就能够提高产品的转化率，如果能配合非常好的传播形式，运营的指标就能得到快速的提升。

第四，提升塑造产品形象。活动是非常直观的，具有体验感。比如新产品发布、产品的更新迭代或者产品的销售等，结合邀请嘉宾的属性，配合宣传，能够迅速地扩大活动影响力，提升塑造产品的形象。

3.活动运营的特点

活动作为客户推动信息流动扩散、吸引用户注意力最常采取的策略，在微博、微信等新媒体平台上比比皆是，同时，各种线下活动也俯拾皆是，对创意的要求节节攀升，企业总是希望用更低廉的成本实现更好的效果。因此，活动的运营者们绞尽脑汁，思考最好的活动方案。根据这些活动进行简单总结，可得出活动运营的一些基本特点：

（1）免费。免费既包括费用，也包括额外的要求和条件，参与活动的门槛越低，覆盖的人群就越大，从中能够发现与获得的目标用户就越多。

（2）简单。在轻量原则下，活动的规则需要尽可能设置简单。越多越复杂的规则,用户越不耐烦。移动互联网的从业者们曾提出过"2秒定律",即如果一款应用在2秒时间内无法让用户明白自己是什么及如何操作,就将面临被抛弃的命运。在实际工作中,用户在某一个环节多花一秒钟时间,这个环节的用户流失率就将增加8%—10%。

(3)透明。如何获得活动设置的奖励、是否获得了奖励、谁最终凭借什么条件获得了奖励等,整个流程的公开透明、可查可证,不仅是和参与用户最好的沟通,也会极大降低后续的无谓投诉。在新媒体平台中,获利冲动也催生了"刷奖党"现象,因此,透明的流程在其中就显得非常必要。

(4)有趣。在新媒体中,自娱是一个最为典型的现象,各种玩法像游戏一样不断推陈出新。有趣能够吸引更多用户参与,激发用户新的自娱创造,从而推动信息扩散再度拉升效果。

(5)可累积。利益的累积能够充分调动参与用户的积极性,就像平台在新用户邀请注册活动中设定的规则一样,每位参与用户都会变成自己的传播员。不过,这一规则也不能无上限,而是应有一定限制条件如"最高三次"的界限。

(6)可兑现。获利的兑现是互动激励,要细微并及时,只要用户达到了条件,就可以获得奖品。奖品并不一定要大,但尽量实现随时兑现与汇总兑现。

(二)新媒体活动运营的流程

1.新媒体活动运营的态度、思维和能力

新媒体的活动运营,可以说是新媒体所有运营中与用户最为贴近、最为灵活多变的一种。同时,活动运营还会根据不同的场景和空间分为线上和线下两个部分。在这之前,我们先来完整地探讨一下活动运营需要的态度、思维和能力。

(1)积极主动:设立活动运营的愿景。

积极主动是一种态度,在活动运营中,积极主动是指运营要对活动的

结果负责，更是要对企业负责。活动运营的愿景就是在运营之前，需要先明确产品的"价值观"，为产品定位，再设立这次活动运营的目标。产品的价值观是运营者用来判断用户需求是否合理、活动策划是否有效的依据。因此，在做活动运营前需要思考：设计的活动是产品真正需要的吗？活动的需求定位与产品的定位是否一致？如何解决活动中用户愉悦和转化之间的关系等问题，学会用一种积极主动的态度来设立活动运营的愿景。

（2）以终为始：制订好目标与计划。

以终为始指的是在做活动运营时，需要先通过头脑的构思，即智力上的第一次创造，然后付诸实践，完成行动上的第二次创造。因此，在行动之前，需要提前进行活动策划，形成活动策划书。做策划书的目的是找到通往活动愿景的可行路径，拆解活动的事项，安排给对应的工作人员，同时给参与的工作人员传达活动的愿景和目标。同时，策划书也是在处理突发事件时候的依据。如某次活动中，有工作人员发生突发状况不能到场，根据策划书，可以快速安排其他人员接手相关工作等。一般来说，策划书中应包含：活动的目的（愿景）、事项执行表（事项、相关人、风险）、人员职能表（人员、对应职能）、资金物料表（物料需求、资金预算）等。

（3）要事第一：活动管理。

在活动运营中要学会对活动事项按照优先级进行排序，分为紧急和重要的两个维度，结合人力、资源对事项进行安排。其中，重要性根据事项对活动的影响和价值来判断，紧急性的高低则按照事项的剩余时间来判断。优先处理紧急重要的事情，其次是处理重要但不紧急的事情，对于不重要的事情可以安排给其他人，如果有空余人力和时间再去考虑做。尽量不要让重要的事情变得紧急，留出多余的时间来处理突发状况或者优化活动。

（4）知彼知己：了解各方意见。

知彼知己是一种做事的战略，是相互取长补短的技能。一个拥有长短不一的木板的木桶，每一方都各做各的话，那么木桶中的水也就只有短板那么高。但如果能几方相互整合，长短互补，重新组建一个木桶的话，那么木桶所能承载的水则更多。因此，在活动运营中，需要对产品链条中的各方进行详细的了解，清楚目标和预期，了解实现目标的原则和方法，同时还要提升已拥有的人力、物资、技术等资源。

（5）统合综效：创造性合作。

统合综效是一种做事的态度，往往其结果会产生"1+1＞2"的结果。例如，腾讯的QQ会员除了享有一些QQ特权，还能经常获得其他腾讯系列产品的福利，比如腾讯游戏VIP、腾讯视频免费看等。因此，QQ会员可以转化到其他的产品中，其他产品的会员也可以转化到QQ会员中来，从而形成各方利益均得的局面。

通常在活动运营的过程中，少不了与团队外部进行协作和合作，包括公司内的其他人和公司外的其他人，这个时候寻求合作会比互相竞争更具优势。例如，在活动的宣传中，活动主办方都会展现其他的品牌产品，先不论在活动中是否有具体的合作，单是在宣传上就已经达到统合综效的效果，各个品牌共同获得更多的曝光，也让活动看起来更具品质。

（6）双赢思维：资源的共享。

双赢思维是一种做事的思维，也是一种高效法则。在活动运营中，双赢思维其实是资源的共享，其中博弈的是相互利益，考验的是各方的诚信、成熟、知足三种品德。诚信是指活动有明确的愿景，合作方能够信守承诺；成熟是指在争取我方利益和了解合作方利益之间的平衡状态，也就是付出和获得之间的平衡；知足是指以我方的目标为底线，知道自己什么时候能够满足，也不让对方超越底线。在活动运营中，需要展示出活动的信心，表示合作的诚心，了解对方的观点，知道要达到什么目标，分享资源换取其他的资源，综合发挥这些资源更高的价值，让各方得利。

（7）不断更新：复盘。

不断更新是对以上六项实践的不断更新和提升。每次活动都应遵循策划—执行—复盘的整个环节，其中复盘是最为重要的。一方面，在每次活动结束后，对本次活动的执行过程进行回顾，与策划的方案进行比较，找出其中做得不够好或者可以做得更好的地方，把这些可改进的地方和对应的方案记下来，尝试在后面的活动中进行改进；另一方面，除了具体地执行复盘，还要尝试把活动运营标准化，提炼出活动运营中的底层态度、方法、技能，形成通用的原则，以便下次活动参考和使用。

2.线上活动运营流程

线上活动，顾名思义，是在线上发布、线上执行、线上反馈，如果有奖品再加上线上领奖。线下活动一般则要有线上推广、线下执行，最后线上反馈。在线上活动运营中，没有百分百完美的活动，只有尽量完美的活动。事先考虑得越周到细致，活动才能越顺畅。因此，首先要明白为什么做和怎么做，这点在上一要点中已做介绍，不再赘述。其次要完成以下七个步骤。

（1）制作活动方案。

活动方案指的是为某一次活动所制作的书面计划，具体行动实施办法、细则、步骤等。对具体将要进行的活动进行计划，对每个步骤的详细分析、研究，以确保活动的顺利、圆满进行。

一份优秀的活动方案应包含以下核心要素：

活动主题：明确活动的核心议题，确保主题鲜明、吸引人，与品牌或产品紧密相关。

活动对象：精准定位目标受众，了解他们的兴趣、需求与行为习惯，以便制定更有针对性的策略。

活动时间：选择合适的时间节点，考虑用户活跃度、节假日、竞品活动等因素，确保活动能够吸引足够关注。

活动描述：详细阐述活动的内容、形式、目的与亮点，让用户一目了然。

参与方式：简化参与流程，确保用户能够轻松参与，提高活动参与度。

推广渠道：根据活动对象与主题，选择合适的线上推广平台与方式，如社交媒体、邮件营销、合作伙伴推广等。

成本预估：详细列出活动所需的各项费用，包括设计、开发、推广、奖品等，确保预算合理。

预期效果：设定明确的活动目标，如参与人数、转化率、品牌曝光量等，为活动评估提供依据。

（2）制作活动承载页面。

活动承载页面是用户参与活动的直接入口，其设计需简洁明了、功能完善。在制作过程中，应准备详细的需求文档，明确页面设计、功能实现、上线时间等关键要素，并与技术团队保持密切沟通，确保页面按时、高质量地完成。同时，页面应具备良好的响应速度与兼容性，确保用户在不同设备上都能获得良好的体验。

（3）制定活动规则。

活动规则是确保活动公平、有序进行的重要保障。规则应清晰、明确，避免产生歧义。对于复杂的活动，建议将规则单独列出，详细阐述活动流程、参与条件、奖励机制、违规处理等条款。同时，规则应充分考虑用户心理与行为特点，确保活动既有趣又具挑战性，激发用户的参与热情。

（4）协调推广渠道。

推广是线上活动成功的关键。应根据活动主题与目标受众，选择合适的推广渠道与方式，制订详细的推广计划。在推广过程中，应明确投放时间、投放方式、覆盖范围等关键要素，确保信息能够准确、高效地传达给目标用户。同时，应密切关注推广效果，及时调整推广策略，提高推广效率。

（5）进行活动风险控制。

线上活动面临诸多不确定因素，如技术故障、用户投诉、竞品干扰等。因此，在活动设计之初，就应充分考虑可能遇到的各种突发情况，制定相应的应急预案与应对措施。在活动进行过程中，应密切关注活动进展与用户反馈，一旦发现问题，立即启动应急预案，确保活动能够顺利进行。

（6）活动正式开始。

活动正式开始后，运营团队应密切关注活动数据，如参与人数、转化率、用户留存等,及时分析数据,评估活动效果。根据数据分析结果,应及时调整活动策略,如增加奖品数量、优化参与流程、加大推广力度等,以确保活动能够达到预期效果。同时,应保持良好的用户沟通与服务,及时解决用户遇到的问题与疑虑,提升用户体验。

(7)撰写活动效果报告。

活动结束后,应撰写一份详细的活动效果报告,对活动进行全面复盘。报告应包含以下内容:

活动概述:回顾活动主题、目标、流程与亮点,总结活动整体情况。

活动效果统计:分析活动数据,如参与人数、转化率、品牌曝光量等,评估活动效果是否达到预期。

宣传效果统计:统计活动在各大推广渠道的曝光量、点击量、互动量等数据,评估推广效果。

经验总结:总结活动过程中的成功经验与不足之处,提出改进建议与未来活动的规划方向。

通过复盘,品牌可以从中汲取经验教训,不断优化活动运营策略,提升活动效果与品牌影响力。线上活动运营是一个持续迭代与优化的过程,只有不断尝试、学习与改进,才能打造更加完美的线上活动。

3.线下活动运营流程

线下活动是一种有目的性的策划事件,比如吸引新用户、品牌曝光、回馈用户、提升用户活跃度等。活动一般都带有奖品或者福利,往往还会调用一些内部资源或外部资源进行推广。其一般步骤如下:

(1)明确活动目的,制订活动方案。

线下活动一般会涉及与销售和BD(业务拓展)的合作,如果公司(机构)未设置这两个岗位,那活动运营就需要完成包括销售和BD的所有相关工作。依据明确的活动目的,设计完整方案,包括:

活动主题:提前拟定好,与甲方协商。

活动时间:提前确定好,与甲方协商,并考虑用户时间。

活动地点：与甲方协商。

活动对象：已有用户或潜在用户，同时也是甲方潜在用户（这是合作达成的基础之一）。

活动描述：表现出会做什么活动、怎么做、有什么亮点，从而打动甲方提供赞助。

推广渠道：投放时间、投放渠道、投放资源位置等。

预期效果：准备两部分，一部分是给甲方阅览，写明白活动能给甲方带来什么利益；一部分是内部观看，比如获取活动平台数据或用户数据。

成本预估：有甲方的话需要给甲方一个报价单，包含各推广渠道费用、线下执行费用、各环节礼品或奖品费用等。

（2）制作活动推进时间表，推进准备工作。

此时，方案已经得到甲方通过或者签过合作合同，正式进入执行阶段，一般需要召集参与此次活动的人员召开准备会议。根据已确定的活动时间向前倒推，梳理活动节点，分配好各项准备工作并确定各项工作负责人，活动总负责人需要随时跟踪完成情况。

（3）制作活动执行方案，分解执行任务。

在各项准备工作有条不紊推进的过程中，活动负责人还要制作一份活动现场执行方案，结合设定的活动流程，把签到、主持、摄影、道具、场务、直播等现场执行中的各项工作分配到具体个人，执行方案一般精确到分钟。在线下执行之前的一两天，召集所有执行人员开活动动员会，下发执行方案，逐项分解任务到个人，保证每个人都清楚自己到现场应该做什么工作。活动现场执行方案包括：

活动目的。简单描述活动，并说明本次活动目的。（执行人员和项目推进人员不一定是同一批人，所以需要再次申明。）

活动时间和地点。工作人员一般要在活动正式开始时间前1—2小时到场，熟悉场地环境，准备各自负责的物料和奖品，尤其是负责签到的人员，要提前赶到，聚拢活动用户，不要让用户觉得早到无人接待。

活动流程。活动流程表根据活动环节安排而定，从开始到结束，每项工作分配到个人。大活动的流程复杂，牵涉的人员和资源众多，更需要细致。

活动环节设计。一般在活动方案确定时就已基本成形，这里需要明确各环节规则。在设计活动环节时应以用户体验为核心，设计适合目标用户的活动内容。比如，让一群老年人去坐过山车就严重违背用户体验。

物料、礼品清单。逐项把活动所有需要用到的物料和礼品种类、数量注明，并备注各物品在活动执行中出现在哪个环节、什么地点，然后交代给各自的负责人。如果所需物料和礼品种类比较多，最好再做一个表格，交给各项物品负责人。

（4）现场执行。

现场执行就是把项目逐一落实到位，最好的状态是执行人员各司其职，用户满意，活动顺利进行。但实际上，活动变数时常会发生，总负责人要处变不惊，面对各种状况迅速应变，做出应对措施，并通知到相应负责人。现场执行常见问题及应对办法有：

内部人员问题。执行人员到场后应迅速进入各自工作岗位，签到人员引导用户就位，主持人再次熟悉串词，各项物品负责人厘清数量并提前送到预定位置，提前与摄影师、摄像师说明具体拍摄需求等，尽快把现场所有准备工作落实到位。提前建立活动执行群，出现突发情况及时通报，比如某个执行人员迟到，总负责人要立马安排其他人补位；有人遗忘工作内容或走神，旁边的同事要及时提醒协助，总之，执行团队要齐心协力保证活动顺利进行。

用户问题。用户签到环节，签到负责人要快速联系未准时到场用户，查明情况并标记清楚，对最终到场人数做出准确预估。一旦用户人数不足，及时通知总负责人，评估是否影响后续活动环节，如有影响，总负责人做好决定后第一时间找到主持人告知其调整方案，同时通知受影响环节的执行人员；参与用户出现问题或发生矛盾，如果相应负责人不能单独解决，第一时间通知活动现场总负责人出面协调解决。

活动流程有变。如果活动进行中出现流程变化，总负责人趁主持间歇快速告知主持人以便主持人临场应对，并通知其他执行人员。

（5）活动回顾和活动效果报告。

活动结束后一般要有活动回顾，如果发布时间是和甲方提前约定好的，活动结束后一般还需要给甲方提交一份活动结案，大致包括活动概述、活动效果统计等各部分，将成果和数据汇总做成一个方案。活动结束后应该及时做出活动效果报告，除了结案中的成绩，还要总结经验教训。需要从头到尾把整个活动梳理一遍，重点总结两个方面：活动流程中哪些环节之间存在衔接不畅、哪些环节当中存在问题，思考以后如何优化流程；总结出现的所有问题和自己的应对措施，有哪些应对得不错，有哪些应对不足及以后如何改善，最好都记录下来。通过复盘，能清楚认识到一次活动的成功与失败。

（三）新媒体活动运营的常见方法

新媒体活动运营的方式多种多样，并且随着场景和用户不断地发生变化。要想完整地罗列出活动运营方法实属不易，因此，下面仅对目前比较常见的三种方法进行简要的陈述与分析。

1.制造话题

制造和炒作事件是活动运营中比较常见和比较容易理解的方式，其关键在于所制作和炒作事件的涵盖人群、规模与产品之间的融洽程度。

（1）制造新闻事件。

制造新闻事件通常称为造势，是通过新闻事件来吸引大众与媒体的关注。制造新闻事件要从用户的心理和关注点去策划事件的方向、领域；事件要具有娱乐化、社会化特征，并能与产品有机地紧密结合，达到"润物细无声"的效果。

（2）事件炒作。

事件炒作就是通过制造话题、包装网红等方式来制造热闹的景象，同时植入产品或服务信息，引发用户的关注与传播。激烈的矛盾冲突是事件炒作的核心点之一。事件炒作分为三个步骤：

制造话题。话题的制造需深谙人性，从用户的情感需求、内心欲望以及社会心理等多维度出发，巧妙结合时下热点，创造出既具争议性又引人深思的话题。这样的话题不仅能够迅速吸引公众的注意力，还能激发人们的讨论欲望，为后续的炒作打下坚实基础。

选择媒体平台。各种媒体平台有不同的属性，如论坛、QQ空间等是以话题为导向、具有共同兴趣群体的谈论平台；微博、微信等社会化媒体是以用户为中心的分类群体平台等。在发布话题时，要选择一个适合的媒体平台为主阵地，进行密集式发布，形成热点。

发布信息与炒作。信息发布后，还需持续进行维护与推广，通过不断优化内容、增加互动等方式，确保信息能够持续吸引用户的关注，保持在最引人瞩目的位置。同时，积极促进用户的转发与评论，形成口碑传播，进一步扩大事件的影响力，最终实现产品的有效推广。

2.设置线上、线下福利活动

线上与线下福利活动就如同以往实体商业的促销活动，是基于用户想获取更具性价比的产品或服务所制定的。在实体商业竞争中，促销活动往往以降低成本、缩减利润为前提。在新媒体时代，线上、线下福利活动则更多地关注用户的真实心理需求。

（1）签到。签到就是让用户像上班打卡一样，能将用户的归属感不断地激发起来，并用作衡量平台热度的通用标准。对个人而言，连续签到可以获得更多经验值，经验值可以换取头衔、积分、现金或实物奖励，让用户在特定的时间（如中午12点）形成习惯和依赖，最终将用户长期留存在平台上。对群体而言，签到或变体"抢沙发"意味着展示一种独属文化。个人用户通过点击和分享，获得群体地位及文化认同感，大量的个体集合形成群体选择，促使平台在"不运营"和"弱运营"的状态，接受群体的选择，实现群体互动，实现接近"零成本"运营。签到是一个非常常见的周期性活动策划。从腾讯到阿里，都在着力培养用户的习惯——经常登录看一下，久而久之就成了习惯。

（2）抽奖。满足一定条件的用户参与抽奖，抽奖的类型可以是礼盒、转盘等，时效可以是即时的（立即开奖），也可以是延时的（指定时间公布开奖结果），奖品可以是现金、实物或者虚拟物品（积分、游戏的道具、商户的优惠券等）。

（3）红包。满足一定条件的用户可以获得红包，红包金额有些可以抵扣现金，有些可以提现。红包也可以限制使用场景。

（4）收集。用户通过行为去进行收集，收集后的物品可以组合或者单独进行兑换。比如，集齐七颗龙珠召唤神龙其实就是收集类活动。

（5）返利。用户满足一定的消费金额和笔数，可以获得返利（可以是现金，也可以是积分），返利获得的奖励可以限定使用场景。

（6）竞猜。用户参与活动，进行竞猜，赢取奖励，多见于世界杯等超大型活动。

3.组织社群活动

社群活动运营是一种效果好、成本低的运营方式。它的运营目的，一是自然构建更多和用户的"接触点"，将产品和用户之间的联结时间变得更长；二是让用户之间互相服务，实现黏合。组织社群活动有以下三个原则：

原则一，让用户主动建群。这一原则体现了社交网络中的"零成本"特点，还将对企业长期运营风格产生影响。例如，小米通过其社区平台"小米社区"，鼓励用户自发组建各类兴趣小组和讨论群，如摄影群、游戏群等。这些社群不仅为用户提供了交流的平台，还成为小米产品推广和用户反馈的重要渠道。

原则二，每个成员都清晰地明确自己的任务，并去完成它。在这个原则下，用户为了完成目标、获得激励，能够具备较强的自驱力，主动完成既定任务。这一原则重点解决了社群中核心用户长期活跃的问题，侧重于协助每位社群成员设定合理的目标与角色定位，推动人人成为内容传播者和活动者。例如，闺蜜圈通过产品和数据挖掘方式完成人群细分工作。用户在注册应用、社区时，会被要求自选几个标签或者兴趣爱好，此后再根据用户使用产品的过程持续添加标签，然后根据这些标签和当前地理位置等一系列行为特点，不断尝试推荐内容。通过这种方法，人群和内容都得到了细分与组合。

原则三，即时且正向的群体激励。这个原则重点解决企业与社群之间黏合关系、方向控制难题。群体激励有两个关键因素，一是让用户实时了解在完成这一过程时，自己所能做出的贡献，用户在社群（或好友中）的占比、排名和贡献值等；二是将最优秀结果通过激励明确下来，并公开实时告知所有的参与者。

（四）新媒体活动运营的风险与管理

相对于其他运营方式来说，新媒体的活动运营因其直接面对用户，具有更大的灵活性和多变性，因而风险指数也会不断地提升。在这种情况下，想要活动运营顺利地实施并取得预期效果，就必须充足地考虑活动运营中存在的风险、活动的管理方式及危机的应对方法。

1.明确活动运营中的关键点

活动运营的实质是通过锁定目标顾客群体，通过演讲、展示、体验等全方位形式展现专业的产品形象，并通过与目标群体的接触互动，进行意向的挖掘并进行隐藏式销售。在活动运营工作越来越细分、表现形式越来越庞杂的当下，明确活动运营的几个关键点显得非常重要。

第一，不要英雄主义。在活动前期的时候，尤其是小型活动，比如分享会，会觉得一个人能搞定所有事情。想起来是可行的方式，但在执行的时候会发现其实困难重重，一个人默默无闻地完成这个活动，会容易产生挫败感。所以，不管活动规模的大小，都应该由一个团队来完成，并制作出整体的分工表，进行分工合作。

第二，必要时要果断。当活动环节出现问题，又无法通过讨论产生结果时，果断决定还是很有必要的。因为无休止的争论只会耗费更多的精力而毫无益处，此时，果断决定可以更快、更有效地解决问题。但是，这必须基于明确的活动目的和诉求之上，同时，其决策是可以实施和执行的。

第三，做一个完整的分工表。这个表格是非常有必要的。表格的制作方法已经在活动流程的章节中详细讲解过，在此不再赘述。除了制作详细、完整并带有时间的分工表格，还有两个细节非常值得注意。一是善于利用邮箱来完成工作传递和备份，即便能够在微信上互相沟通，也需要邮箱来承载这个事项。需要让全组的人都知道在做什么，同时也需要随时告知领导，以保障活动的顺利以及分责，从而处理好危机与责任的关系。二是随时记录现在正在做的事情以及这个事情的进展，进行进度标注，列出时间需要，更好地促进活动的完成，并为复盘分析提供必要的保证。

第四，时间节点倒推。无论大活动还是小活动都需要倒推，例如大型活动邀请外地嘉宾，则需要提前订机票、订住宿，尽可能将时间预留充足。小型的活动比如周末举办一场分享会，也要倒推一周。提前把设计图制作出来，确定嘉宾，确定主题，与参会嘉宾确认信息，提前计划宣传推广。要注意一点：以活动为中心，活动前后都应该有时间表，活动后期的反馈复盘也应该放进来，做时间倒推，包括活动结束一至三天需要达到的目标等。

第五，执行安排一对一。执行安排一定是一个人做一件事，责权清晰。这一点在执行过程中很重要。专事专管、专人专责，可以在出了问题时第一时间找到责任人，从而确保活动运营中的每一个环节都能执行到位。

第六，重要人物、环节永远都要有备用计划。及时备份，以防止突发情况的出现。当然，最重要的是不要着急、不要慌张，稳住情绪，以最快的速度思考和解决问题。

第七，清楚传播的重要性。传播分为两个类别。一是不同目的的活动对应不同的传播方式。依据活动目的划分的活动类型有两种，一种是以用户为中心，目标就是来参与活动的人群；另一种是着眼于嘉宾，服务对象是嘉宾，用户是嘉宾带来的。当然很多时候是这两种类型的结合。这种活动的层次比较高，同类别用户会有很多，嘉宾的影响力尤为重要。这种活动可以把重量级嘉宾作为宣传点。二是不同类型的活动有不同的传播方式。比如说大众性的传播，微博、微信、互动式传播H5页面小游戏等，要根据活动找到合适的传播方式。同时，要确定传播渠道和传播时间。例如，在早晚高峰发布内容，一般能获取较高的传播量。

第八，运营团队。在活动运营过程中，要营造一种团队专属的氛围，在团队工作中积极引入话题和事件，让团队成员更加亲近，形成团队归属感，从而产生积极效果。可以说，活动运营是直面用户的，而活动运营者可被看作用户的一部分，两者都需要进行运营。

2.成本预算与活动设计

通常情况下，总体预算在每一年的年初甚至上一年的年末就已经全部定好，也就是说，假设某一个企业或者产品的相关运营指标是用户数（注册、活跃、留存、付费、流失挽回），那么企业或者产品能够在这些数据上花的钱基本上也就已经确认过了。一般来说，任何一个企业都想以最低的成本来实现最大的收益。这就迫使活动运营者们殚精竭虑去创新活动的形式与内容。在成本预算时，必须有基本思路：先看能不能借势，再看能不能借力。可以借势的用抽奖玩，可以借力的用合作分摊成本；如果势、力皆无，那么就要拿出数据说服领导，要么降低活动预期，要么增加活动预算；如果说服不了领导，那么尽最大努力设计一个吸引人的活动。

3.风险管控与应急预案

活动运营最难的环节不是如何设计一个有趣的活动，而是如何提升活动开展过程中的用户体验，减少活动的风险。换言之，哪怕是最普通的活动，用户看了完全提不起参与的兴趣，也不能让有兴趣参与的用户顺畅地参与到整个活动中。不管是活动开发有漏洞，还是活动设计有缺陷，都是需要考虑和严格把关的内容。一个活动从设计到上线要经过五个阶段，每个阶段都要对其可能产生的风险进行评估和备案。

在活动策划环节，要考虑几个问题：设计的活动规则是否有漏洞；活动是否会影响普通用户的体验，如系统问题等；奖励设置是否合理，考虑用户获奖难度和用户获奖所需成本；运营节奏如何把控，何时投放宣传、哪些指标需要调整、运营效果如何监测等。同时，与开发、测试确认了开发需求和排期之后，需要着手整理经常会遇到的问题，并在运营前完成与客服团队的沟通，确认客服人员知晓处理相应事件的应对策略。做好应急预案，当极端事例发生或出现数据异常波动的时候，及时拉回至健康状态。

4.活动数据监测与应对策略

活动运营是一种短期刺激运营指标的手段。所谓短期刺激运营指标，是指在活动设计的有效期内，通过活动运营有效地提升相关的核心指标。例如，社区运营的核心指标可能是用户活跃度、内容新增数量；电商运营的核心指标可能是成交量、客单价、转化率；游戏运营的核心指标可能是活跃—付费转化率、付费人数等。那么如何才能得知活动是否提升了相关的核心指标？这需要对活动数据进行监测，并得出应对策略。下面我们来举个例子。

某个旅游网站发起了老用户邀请新用户加入，老用户和新用户都可以获得100元的代金券活动。如果活动期间，新用户完成了一笔旅游订单，不论金额大小，作为邀请人的老用户还可以获得100元的代金券。我们来分析一下关键节点和对应加入的数据统计，了解如下几个问题：

（1）需要了解活动投放的渠道引入用户的转化率，并且了解什么样的用户对这类活动感兴趣，是否下过单，活动是否带动了原先未注册的用户进行注册等。

（2）需要了解用户偏向于使用什么样的渠道来邀请其他用户，以及各渠道的转化率如何，这可以帮助我们在后续运营活动中进行改进。如果用户喜欢用SNS渠道，那么以后就要加强；如果用户不喜欢用邮箱渠道，那么以后就尽量不用。

（3）我们还需要了解新用户是否对活动感兴趣，此时可以尝试调整文案、强化引导等手段来提升新用户的转化率。在数据指标监测中可以有效地掌握用户的偏好，如用户究竟对何种文案感兴趣，究竟是否能够通过各种引导来完成用户转化。

（4）还需要监测新用户进入后有没有下单、下了什么单、单价多少等，这对于了解网站销售的产品对新用户的吸引力如何、什么样的用户喜好什么样的产品有帮助。

（5）既然发了代金券，总归要知道用户有没有使用。

5.活动效果判定与总结

在整个活动完成后，要对活动效果进行判定和总结。判定与总结的方法与流程在前一小节中已有较为详细的介绍，下面仅对成本测量和KPI达成两个原则进行介绍。

（1）成本测量原则。所谓成本测量原则，是在活动设计时提出一个总成本和人均成本的数值，以及活动目标值，考核活动结束时，成本是否在预期成本以内。比如，某活动预计可以带来10000名注册用户，活动奖品总成本10万元人民币。那么可知，总成本是10万元人民币，一名新注册用户的平均成本是10元人民币。如果花了8万元，带来了20000名注册用户，那么这个活动效果是超出预期的。如果花了6万元，但只带来了5000名注册用户，那么这个效果就需要活动运营者检讨了。成本测量原则的预期是：将活动总成本控制在预算总成本以内，同时，单个指标的成本越低越好。

（2）KPI达成原则。KPI达成原则，是在活动设计时虽然提出了总成本和人均成本数值，但同时也提出了活动目标值，考核活动结束时是否达成了活动的KPI。还以上一个活动为例，该活动预计可以带来10000名注册用户，活动奖品总成本10万元人民币。结果，由于某些因素，成本没有控制住，超出了10万元人民币，但是这个活动多带来了2000名注册用户。平均下来，一名用户的成本由原先预计的10元变成了不到7元。因此，KPI达成原则的预期是：用超出预期的效果来覆盖成本控制不当的负面影响。

第三章

媒体融合下的主流媒体

第三章 媒体融合下的主流媒体

媒体融合是当前传媒领域内的一大热点和趋势,它涉及传统媒体与新兴数字媒体技术的交互与整合,目的在于创造全新的传播模式、内容形式和业务模式。媒体融合的核心在于利用数字技术,通过跨平台的内容分发和用户互动,实现媒体资源和渠道的优化组合,从而提高媒体内容的传播效率和影响力。本章主要阐释媒体融合与主流媒体的概念。

第一节 媒体融合的概念

媒体融合是指不同类型的媒体,如文字、图片、音频、视频等,通过数字技术和互联网等媒体渠道相互融合和交互,以创造全新的媒体体验和内容形式的过程。媒体融合是世界命题,但各国经济社会发展水平、媒体制度、文化传统等均有差异,所以媒体融合的要素和范畴也不尽相同。

融媒体建设不仅是一个多层次、多阶段的发展过程,从共时视角来看,还涉及媒体运营的各个层级和要素。这些层级和要素可从技术设计到产业高度视角划分为技术融合、业务融合、产业融合,也可从新闻生产与传播的视角划分为内容融合、渠道融合、终端融合[①],还可从社会宏观层面划分为社会监管和法律的融合、价值观念的融合、社会文化的融合等。

---

① 邓瑜.媒介融合与表达自由[M].北京:中国传媒大学出版社,2011:64.

一、技术融合：媒体融合的根本诱因

自20世纪90年代以来，以计算机、网络、通信、数字存储为代表的技术革命，已经深刻地改变了社会各层面的运作方式。无论针对何种文化背景、何种媒介制度下的传媒产业，技术都是媒体融合最根本的诱因。它使得报纸、广播、电视与互联网等原本独立运作的媒体形式得以整合，激发出前所未有的创新潜力，极大扩展了人类的信息传播方式和能力。

媒介技术融合的实质，在于将传统媒介与计算机、互联网等现代科技紧密结合，创造出全新的媒介载体。历史上的每次传播革命，从口头传播、文字传播、印刷传播到电子传播，其本质均是突破信息传播的时空限制，不断增强媒介的传播效能。当前，数字技术、计算机技术、互联网技术的飞速发展引领了新一轮的传播革命，不仅质性提升了媒介的传播效能，也促进了新兴媒介的大量涌现，实现了信息传播的海量化、即时化和互动化。

媒介技术的融合不只是技术层面的整合，也意味着通过技术革新不断创新内容生产模式，向受众提供更多样、更高质量的信息产品。进入21世纪，尤其是近十年来，人工智能技术突飞猛进，智能化媒介终端不断挑战并拓展着信息传播的界限。例如，大数据技术融入新闻生产，催生了"数据新闻"这一新型新闻形态。海量分散的数据信息经过大数据的集成、整理、分拨，通过多种渠道反馈给受众，并和受众形成多样化、实时的交流互动，极大地提升了信息的传播效果和媒体的盈利能力。云计算与人工智能技术的进步，更是让新闻机器人开始参与到新闻的生产与分析过程中。与此同时，媒体不再局限于对新闻信息的简单加工报道，而是可以通过计算机强大的数据挖掘能力，对新闻的原因、未来走向、受众反馈等进行深度分析，提高新闻生产的效率与深度。

总之，技术融合不仅是媒体融合的基石，也是推动媒体行业持续创新和转型升级的关键力量。它既是挑战也是机遇，要求传统媒体在掌握新技术、拥抱技术创新的同时，不断寻求与新技术结合的最佳路径。媒体融合的深化，最终体现为对内容的创新，而媒介技术的融合正是这一创新过程的核心驱动力。

二、内容融合：数字生产的多样化

媒体内容的融合是一个复杂而深入的过程，依托于先进的数字技术，实现了将原本属于不同媒介形态的内容在跨平台和跨媒介的环境中传播，通过数字化终端设备，创造出多层次、多类型的融合内容产品。从内容来源的角度看，这种融合涵盖了报纸、杂志、书籍、广播、电视、互联网等多种媒体形式；而从形态上讲，则包括了文本、图片、影像、声音等多种表现形式的集成与互动。数字技术的革新不仅改变了用户获取和接收信息的方式，也促使传统媒体必须对内容生产与提供方式进行根本转型以适应用户习惯的演变。

内容融合，作为媒体融合的核心和基础，其重要性不言而喻。它不仅代表着对传统内容生产模式的挑战和重构，更是对媒体行业在技术创新面前适应性与创造性的考验。通过有效地实现内容融合，媒体不仅可以提高其内容的多样性和丰富性，更能增强用户体验，从而在竞争激烈的媒体市场中获得优势。因此，面对数字化时代的挑战，传统媒体必须深化内容融合的实践，利用新技术开发出创新的内容产品，以满足用户日益多样化的信息需求。

（一）数字优先策略促进全面数字化转型

随着互联网的普及，传统媒体的受众大量转移至新媒体平台，迫使传统媒体开始了必要的内容融合与数字化转型。数字化转型的核心在于内容生产的数字化处理，即通过数字技术存储和处理信息内容，针对不同渠道和终端生产多样化的内容形式。

新媒体环境下，受众的信息获取习惯发生根本变化，越来越多的人通过数字媒体接触新闻信息。为适应这一变化，传统纸质报纸纷纷开拓网络版，数字内容带来的点击量和利润都在持续上升。数字化已经成为传统媒体转型的必然选择。美国报业在数字化转型过程中，甚至提出了"数字优先"策略。所谓"数字优先"，是一种建立于内容和受众之间的概念，即用最快的方式将内容发布给受众。这些方式毫无疑问是数字的，也即数字第一，纸媒最后（print last）。[①]数字优先并不仅仅是速度问题，而是在资源配置上向数字平台大幅倾斜，传统媒体居于次要地位。最早实施这一策略的是美国媒体《安娜堡新闻报》。该报纸从2009年起将每日出版的全部内容优先放在互联网上，同时将纸质版减少为每周2期。全球性的主流日报如《纽约时报》《华盛顿邮报》《卫报》《泰晤士报》《每日电讯报》等在面对新媒体的冲击时，也都不同程度地采取"数字优先"策略。一些报纸甚至停止了日报业务，集中资源拓展数字媒体业务。目前，《纽约时报》包括深度报道在内的所有内容，都已经在数字端优先发布。其公司已经从一个报业集团逐渐转型为一个数字媒体公司。而《卫报》将出版重点从印刷媒体转向数字平台以后，在2017年数字平台收入首次超越了印刷媒体的收入。

除了报纸，广播和电视媒体也在积极探索数字化转型。播客是广播最主要的数字化产品转型方式之一。播客是一种以叙述性音频内容为主要形式的流媒体业务。随着技术的成熟，播客模式也趋于成熟和多样性。传统的广播机构通过开发各种类型的细分播客来留住老听众，吸引新用户。

从报纸到广播、电视，传统媒体正经历着全方位的数字化转型，几乎不可能再找到仅依靠传统内容生产方式的媒体实体。媒体融合的大潮席卷全球，而数字化转型不仅是适应时代潮流的必然选择，也是传统媒体实现

---

① 辜晓进.美国报业：数字化转型进入深水区［J］.新闻与写作，2016（8）：25-33.

可持续发展的关键步骤。

（二）垂直细分推动内容多元化呈现

随着数字技术的不断进步，媒体行业面临着前所未有的变革。现代媒体通过数据可视化、虚拟现实等多样化手段，极大丰富了受众的阅读体验。互联网的普及使受众获得了前所未有的自主选择权，他们对媒体内容的质量与表现形式提出了更高的要求。在这一背景下，传统媒体的"一刀切"式内容提供方式难以满足受众的个性化和多元化需求。因此，传统媒体在数字化转型的道路上，面临着如何进行业务垂直细分，以适应用户多样化和小众化需求的挑战。

在美国报业的转型尝试中，新闻App的开发被视为重要策略之一。各大媒体集团依据自身资源和市场调研，开发了多样化的新闻App，目的是通过技术平台的多样化覆盖，吸引更广泛的用户群体。除了内容的垂直细分，用户的精细化分类也显得尤为重要。通过精准的数据分析和技术手段，可以实现对特定受众群体的有效触达。

内容细分以后还需要对用户进行细分，并通过技术手段精确到达特定的用户群体。不同年龄段、不同生活背景的群体使用媒体的习惯已有很大差别。年轻受众更有可能把新媒体作为主要的信息获取渠道。电视观众群体接触不同类型的电视平台，已经出现了较明显的代际差异，年轻受众更倾向于以社交媒体作为新闻入口。

因此，传统媒体必须紧跟时代潮流，通过业务的垂直细分和用户的精细化分析，以及运用现代技术手段，构建全新的媒体生态，满足受众的多样化需求。这既是对传统媒体的挑战，也是其转型升级、实现可持续发展的重要机遇。

（三）个性化生产激发受众参与

互联网技术的飞速发展不仅极大地丰富了受众的信息来源，还赋予了他们前所未有的选择多样性。在这个信息爆炸的时代，新媒体平台借助于用户生成内容的模式，进一步扩展了信息的多样性与可及性。然而，用户生成内容的参差不齐以及专业审核机制的缺失，导致信息品质不一，其中不乏粗制滥造和低质量的内容。相对而言，传统媒体在高质量、专业化内容的生产上占据优势。因此，传统媒体在探索新媒体转型时，采用将用户参与和专业内容生产结合的模式，成为其转型发展的有效策略之一。通过与专业内容生产公司及新媒体平台的合作，共同生产优质数字内容，既可以满足受众对于内容多元化和个性化的需求，同时也确保了信息质量的高标准。

新媒体的交互性特点，使得受众能够直接参与到内容的生产与反馈过程中，这种参与性打破了传统媒体信息流单向传递的局限，激励受众从被动接收者转变为主动参与者。为了适应这种新的媒体生产模式，并吸引更多用户的参与，国际上许多传统媒体机构已经开始鼓励用户创作内容，并将其融入专业内容生产中。例如，英国广播公司便在其平台上开设了用户上传内容的专区，鼓励公众分享自制的图片和视频。经过专业团队的核实和筛选后，这些内容能够作为可信的信息资源展示给广大用户。此举不仅拓宽了内容的来源，也促进了受众与专业内容生产者之间的互动和合作。用户生成内容的多样性和实时性，结合专业新闻生产的专业性和严谨性，为传统媒体的内容创新注入了新的活力，同时也帮助传统媒体吸引并保持了更多用户的忠实度。

三、渠道融合：从多平台协作到一体化生产

渠道融合是指不同信息传播渠道——电信网、广电网和互联网的综合融合。在数字技术、计算机技术和网络技术的推动下，文本、图像、视频、音频等内容以数字形式跨越传统渠道限制，实现了在电信网、广电网和互联网之间的无缝传输和互通。这一过程不仅促进了不同渠道之间的传播互

联，而且大大提高了传播效率和观众接触率。

（一）以协同发展促进多渠道间的传播互通

在计算机和网络技术尚未普及的时代，各类传统媒体如报纸、广播、电视等各自拥有独立的传播渠道，彼此之间相互独立，缺乏交流与互动。然而，随着20世纪90年代技术的快速进步，传统广电、电信和互联网产业之间的界限逐渐模糊，传播渠道开始趋向于整合，带来了技术、市场、服务等多方面的深刻变革。在这一背景下，新型媒体的多样化迅速侵蚀了传统媒体的市场份额，促使传统媒体不得不跨越自身的边界，与其他渠道进行融合和转型。对传统媒体来说，数字化转型仅是其发展过程中的一个起点，并非终点。面对新媒体的挑战和市场份额的压缩，传统媒体迫切需要采取措施快速占领市场，而这一阶段性策略的核心并非仅仅是创造传统媒体的"网络版"，更深层的追求在于构建一个融合了多渠道、多平台，线上线下相互整合的媒体生态系统。

以广播电视媒体为例，在传统媒体时代，电视节目内容需要通过地面无线/有线电视系统、直播卫星系统、互联网电视等多种不同的渠道进行传输和播放。随着互联网的兴起，电视节目的传输渠道得以整合，显著提高了传播的效率和影响力。电视渠道的融合不仅增强了传统电视节目播出的自主性，扩大了传统媒体的传播覆盖范围，还为传统媒体拓展了新的盈利渠道。对于面向智能互联终端的用户，电视媒体提供多样化、高质量的节目内容和服务成为关键的竞争策略，进一步促进了传统媒体与新型媒体之间的协同发展和传播互通。

（二）以一体化生产促进多平台价值的实现

随着新技术的进步，传统媒体渠道和媒介形式之间的界限逐渐模糊，导致媒体内容提供方式发生了根本性变化。电视和报纸等传统媒体不再仅仅局限于其传统的形态和传播渠道，而是开始逐渐融入互联网时代的全渠道、全媒体战略布局中，展现出更加多元化的价值实现手段。

媒介渠道的这种融合不仅满足了受众对信息接收的多元化需求，也对传统媒体的内容生产流程提出了新的挑战。由于不同媒介渠道具有各自独特的属性，相应的内容传播也需符合各自的特性要求。虽然技术进步为传统媒体提供了渠道整合的可能性，但要真正达成这一目标，关键在于建立一体化的内容生产平台。该平台能够整合并共享不同媒介间的内容资源，促进全媒体化的实现，从而在多平台间有效传递价值，满足不同受众群体的信息需求。

因此，传统媒体需要采取一体化生产策略，构建能够支持内容跨媒介共享与传播的综合平台。通过这种方式，不仅能够实现内容的价值最大化，还能增强媒体品牌的影响力和覆盖范围，确保在互联网时代的竞争中占据有利地位。这种一体化生产模式不仅是对传统生产流程的优化，也是实现多平台价值最大化的有效手段。

四、终端融合：从多屏互动到黏性再生产

在追逐新一代用户的过程中，多终端协同展现为媒体融合不可或缺的战略模式。随着移动互联网及移动智能设备的普及，移动电话、平板电脑、掌上游戏机等变成关键的信息接收平台。智能设备功能的日益增强及用户在各类终端间的无缝切换需求使得用户对信息的接收方式出现根本性变化。

此时，电视不再是唯一的主流媒介终端。基于互联网的移动智能设备及应用程序正吸引着更多用户，这一变化迫使媒体不断探索用户新的需求，以开发多样化的多屏服务，从而在激烈的市场竞争中占据一席之地。媒体在互联网、社交媒体、移动媒体等数字平台上，需向用户提供综合性的多媒体内容服务，例如多样化的应用程序和创新服务。

面对媒体转型的重要环节，移动端已成为竞争的焦点，主要通过社交媒体和应用程序两大通路接触用户。多终端互动的整合为所有媒体带来巨

大挑战：一方面，媒体必须针对不同终端的特点提供多样化的内容以吸引广泛用户；另一方面，媒体也需要通过提高内容与服务质量增强用户的黏性和忠诚度，否则多终端的战略可能会导致用户注意力分散和资源浪费。

全球新媒体革命的助推力是信息技术的不断创新。信息技术的发展促进媒体技术创新和融合，成为媒体融合的核心动力和基本需求。在技术整合的基础上，重新塑造传播理念，优化媒体资源配置和组织结构，促进传统媒体和新媒体在内容、渠道、终端等关键领域的深度整合，这对媒体的持续融合发展至关重要。只有在统一的融合理念指导下，实现传播各元素的协同进化，形成一体化、多功能的发展模式，媒体才能确保其在变革中的持续发展和影响力。

第二节 主流媒体的界定

关于主流媒体的研究车载斗量，但我们不得不面对的一个事实是，因为"主流媒体"（Mainstream media）这一概念关涉颇广，从不同的角度切入常会得出不同的结论，所以学界目前尚无一个公认的、权威的主流媒体定义。但尽管不同学者提出的定义存在很大差别，我们还是可以获得一个相对综合的概念。

严格意义上来讲，主流媒体是一个舶来词，但是其在被引入中国并且付诸具体实践的过程当中，也已经发生了适应我国媒体环境的转变。实际上，在西方国家，最早的"主流"概念被应用于描述主流报纸，也就是指严肃报纸，如《纽约时报》《泰晤士报》等与《太阳报》之类的小报相对应的更高级的报纸。美国麻省理工学院教授艾弗拉姆·诺姆·乔姆斯基（Avram Noam Chomsky）提出了主流媒体的概念，他认为主流媒体，或者说是精英媒体、议程设置媒体，往往在媒介领域拥有着相对充足的新闻资源，因而可以成为整个社会中新闻框架的设计者和运行者。而其他媒体在多数情况下，只能被迫在主流媒体设置的框架之中筛选新闻以进行运作。因此，主流媒体不仅通过媒介间议程设置的功能影响社会媒介框架的制定过程，更能够借此影响乃至引导社会的舆论走势。主流媒体在媒体行业的领导者地位自然会使得相应媒体的读者群体与其他媒体不同。

在我国，随着社会的发展，主流媒体的概念也发生了变化。复旦大学教授周胜林认为在比较传统的意义上，我国的主流媒体是"相对于非主流媒体而言的，其具备一定的政治色彩，也就是影响力大、起主导作用、能够代表或左右舆论的省级以上媒体，称为主流媒体，主要是指中央、各省市区党委机关报和中央、各省市区广播电台、电视台，以及其他一些大台大报"[1]。喻国明教授则从传媒经济的角度入手，认为"主流媒体就是关注社会发展的主流问题，成为社会主流人群所倚重的资讯来源和思想来源的高级媒体"。因此，我们要以一个更为开放的态度去接受主流媒体的定义。

主流媒体作为社会信息传播的重要渠道，承载着多重功能与作用。首先，主流媒体具有信息传递与告知的功能，它们及时、准确地报道国内外重大事件，为公众提供全面、客观的信息服务，满足人们的知情权。同时，主流媒体通过深入解读政策、分析时事，成为公众理解社会、参与公共事务的重要桥梁。其次，主流媒体在舆论引导方面发挥着关键作用。它们通过设置议程、塑造公众话题，影响人们对社会事件的认知和态度，进而引导社会舆论的走向。主流媒体的正向引导有助于维护社会稳定，促进共识的形成。再次，主流媒体还承担着文化传承与教育的责任。它们通过传播优秀文化作品、普及科学知识，提高公众的文化素养和审美能力，推动社会文化的繁荣与发展。从次，主流媒体也是公民教育的重要平台，通过宣传法律法规、倡导社会主义核心价值观，促进公民道德素质的提升。最后，主流媒体在监督与批判方面同样发挥着重要作用。它们对政府部门、社会机构及公众人物进行舆论监督，揭露问题、提出批评，推动社会公正与透

---

[1] 周胜林.论主流媒体[J].新闻界，2001(6)：11-12.

明。这种监督作用有助于维护社会公平正义，促进国家治理体系的完善。

　　毋庸置疑，随着传播技术的演化与市场力量的推动，媒体融合的趋势已经产生并且不可逆转，而这种技术的进步将会打破原有的体制、生产方式和传播方式。以往不同地区和行业的媒介之间往往相互划定"势力范围"，但是如今涉及各个领域的媒体融合使得媒介垄断行为的基础不复存在，传统媒体不能再依照以往独享媒介话语权时的策略和格局去面对现在媒介产业权力去中心化的事实。如今，以互联网技术为代表的新的数字信息技术正在影响着人们的传播方式，这将进一步深刻影响整个社会的信息交流系统，进而逐渐改变社会结构。

　　在当前时代，主流媒体的首要任务是找准自己的定位，主流媒体的地位不可动摇，但是这并不意味着主流媒体就应当故步自封。保持乃至发展现有的传播实力，需要以传统媒体为主要形态的主流媒体在新传播技术下适应新的信息传播格局，改变已有的话语权掌控方式，进而实现自身的现代化转型。

第四章

媒体融合背景下主流媒体创新发展的现状及着力点

第四章 媒体融合背景下主流媒体创新发展的现状及着力点

媒体融合已成为当今媒体产业的核心动力，它正在颠覆性地改变着传统主流媒体的发展路径。在这一新的媒体生态中，主流媒体不再受限于传统的单一媒体形式，而是需要积极适应并融合数字媒体、社交媒体、移动应用和互联网技术等多种资源，以满足受众的需求和期望。本章探讨的是在媒体融合背景下，我国主流媒体创新发展的现状以及需要关注的重点领域。

第一节 我国主流媒体面临的新环境、新形势、新任务

一、我国主流媒体面临的新环境

我国主流媒体在新形势下的发展面临着国家战略发展和媒体融合纵深发展的新局面，这两大局面共同构成了我国主流媒体发展的新环境，也构成了我国主流媒体内容生产创新的总体背景。

（一）国家发展战略的迫切需求

历经百年的风雨历程，中国经历了从苦难中奋起到全面崛起的转变，

尤其是自新中国成立以来70余年的发展历程，实现了从"站起来"到"富起来"，再到"强起来"的历史性跨越。

然而，在全球范围内，文化价值观的差异和意识形态的对立给中国的和平崛起、社会主义制度与意识形态体系以及主流媒体的国际影响力带来巨大挑战。

中国主流媒体的发展与国家的发展战略紧密相连，其使命在于服务国家的发展需求，塑造和传播中国的正面形象，展示主流媒体在新时代的责任与担当。面对全球范围内的文化差异和意识形态对立，中国主流媒体需发挥其独特作用，通过实践探索，不断强化其在国际舞台上的影响力，为中国的和平崛起贡献正能量。

（二）媒体融合趋势的纵深发展

媒体融合的发展经历了从学术研讨到行业探索，再到政策引导的全面融合阶段，标志着媒体行业向深度融合的演进。特别是2008年全球金融危机之后，传统媒体遭遇重大挑战，一时间，"报业寒冬"和"电视业衰落"的观点广泛流传。然而，互联网和移动通信技术的飞速发展，为传统媒体的融合创新提供了新的契机。

在这一时代背景下，传统媒体的传播力、吸引力和影响力显著下降，主流声音的传播遭遇阻碍。传统媒体的大众化传播模式在新媒介环境中逐渐失去优势，与此同时，新型媒体凭借其点对点的传播模式、高度互动性和跨时空的传播能力，其影响力日益增强。尽管新型媒体在技术应用、用户互动和运营模式上展现出显著优势，但内容质量参差不齐，假新闻和低俗内容泛滥成为普遍现象，一些内容在价值导向上甚至与主流价值观背道而驰。

这种情况下，传统媒体与新型媒体的优缺点并存，媒体融合时代既充满机遇也面临挑战。面对新型媒体的迅猛发展和媒体格局的变革，传统主流媒体迫切需要调整战略，摒弃保守的思维模式，主动拥抱新型媒体的优势，与之开展积极互动。通过在全媒体平台上进行创新探索，主流声音有望在媒体融合的新格局中得到有效放大和广泛传播，从而维护和增强其在信息社会中的引导作用和公信力。

二、我国主流媒体面临的新形势

在新的国内外环境下，我国主流媒体面临前所未有的政治、经济、社会及文化挑战，这些变化深刻影响着我国主流媒体的内容生产与发展创新。

（一）政治新形势：展现负责任形象

和平与发展依然是当今世界的主旋律，局部战争与冲突依然不可避免。在自然灾害和突发事件中的政治博弈也不断凸显，比如新冠疫情所引发的世界性问题。当今的国际政治呈现多极化和大国之间相互博弈的基本格局，美国在国际政治格局中的主导地位在短期内不可撼动。我国在世界舞台上崛起，成为国际政治的重要一极，不断展现出负责任大国的新形象，为全球治理体系变革积极贡献着中国智慧和中国方案，如推动"一带一路""亚投行"建设，倡导"人类命运共同体"理念，主办众多有影响力的国际活动等。但在意识形态博弈、国际舆论战中，我国却处于不利和被动的局面，迫切需要在国际传播中讲好中国故事，向世界展现我国的负责任大国形象。因此，我国主流媒体在建构公正合理世界秩序中发挥积极作用，让我国主流媒体声音更响亮，将是我国主流媒体在内容生产创新发展中的重要着力点。

从国内来看，中国特色社会主义进入新时代，在实现第一个百年奋斗目标的基础上向着建设社会主义现代化强国的目标迈进。在实现中华民族伟大复兴的中国梦的奋斗进程中，需要更加凝心聚力，增强政治感召力。同时，我国还面临着将制度优势转化为治理效能的压力，面临着意识形态领域的斗争。此外，中等收入陷阱问题、老龄化和00后成年所带来的代际间转型问题、价值观冲突、阶层冲突等问题也是我国目前面临的重要政治考验。因此，我国主流媒体需要更加自觉地担负起政治责任，主动适应和满足国家发展战略目标需求，旗帜鲜明地弘扬主旋律，彰显主流价值，通过内容生产创新以坚定"四个自信"、提升全国人民的凝聚力和向心力。

（二）经济新形势：转向高质量发展

在全球化背景下，国家间的竞争核心转向了经济和科技的综合实力争夺，其中，自主创新能力成为关键。我国作为世界第二大经济体，面临着从高速增长向高质量发展转型的挑战。这不仅要求去除低端产能、降低能耗，还要在新材料、新能源、新产业等领域探寻新的增长点，以创新驱动发展战略引导经济转型升级。我国主流媒体在此过程中承担着引导公众正确理解经济形势、减少负面言论影响的责任，同时也需要探索新的发展模式，利用新型媒体和科技手段实现自身的创新发展。

面对转向高质量发展的经济新形势，我国主流媒体的增长模式也应随之转变。过往依赖数量规模扩张的粗放型增长已不再适应新的经济发展需求，媒体行业亟须追求更高品质、更高水平的集约化发展路径。这意味着主流媒体需以提升内容质量、强化服务功能为核心，实现从规模扩张向质量效益的战略转型。

科技进步对经济形势的影响日益显著，尤其是移动互联网和人工智能技术的快速发展，重塑了经济生活的方方面面。在这一背景下，主流媒体作为科技产品的载体，应积极适应科技发展趋势，创新应用前沿科技以提升媒体传播效率和效果。同时，媒体还需在科技发展与人文价值之间找到平衡，确保科技的进步能够更好地服务于社会、文化及媒体内容的高质量生产，而不是被科技趋势所左右，从而在新经济形势下为公众提供更丰富、更有深度的信息服务。

（三）社会新形势：追求美好新生活

在新时代中国特色社会主义的大背景下，我国社会主要矛盾已经发生了根本性转变，转化为人民日益增长的美好生活需要与不平衡不充分的发展之间的矛盾。这一变化标志着人民的生活需求已经从基本生存需求转向对高质量生活的追求，反映了我国社会发展和进步的新成就。

随着中等收入群体的持续壮大，他们的思想观念、价值取向和生活方式都呈现出明显的变化，这不仅体现了我国经济社会的发展成就，也预示着可能带来的社会矛盾和挑战。这个群体的成长和期望可能触发新的社会需求和矛盾，因为他们既有较高的社会经济地位，同时又有更加多元化和个性化的需求和期待。此外，社会阶层分化的加剧和多样化的社会群体的出现，对主流媒体在传播主流价值观和构建和谐社会中的作用提出了新的挑战。

面对这些变化和挑战，主流媒体需采取创新的策略和手段，满足群众对美好生活的多样化需求，同时引导社会形成积极向上的价值观。主流媒体应重视民生内容的提供，关注群众最为关心的问题和领域，有效回应社会民生议题，体现媒体的社会责任和时代使命。在进行舆论监督和报道负面新闻时，更应精准把握发声的时机和力度，恰当处理新闻报道的节奏和策略，既要敢于揭露问题，又要避免过度放大负面信息，以免加剧社会矛盾，维护社会稳定和谐。通过这样的实践和探索，主流媒体可以在新时代背景下更好地履行自身的社会责任，为构建和谐社会贡献力量。

（四）文化新形势：提升文化软实力

在全球化的大背景下，中华文化作为世界上最古老的文化之一，面临着传承与发展的双重任务。当前文化新形势要求我们不仅要保护和传承这一宝贵的文化遗产，还需积极提升中华文化的软实力，增强文化自信和内生性文化认同。中华文化的深厚底蕴和独特魅力未能充分发挥，部分原因在于文化自觉和文化自信的不足，这种现象在某些场合表现为对传统文化的忽视甚至轻视，对外来文化的盲目崇拜和模仿，以及一种根深蒂固的文化自卑感。

要实现中华文化的现代化和全球化，关键在于坚持和发展中国特色社会主义文化，既要传承中华优秀传统文化，又要吸收外来文化中的有益成分，勇于创新。这要求我们对传统与现代、本土与外来进行理性的审视和批判性接纳，形成具有时代精神和国际视野的现代中华文化。

在这一过程中，我国主流媒体扮演着极其重要的角色。主流媒体不仅是文化传承和发展的重要平台，也是塑造国家形象、提升国家软实力的关键力量。主流媒体应充分挖掘和传播中华文化的丰富内涵和独特价值，通过高质量的内容生产和创新性的传播手段，展现中华文化的现代魅力和世界意义。同时，主流媒体需要关注社会各阶层、各年龄层的文化需求，生产既有深度又有广度、既具有民族特色又符合时代潮流的文化产品和服务，形成积极健康、开放包容的社会主义文化生态。

通过这样的努力，中华文化的软实力将得到进一步提升，中华民族的文化自信也将在全球化的舞台上展现出更加光辉的姿态，为实现中华民族伟大复兴的中国梦提供强大的文化支撑和精神力量。

三、我国主流媒体面临的新任务

（一）高扬文化自信，彰显主流价值

文化自信代表着一个国家和一个民族在发展过程中所具备的最根本、最深厚、最持久的力量。在宏观指导和价值引领层面，我国主流媒体应以高度的文化自觉和文化自信为基础，积极传扬社会主义核心价值观，引领新时代主流媒体的创新进步。为了保持这种高度的文化自觉和文化自信，我国主流媒体需要坚守"不忘本来、吸收外来、面向未来"的理念和原则，以此来凝聚和展现新时代特有的中国主流价值观，致力于守正创新、培根

铸魂、团结合力的目标。

首先，坚守"不忘初心"原则。在新时代，主流媒体必须承担起传承发展中华优秀传统文化的责任。这意味着，在尊重和保护传统文化的同时，媒体还须致力于挖掘和传播中华文化的精髓，通过对优秀传统文化和革命文化资源的深入研究与生动呈现，激发公众对本土文化根源的自豪感和认同感。同时，利用现代传播技术和创意手段，赋予传统文化新的生命力，以适应数字时代的发展需求。

其次，秉持"开放包容"原则。在全球化的大背景下，主流媒体应保持开放的心态，积极吸纳和借鉴国际先进的文化成果和管理经验，丰富我国文化内涵的同时，坚持文化的独立性和创新性。通过这种方式，主流媒体不仅能够促进国内外文化的交流与融合，还能在传播中华文化的同时，增强其国际影响力。

最后，坚持"面向未来"原则。主流媒体需将自身紧密地融入国家的发展大局，通过传播正能量和社会主义核心价值观，为国家的长期发展目标提供有力的文化支持和智力支撑。通过对科技创新、文化产业发展等关键领域的积极参与和报道，主流媒体不仅可以引导公众观念，还能推动社会进步和文化繁荣。

因此，我国主流媒体在新形势下的任务是多方面的，既要坚守中华文化的根本立场，又要通过开放包容的姿态和面向未来的目标导向，全面提升媒体的影响力和传播力，为构建具有中国特色的社会主义文化做出积极贡献。

（二）发挥独特优势，放大主流声音

随着新型媒体的崛起和国内外舆论环境的复杂化，传统主流媒体的声音逐渐变得相对较弱。在移动互联网环境下，舆论场和话语场变得多元复杂，不同媒体机构和平台都有各自的优势和问题。

传统媒体在宏观呈现和宏大叙事方面有着独特的优势，然而它们也存在不接地气和传播力弱化等问题。与之相反，新型媒体包括自媒体，更侧重微观呈现和个体叙事，以其强大的传播能力超越了传统媒体，但也难免陷入乱象之中。在这个背景下，主流媒体有着重要的社会责任。它们应当大声传播事实、真理和正能量，积极引领社会舆论，为国家建设发展创造良好的舆论环境。主流媒体应积极发挥自身优势，强调权威性、时效性和专业性，以引领正面舆论导向。

1.强化权威性，立足独特地位

主流媒体需充分利用其背后的政策支持和社会地位，发挥其在信息权威性和可信度方面的独特优势。凭借广泛的新闻采集网络、专业的新闻团队和严谨的信息审核机制，主流媒体应成为政府、企业和公众获取准确、权威信息的首选平台。通过提供深度报道和分析，主流媒体不仅塑造社会意识、引导公共舆论，而且在构建和谐社会方面扮演关键角色。

2.提升时效性，迅速响应信息需求

在互联网即时信息传播的时代，主流媒体应强化其信息传播的时效性，通过直播等方式提供同步、实时的报道，快速准确地报道突发事件和重大新闻，能够有效把握舆论导向，保障公众权益，增强公众对主流媒体的信赖和依赖。

3.追求专业性和高质量内容生产

主流媒体在内容制作上应追求专业性和高品质，无论是新闻报道、纪录片制作，还是综艺节目的创新，都应展现其高水准的制作能力。特别是面对公共卫生事件等社会挑战时，主流媒体通过推出深入报道和高质量节目，不仅传递关键信息，也引导公众情绪和价值观。这种专业性不仅体现了主流媒体的品牌优势，也是其区别于其他媒体平台的重要标志。

通过这些策略的实施，主流媒体不仅能够保持其在信息传播领域的核心地位，也能在新的社会文化环境中继续扮演积极的角色，为社会的发展贡献力量。

（三）探索融合创新，壮大主流阵地

在当今多元化的媒体生态中，中国主流媒体正处于传统与新兴媒体、中央与地方媒体、主流与商业平台之间的复杂交织之中。这一环境不仅充满机遇，亦充满挑战。为了适应这种变化，主流媒体必须探索更深层次的融合与创新，以壮大其在信息时代的主导地位。

1.深化传统与新兴媒体的融合

（1）转变话语体系和传播方式。传统媒体需要摒弃高姿态，更好地理解受众心理，采用更接地气、更灵活的方式传达主流声音。这意味着传统媒体需要更加贴近受众的需求，倾听他们的声音，以更具吸引力的方式呈现信息，例如采用多媒体元素，发挥社交媒体平台的互动性。

（2）重构生产架构。传统媒体必须进行采编生产流程的全新重构，以生产融媒体产品为目标。这包括提高内容生产的效率和速度，以适应快节奏的新闻传播环境。同时，要培养员工的多媒体技能，使他们能够适应多平台传播的需求。

（3）建立全媒体矩阵。这意味着传统媒体需要创建移动化、社交化、视频化平台，加强与移动互联网平台的融合，从而扩展传播空间。这包括开发移动应用、建立社交媒体账号、制作视频内容等，以吸引更广泛的受众。

（4）合作互动。主流媒体应积极与互联网商业平台和专业化媒体合作，利用其用户、专业资源、技术和运营优势，强化主流舆论阵地。这种合作可以帮助传统媒体更好地把握新媒体的机遇，同时提高其在市场竞争中的地位。

2.推进中央与地方媒体的融合发展

（1）融合创新。中央媒体应将融合创新作为新的增长极，发挥示范和引领作用，以实现高质量和可持续发展，牢牢掌握舆论主动权。这包括不断尝试新的合作模式、技术应用和内容创新，以适应不断变化的媒体环境。

（2）建设县级融媒体中心。地方媒体应积极建设县级融媒体中心，深化媒体改革，发挥地方优势，全面整合资源，释放主流舆论影响力。这可以帮助地方媒体更好地融入全媒体时代，提高其报道质量和影响力。

（3）上下联动。中央媒体与地方媒体形成上下联动，构建更合理的媒体结构，拓宽主流舆论的影响范围。这意味着地方媒体可以与中央媒体合作，共同报道重大事件和议题，从而提高其报道的影响力和可信度。同时，中央媒体也可以通过与地方媒体合作，更好地了解地方情况，更好地为受众提供定制化信息。

至此，中国主流媒体不仅能够有效应对新媒体时代的挑战，更能在全球信息化大潮中，发挥其独特优势，放大主流声音，为社会发展提供有力的信息支持和正面引导。

第二节　我国主流媒体融合创新的现状

从2014年中央首个关于媒体融合指导性文件《关于推动传统媒体和新兴媒体融合发展的指导意见》的发布，到2016年2月习近平总书记在党的新闻舆论工作座谈会上指出适当以建设新型主流媒体为未来媒体融合实践发展方向；从2019年十九届中央政治局第十二次集体学习深刻分析近年来媒体融合发展面临的问题，习近平总书记提出"形成资源集约、结构合理、差异发展、协同高效的全媒体传播体系"，到2020年，中共中央通过媒体融合最新纲领性文件《关于加快推进媒体深度融合发展的意见》，提出"建立以内容建设为根本、先进技术为支撑、创新管理为保障的全媒体传播体系"；从2022年党的二十大报告中习近平总书记强调"加强全媒体传播体系建设，塑造主流舆论新格局。健全网络综合治理体系，推动形成良好网络生态"，到2024年7月，党的二十届三中全会通过《中共中央关于进一步全面深化改革　推进中国式现代化的决定》，明确要求"构建适应全媒体生产传播工作机制和评价体系,推进主流媒体系统性变革","推进国际传播格局重构,深化主流媒体国际传播机制改革创新,加快构建多渠道、立体式对外传播格局"[①],中国的媒体融合走过了从"政策推进—实践指导—深化改革"的十年发展之路。

一、纵观：媒体融合发展的十年之路

2014年8月18日,中央全面深化改革领导小组第四次会议审议通过《关于推动传统媒体和新兴媒体融合发展的指导意见》。这一政策的推行成为中国媒体融合的里程碑事件,这一年也被称为中国的"媒体融合元年"。以此为起点,中国媒体融合已经走过了十个年头。回顾我国媒体融合十年的发展历程,2014年、2016年及2020年为三个重要的时间节点,可将十年发展之路分为"相加—相融—深融"三个阶段。

（一）"相加"阶段（2014—2015年）

这一阶段的媒体融合主要以"媒体+互联网"的模式展开,以头部媒体为主。头部媒体除建设自己的客户端外,更主要的是入驻其他社交平台,着力尝试打造多种适应社交媒体平台的报道形式,呈现出"媒体内容制作+互联网平台发布"的传播模式。

如人民日报客户端、新华社客户端等,这些平台不仅提供传统的新闻内容,还融合了社交、购物、游戏等多种互联网服务。与此同时,这些机构也加入了微博、微信、抖音等社交媒体平台,以更灵活的方式发布内容并与用户互动,从而最大限度地拓宽其信息的传播途径。然而,这种模式也带来了一系列的挑战,出现了媒体受制于社交媒体平台,缺乏自主可控性等多个问题。例如,在内容的编辑、发布速度、用户互动上,传统媒体

---

① 胡正荣.从整合到融合,再到全媒体传播体系：主流媒体的变革之路[J].南方传媒研究,2024(5):7.

可能需要适应社交媒体的规则和节奏，这种依赖性限制了它们的内容创作自主性。在这种情况下，传统媒体的融合实践需要进一步深化，以实现真正意义上的"深度融合"，从而打破现有的局限，创造出新的商业模式和价值创造方式。

（二）"相融"阶段（2016—2019年）

从2014—2015年的"相加"阶段到2016—2019年的"相融"阶段，中国媒体融合的发展可谓质的飞跃。在"相加"的层面，媒体与互联网的结合更多是物理的、技术的融合，而"相融"则是更深层次的、战略的结合。在这个阶段，我们看到了传统媒体与互联网的深入融合，以及与各个垂直行业的跨界合作，实现"移动化、数据驱动、全连接"的发展模式。这种深度融合为媒体行业带来了新的生命力和发展机遇。

首先，"移动化"成为该阶段的显著趋势。传统媒体纷纷推出移动端应用，如客户端、移动新闻App等，以实现内容随时随地的可访问性，满足移动互联网时代用户的消费需求。这些移动端平台不仅提供新闻资讯，更加入了社交、游戏、教育等多元功能，增强了用户黏性与参与度，同时也为媒体提供了更广泛的变现渠道。

其次，"数据驱动"成为内容生产优化的重要手段。通过大数据分析用户偏好，媒体可以实现精准内容定制与精准广告投放，既提升了内容的针对性和吸引力，也提高了广告转化率，从而驱动内容生产与分发的优化升级。

再者，"全连接"的生态系统构建是该阶段的另一亮点。传统媒体不再是单一的信息提供者，而是通过与各行各业的深度合作，构建起覆盖用户生活各方面的信息生态链，如教育、娱乐、购物等，形成一个全方位的信息服务体系，大幅提升了媒体内容的附加值。

以人民日报为例，其在"相融"阶段的实践中，不仅加强了自身的新媒体建设，如人民日报客户端的功能完善和用户体验提升，还通过"中央厨房"这样的新型运作模式，实现了内容的集中管理和高效生产，大幅提高了工作效率和内容质量。此外，人民日报还与多家互联网企业展开合作，如与腾讯、百度的技术合作，不仅为其自身的数字化转型提供了技术支持，也为整个行业的技术进步和创新发展做出了贡献。

全媒体传播体系的建立进一步加强了这一趋势。传统的点对面的新闻发布方式转变为点对面的交互传播，用户不再是被动接收信息的对象，而是可以互动参与的主体。这种全新的传播模式，极大地提升了新闻的互动性和用户的参与感。最终，媒体平台化转向成为该阶段的重要特征。传统的单一内容发布平台转变为多功能的综合性平台。这种转变不仅仅是形式上的改变，更重要的是它改变了内容生产、分发与消费的整个链路，为媒体带来了新的商业模式和盈利模式。

本阶段中央媒体建设持续完善，省市级媒体改革范围扩大，媒体融合逐渐下沉到地方。由此，我国的媒体融合实践以数个媒体为标杆，发展出了移动客户端增强交互体验、"中央厨房"重塑生产流程、规模化发展等多个模式，呈现出统合化、体系化发展趋势。县级融媒体中心建设、全媒体传播体系建立、媒体平台化转向，媒体融合实践逐步嵌入深度媒介化的社会环境中。

（三）"深融"阶段（2020年至今）

2020年，我国的媒体融合发展迈入了一个新的高质量、生态化的新阶段，这一切的转变都离不开智能物联网时代的快速推进。随着物联网、大数据、人工智能等技术的广泛应用，媒体融合的模式也在发生根本性改变，媒体融合逐渐转向以数据驱动的智能化、生态化全媒体生态系统的构建。

在这个阶段，媒体融合的核心已经转变为大数据的深度挖掘与应用，这不是简单的内容生产和发布，而是通过对海量数据的挖掘、分析和应用，实现内容的精准推送、服务的个性化定制以及智慧化管理。大数据作为这一时期媒体融合的"润滑剂"，不仅可以用来提高内容生产的精准度，还可以为内容的分发、用户的精准投放等提供科学依据。

这一时期，媒体不仅是内容的生产者和传播者，同时也是大数据的创造者、使用者和分析者，以及智慧媒体生态的建设者和服务者。在构建媒体生态系统的过程中，媒体融合的实践涉及内容的生产、分发、管理、服务等全链条的数字化转型。也就是说媒体不光要提升自身内容生产的效率，提供优质、高效的信息服务，还要通过建立开放平台，引导和规范自媒体及小微媒体的内容生产和分发，形成健康有序的媒体生态，为构建社会主义现代化国家贡献强大的媒体力量。

二、横观：媒体融合下信息传播的五大变革

通过对不同类型的媒体资源的整合，我们见证了一个全新媒体生态的诞生。但媒体融合不仅仅是一个技术概念，更是对传播方式的一次深刻变革。其本质是对传统媒体与数字媒体的界限的再定义，同时也是对信息流通过程的再次拓扑，每一个信息的生产者、传播者、接收者，都是媒体融合时代的参与者。那么媒体融合发展的十年中，媒体传播实践发生了哪些变化？

（一）传播主体：独唱—领唱—大合唱

传统媒体长期以来一直是信息传播的唯一主体，它们具有固定的发行周期、播放时间和发行范围，信息的生产和传播在相对封闭的系统内完成。然而，随着媒体融合的不断深入，信息的传播主体发生裂变，从传统媒体到传统媒体与新兴媒体两者结合，再到传统媒体与新兴媒体和网络社交媒体三者结合，信息的传播主体从单一走向多元，"人人都有麦克风，人人都是传播者"的时代随着媒体技术的发展而逐步实现。

尤其是社交媒体平台，如微信、微博、抖音等，在这个过程中起到了革命性的作用。这些平台的特点是开放性、即时性和交互性，它们将信息生产者和消费者的界限变得模糊，每个人都可以成为信息的创造者、传播

者甚至是接收者。这种去中心化的趋势，使得信息的流通速度大大加快，信息的传播范围也得到了极大的拓展。微博的话题标签、抖音的挑战和短视频等功能，也都在重新定义信息的生产和传播方式。用户不再满足于被动接收信息，而是通过点赞、评论、转发等互动方式参与到信息的二次甚至多次传播中。

（二）传播形式：单一—双向—全方位

媒体融合十年，信息的传播形式经历了单一文字、图片、视频单向传播模式到交互作品的出现完成双向沟通的转变，再到5G技术的运用实现虚拟现实、增强现实身临其境的体验。传统单一的线性传播模式被多模态传播所取代。这种多模态传播不仅让信息的表现形式更加立体、直观，极大地丰富了用户的体验，也提高了信息的可分享性和传播效率。

例如央视频客户端在冬奥期间推出"VR看冬奥"，运用模拟3D化虚拟赛事空间，能让用户与运动员同框；结合8K高清信号传输，能让用户对冬奥会的不同项目获得沉浸式体验。[①]

（三）传播视角：我—我和你—我们

媒体融合初期，媒体是信息的发布者，多采用第一人称视角进行信息的生产与传播，单向地向受众"讲故事"。然而，随着互联网技术的快速发展和智能终端的普及，新闻客户端、新兴媒体平台的出现，传播主体改变的同时也促使信息传播的视角由"我说你听"转变为"我说你也说"。这种以第二人称甚至第三人称的互动式传播视角，让信息的流通变得更为直接和互动，有效地拉近了媒体与受众之间的距离。在这种模式下，信息的接收不再是单向的、被动的，受众可以根据自己的需要、兴趣和反馈参与到信息的再创作和再传播中去，形成了更为活跃和多元的互动关系。随着媒

---

① 鄂江红.四全媒体背景下冬奥报道的内容及形态创新[J].采写编，2022（5）：33.

体融合的深度发展，全媒体传播生态环境的建构，媒体与用户共同成为信息的接收者、参与者和创造者，两者均站在对方的视角，讲述属于你和我共同的感知与相遇，打造信息共生共存的媒介环境，更好地促进信息的传播效果。

（四）传播路径：点—线—面

相比于过去渠道单一的信息传播，媒体融合下的传播逐步转变为更加追求开放互动的多元矩阵传播。传统的线性传播模式正在被网状传播模式所挑战和替代，这不仅仅是传播方式的转变，更是信息的聚合与分发方式的全方位升级。

线性传播，作为传统媒体的主要传播方式，其核心在于"一对多"的信息流通方式。生产者从信息的采集、整理、编辑到发布，通过一种直线型的流通路径，向特定的受众传递信息。随着互联网的普及，以及社交媒体的兴起，网状传播模式逐渐成为信息分发的新常态。网状传播的核心在于"多对多"的信息流通方式，每个互联网用户既是信息的接收者，也可能成为信息的生产者和传播者。在这种模式下，信息通过社交网络、自媒体平台、内容分享网站等多个触点，呈网状扩散至不同的用户群体。

网状传播的典型代表包括微信、微博、抖音等社交媒体平台。以微信为例，这款社交应用的出现，不仅改变了人们日常的沟通方式，也改变了信息的流通路径。传统的线性信息流被打散，每个用户的社交圈成为信息传播的新节点。一条新闻、一则信息，可以在短时间内被用户的朋友圈、工作群、微信群等多个渠道进行分享和讨论，实现了信息的几何级扩散。

（五）传播内容：陈述—描述—讲述

中国的媒体融合作为一种不断进化的动态过程，信息传播内容经历了从传统报道形式向更加多元化、个性化的转变。

传统媒体内容生产通常经过严格的事实核实、编辑和审查流程，以确保其可靠性和权威性。在这样的环境中，新闻报道的形式相对固定，通常遵循着一定的叙事结构和风格指南"陈述"信息内容，以保障公正性和专业性。然而，随着互联网的发展，传统媒体与新兴媒体相结合，在陈述事件的同时需要结合新媒体平台的特点，转变其内容形式及风格，在陈述事件的基础上，添加贴近性、趣味性，"描述"事件内容以适应平台发展。随着媒体融合的深度发展，社交媒体平台上的内容创作者逐步成为信息传播的主体，其迅速面对当下热点事件，以个性化的方式呈现，这种"讲述"的形式大大丰富了信息的表现力和内容的深度，成为新的信息传播方式。

在过去十年中，中国的媒体融合经历了从"相加"到"相融"再到"深融"的三个主要发展阶段。尽管已经取得了显著的成就，中国的媒体融合发展仍然面临着挑战。技术的快速发展、消费者习惯的改变，以及不断变化的国际环境都对媒体融合提出了新的要求。

中国的媒体融合在创新的道路上不断前行，利用大数据、人工智能、5G等现代信息技术，进一步提升媒体内容的生产效率和传播效果。同时，还进一步打造和完善技术支撑的内容创新机制，通过大数据挖掘、用户画像建立、定向内容推荐等手段，增强用户黏性，提高用户体验。在这一过程中，技术将是驱动力量，而内容、平台和用户的持续优化将是不断进步的动力和保证。

第三节　我国主流媒体融合创新中的主要问题

一、宏观层面存在的问题

（一）人才机制存在欠缺，人才流失严重

在中国媒体融合创新的过程中，面临的主要问题之一是人才机制不足

与人才流失严重。为了推动传媒产业的持续创新与发展，必须对人才培养与保留机制进行深入探讨与改进。

1.缺乏全媒体人才的教育模式

尽管我国有数量众多的新闻传播学专业学生，但不同专业之间很少有综合的教育模式，造成传播学专业的学生缺少新闻素养，新闻学专业的学生对传播学研究方法知之甚少。专业之间乃至方向之间的分野造成人才知识和技能的精专化，不利于培养融媒体时代下的全能型人才。新闻传播学不同于法学、经济学等学科专注于构建自身的逻辑体系，它是构建在社会环境和受众基础之上的，因此，新闻传播学专业学生不能仅凭专业知识胜任全媒体领域人才的要求。

此外，我国高校新闻传播学培养人才的模式与社会需求相脱节，理论与实践相脱节。在如今全媒体的社会背景下，记者已经不仅仅是文字工作者，同时需要使用摄像机、照相机、录音笔、VR设备等，成为全媒体编辑。他们需要应对微博、微信公众号和新闻稿之间不同的写作模式，这些技能需要通过实践操作而不是仅凭在象牙塔中的学习就可以得到的。另外，媒介的市场化运营需要学生不仅掌握新闻传播知识，还要掌握一定程度的媒介运营、新媒体技术等知识，但学校在这些方面的教育显然不足，造成了现实需求与理想人才的脱节。

再者，尽管开设新闻传播学的学校众多，但是许多学校是跟风办学，办学目标出现了趋同化、一致化的趋势。有些学校本身并不具备足够的学术水平，这使得我国高校教育呈现出缺乏特色的局面。这点与社会对复合型人才和多样化人才的需求是相错节的。

2.传媒业人才流失严重

我国传媒业不仅面临着人才培育的脱节，也面临着严重的人才流失。媒体融合，归根结底是人才对媒介内容、渠道等的融合，因此人才在这一过程中的作用是基础性的。但观察我国媒体融合的现状，可发现当下主流媒体的困境造成了传媒业人才的严重流失。传媒人才教育与应用之间的断层使得新媒体人才处于短缺状态，而已经在传媒业从业的优秀人员的加速流失更加重了主流媒体行业内从业人员的不足。

我国绝大多数传统媒体属于事业单位编制，因此，广播电台、电视台等媒体中也有一部分人属于事业编制。但是，改制后的电视台大部分员工的工资都依靠电视台的自营自收，而不是财政拨款。电视台广告收入一旦骤减，可能会连工资也发不出来。政府不得不再次把广电企业列入全额拨款事业单位，这样，媒体发展的市场化进程不是进步，而是倒退。在这股寒潮中，主流媒体从业人员开始辞职，网络媒体人才也纷纷转而创业，许多尖端人才流通到其他领域。

（二）媒体融合发展程度不均，地区发展极不平衡

在当前的媒体融合大潮中，中国的主流媒体发展呈现出地域发展不平衡的特点，反映了经济发展水平、技术基础、创新理念及资源配置等方面的地区差异。

1.中央与地方媒体融合差异显著

中央媒体，如中央电视台、新华社、人民日报等，依托强大的政策支持和品牌影响力，走在媒体融合的前列。这些媒体通过组织结构调整、采编模式创新、媒介经营多元化等措施，实现了融合发展的重要突破，如"中央厨房"模式的推出和多平台融合运营的实践。

相较之下，一些经济欠发达地区的媒体在融合进程中进展较慢，受到资金、技术、人才和管理理念等多重因素的限制，难以有效构建起全媒体传播体系。

2.经济发达地区媒体融合的先行者角色

上海、浙江等经济发达地区的媒体在媒体融合实践中展现出先锋作用，如上海报业集团的澎湃新闻客户端，以优质内容和技术创新吸引了广泛关注，成为新媒体环境下成功转型的典范。

这些地区媒体的成功，得益于经济基础、政策支持、人才集聚和技术

应用等多方面的有利条件，为其他地区媒体融合提供了宝贵经验。

3.中西部及落后地区面临挑战

中西部和一些经济落后地区的媒体融合工作相对滞后，面临着产业规模小、资源共享困难、平台推广难度大等问题，难以形成有效的产业链条。

新媒体环境对所有媒体都提出了挑战，尽管互联网打破了地域界限，但这些地区在互联网资源的获取和应用上仍然面临限制。

（三）新媒体法律和管理体系不健全，网络空间亟待治理

随着新媒体的快速发展，中国面临着构建健全的法律和管理体系以及整治网络空间的迫切需求。当前的挑战主要表现在以下几个方面：

1.法律管理体系不健全，存在多头管理的情况

媒体融合不仅需要媒体和相关媒体管理部门负起相应的责任，同时也需要政府管理部门的政策和法律法规的跟进与保障。但是随着新媒体的发展，我国政府媒体管理的步伐日益跟不上技术的发展。

我国对媒体生产过程通常采用先行审核和事后追惩的制度，但是事前审查降低了新闻的时效性，无法满足新媒体环境下对于新闻时效性的要求；同时，互联网的迅速传播使得事后很难消除负面影响。互联网更新速度极快，一方面，不管是网站自身管理还是政府对其的监管往往都难以深入开展；另一方面，法律法规的颁布难以跟上互联网更新的速度。这些因素都使得对媒体的内容管理落后于媒体的发展，以往适用于传统媒体的广播电视、电信、新闻等部门多头管理的方式，已经不再符合新媒体的发展管理要求。

同时，因为我国主流媒体大部分是事业单位企业化运营，这些行业管理部门既充当"裁判员"又充当"教练员"以及"运动员"，我国的传统媒体管理相互存在着交叉性和模糊性，乃至演变成主导权的竞争，这些都不符合我国媒体市场化运营的初衷。我国传媒业实行中央和地方的双重管理，具有鲜明的行政特色。20世纪90年代之后，随着我国市场化改革的展开，

媒体才开始从事经济活动，但是仍然存在"政企不分"等管理问题。这造成了我国传统媒体因循守旧、效率低下等弊病。监管方式的改革应侧重于增加传统媒体的活力，使传统媒体在融媒体环境下焕发生机。

2.新媒体评估和监管体系不完善，网络空间亟待治理

传统媒体因为管理体系的限制而无法发挥自身全部的活力，新媒体市场也充满了暗礁。传统的广播电视产业是传统的自建渠道，因此容易监管，能够保证信息的准确性与专业性。但是，在新媒体环境下，原先媒体的独占渠道被打破。凭借着互联网运营成本低的特性，传统的主流媒体似乎与新兴的商业媒体站到了同一条起跑线上。商业媒体未必具有专业媒体的媒介素养和媒介伦理，难以对自身行为进行有效的规范，同时新媒体环境中又缺乏一种合理的管理模式，于是便出现了标题党、假新闻等乱象，对网络环境产生了不良影响。

新媒体市场中确实存在一些乱象，部分原因可归结为对媒体传播效果评估的不足。在媒体融合的大背景下，追求对媒体效果的有效评估，对于完善新媒体市场具有重要意义。当前，整治互联网，特别是移动互联网环境中的信息安全和虚假信息问题，已成为一项重要任务。为了营造健康的网上舆论环境，舆论监督的作用不可或缺。近年来，国家已经出台了一系列法律法规以加强对互联网的管理，如《未成年人网络保护条例》的施行，为我国未成年人提供了更为全面的网络保护；同时，《"数据要素×"三年行动计划（2024—2026年）》的推出，也旨在推动数据要素的发展，为数字经济的健康发展提供有力支撑。这些规定和意见对互联网产品运营以及互联网服务单位进行了规范，为网民的基本权益提供了保障。此外，《信息安全技术 网络安全产品互联互通 告警信息格式》征求意见稿等标准的制定，也在技术层面为网络安全提供了更加具体的指导和规范。尽管这些规定和意见尚未全面上升到法律层面，但国家正在依据《中华人民共和国网络安全法》等法律，不断努力建立健全长效的新媒体领域监管体系。在这一过程中，虽然还存在公众对相关规定了解不足、舆论监督力量有限等挑战，

但国家正通过多种途径加大宣传力度，如举办网络安全周、发布网络安全知识手册等，提高公众对互联网管理法规的认知度。

总的来说，国家在互联网管理和新媒体市场规范方面依据相关法律法规，已经取得了显著成果，但仍需继续努力，不断完善相关法规和政策，以适应新媒体环境的快速发展和变化。

（四）主流媒体资本量不足，传媒产业结构尚待优化，制约产业全媒体发展

媒体融合背景下，市场不再是单一的地方市场，地方媒体已经适应了互联网时代的需要，这就需要资本助力主流媒体转型，建立新型主流媒体和新型媒体集团。建立新媒体集团，无疑需要大量的资本，因此，资本运作是我国现阶段壮大主流媒体的捷径。

加强资本运作意味着要放松对传统媒体国有成分占比的限制，加速主流媒体的资本扩张，允许境外资本和民间资本入资传统媒体。外国资本的进入不仅会带来可观的资本量，还可以带来先进的管理经验和发展模式，而民间资本可以带来现代管理意识和对人才的尊重。此外，传统媒体还可以通过收购、并入等形式扩展到传媒领域的上下游，打通产业链，通过对资本的加强运作，帮助传统传媒企业加速壮大，占据更多的市场份额，扩大影响力。资本的成功运营可以使这些主流媒体迅速扩大资本量，拥有全媒体运营的实力。

只有建立一批全媒体的主流媒体，通过传媒产业的协同效应，推动各大媒体优势互补，资源共享，才能使得信息资源最大化，放大新闻传播力和信息覆盖面，形成整个传媒行业的全线升级和产业发展。依靠几个国家级媒体，而没有地方媒体联动，最终也只能唱"独角戏"，无法形成产业的规模效应。只有以媒介集团为龙头，提高整个行业的核心竞争力，加强全媒体时代的跨业融合，同时培育创意文化产业，整合出以内容创新为主，多种渠道全方位扩张的完全产业链，才能实现主流媒体的发展。

二、中观层面存在的问题

在媒体融合的大背景下，我国主流媒体面临中观层面的诸多挑战，其中最为显著的问题包括传统媒体管理体系的僵化以及地方媒体间的条块分割。这些问题严重影响了媒体融合的进程和效率，阻碍了主流媒体适应新媒体环境的转型升级。

（一）传统媒体体制僵化，媒体间条块分割

1.传统媒体管理体制僵化，无法适应新媒体环境的需要

我国大部分主流媒体仍然采用的是"事业单位市场化运营"的二元体制。这种体制兼具计划经济和市场经济体制的特点。在曾经大一统的计划经济年代，这样有利于凝聚力量办全国性的媒体。但是随着改革开放以来我国市场经济地位的确立，这种体制越来越成为钳制我国主流媒体发展的绊脚石。2005年出台的《关于深化文化体制改革的若干意见》要求"优化组织结构，整合内部资源，转变经营方式"。除主业外的印刷、广告、新闻、传输网络部分，以及影视剧等节目制作和销售部门，可以从事业体制中单独分离出来，以企业化的方式进行运行，支撑主业发展。[①]虽然在二元体制下，传统媒体自负盈亏，要依靠广告和商业收入进行运营，但是由于传统媒体属于事业单位，其作为党和政府的喉舌，具有宣传工作的职能，同时需要有严肃、认真、高品位的格调，因此处在商业媒体和公共媒体的夹缝之中。一方面，行政体制的限制使得传统媒体很难打破事业单位内部存在的隔阂和障碍，实现全媒体运营。另一方面，传统媒体也很难完全依靠市场化的运作，依赖广告收入，通过二次售卖赚得利润。这两方面矛盾造成了传统媒体发展的困境，甚至产生了生存危机。

---

① 葛玮.中国特色传媒体制：历史沿革与发展完善[J].中国行政管理，2011（6）：11-19.

2.地方媒体条块分割，无法形成地区整合

我国主流广播电视媒体仍然是以地方作为办台单位，形成"四级办台"的特点。这种分地域管辖的办台特点是特定历史时期的选择，但是随着广播电视技术的发展和传媒产业市场化道路的推进，"四级办台"的弊端逐渐显现。首先，"四级办台"容易造成资源浪费和地区覆盖率的差异，电视台数量的剧增明显脱离了原本的需求水平，也容易造成无序竞争。其次，"四级办台"限制了电视台的经营地域范围。互联网具有天然的跨地域性，不受区域阻隔的限制，相比之下，爱奇艺等网络视听节目商则可以在全国甚至在全球争夺市场。因此，不打破我国主流媒体"四级办台"政策的束缚，就难以培育新型媒体集团。

在探讨媒体融合的过程中，尽管已经取得了诸多进展，但仍面临一些挑战，特别是在理念更新、路径选择与管理模式的转型上。2010年，国家推出的三网融合试点城市方案，虽然标志着向前迈出了一步，但其实施过程中依然可见行政区划影响的痕迹，地方逻辑与行政逻辑在一定程度上持续发挥着作用。这种现状并非意味着完全忽视了媒体融合的本质要求，而是反映了在转型期间，新旧思维与机制并存、交织的复杂性。值得注意的是，指出这些问题并非为了全盘否定现有的努力，而是强调在推进媒体深度融合的过程中，需要更加自觉地突破传统框架的限制。确实，地方媒体在面对全国乃至全球市场时，其条块分割的现状可能与互联网的无边界性、注重用户体验和自主性的特性存在不匹配，这提示我们需要进一步探索如何有效整合资源，促进信息的自由流动与共享。因此，构建强大的新型媒体集团，不应简单视为对地区分割和地区思维的彻底摒弃，而是一个既要尊重历史与现实条件，又要勇于创新、积极适应新媒体环境的过程。这意味着要在保持地方特色与优势的同时，通过政策引导、技术创新和市场机制，促进跨区域、跨平台的合作与融合，逐步形成既具有地方根植性又能面向全国乃至全球市场的媒体生态。

（二）主流媒体固守旧有渠道，忽视新媒体的市场作用

在媒体融合的新时代背景下，技术的迅猛发展与产业的紧密融合正不断重塑媒体生态。传统主流媒体在这一变革中，面临着从固守传统渠道到拥抱全媒体转型的挑战。这一转型不仅关乎技术的更新换代，更是对传统媒体商业模式、组织结构、内容生产和传播方式的全面革新。

1.旧有渠道固守与市场作用忽视的问题

在互联网时代，媒体融合呈现出前所未有的复杂性与广泛性。传统主流媒体的一大挑战在于其过度依赖于传统广播、电视等单一渠道，忽略了新媒体平台的强大市场作用与广阔发展空间。这种固守旧有渠道的态度，不仅限制了媒体内容的传播范围和效果，也削弱了媒体品牌在新媒体环境下的竞争力。

2.对新媒体环境适应性的缺乏

尽管部分主流媒体已认识到媒体发展的新趋势，尝试通过建立互联网平台或利用社交媒体进行内容传播，但仍存在对新媒体特性理解不足、用户需求把握不准确等问题。这种在新媒体平台上简单复制旧有模式的做法，难以吸引互联网用户，更难以在新媒体领域形成有效的传播力。

3.转型升级的路径探索

传统媒体的专业性与内容生产能力是其宝贵的优势。为了在新媒体时代中立足，主流媒体必须超越事业单位的传统框架，积极探索与市场经济接轨的新路径。同时，新媒体平台的低门槛特性虽然导致内容质量参差不齐，但也为主流媒体提供了展现专业性和高品质内容的机遇。因此，主流媒体应当保持开放的心态，积极利用自身的内容优势，通过与新媒体的深度融合与创新应用，实现品牌与影响力的全面提升。

为了应对媒体融合的新形势，主流媒体需要从战略高度出发，重新审视自身在新媒体生态中的定位，以创新的思维和灵活的策略，实现从传统到全媒体的转型升级。这一过程中，不仅要加强技术和平台的更新换代，更要深入理解新媒体用户的需求和行为，探索符合新时代特征的媒体发展

新路径。

（三）主流媒体内部组织架构僵化，未能形成全媒体机制

在媒体融合的大背景下，中国主流媒体的内部组织架构革新显得尤为重要。当前，众多主流媒体的组织结构尚未有效适应全媒体运营的需求，反映出一种"融而不融"的状态。传统的媒介组织架构，在特定的历史阶段形成了以党委领导为核心的管理模式，主要承担着政策宣传的职责。随着市场经济体制的推进，虽然部分媒体尝试了市场化改革并逐步形成了一定规模的报业集团，但在全媒体环境下，这些改革并未完全满足新的发展要求。

现阶段，尽管资本雄厚的传媒集团已经进行市场化改革，却依然面对组织结构分工不理想，未能建立适应全媒体采编需求的运营机制。媒体集团虽扩展了业务范围，增加了产品多样性，但新媒体部门与传统部门之间的脱节、资源共享不畅和协作不足的问题仍然存在。这种状态下，新媒体部门往往独立运作，无法充分利用主流媒体的资源优势，导致传统渠道与新媒体渠道间形成明显割裂。

为应对全媒体时代的挑战，主流媒体需进行深层次的组织结构改革，确立融媒体发展的战略定位。首先，要打破传统媒体与新媒体之间的壁垒，通过整合资源、统筹规划，实现部门间的有效协作和信息共享。其次，要创新管理模式和工作流程，加强跨部门的沟通与合作，形成灵活高效的全媒体运营机制。此外，还需加强人才培养，提升员工的全媒体意识和技能，以适应快速变化的媒体环境。

只有通过组织结构和管理模式的创新，主流媒体才能有效利用其传统优势，与新媒体形成互补，共同构建强大的全媒体传播平台，以更好地适应和引领媒体融合发展的新趋势。

（四）受众调查不足，受众定位模糊

在新媒体环境下，受众的角色和地位经历了根本性的转变，从被动的

信息接收者转化为能够主动参与内容创造与传播的产消者。这种转变不仅拓宽了受众的概念，也给信息传播的理论和实践提出了新的挑战。在网络时代，受众不再是一个单一的集合体，而是由具有独特个性和偏好的个体构成的复杂网络。这种多元化和个性化的受众特征要求传统媒体和新型媒体机构必须重新审视受众调查的方法和受众定位的策略。

传统媒介时代的受众理论，如"魔弹论"和"有限效果论"，主要关注媒介信息如何影响受众。这些理论强调了信息传播的单向性和受众反馈的局限性。然而，互联网的兴起使受众从信息的被动接收者转变为主动的内容参与者和创造者，从而打破了传统受众理论的框架。互联网平台的多样化和互动性为受众提供了前所未有的表达和参与机会，同时也使得受众调查的范围和深度必须得到扩展。

面对新媒体环境下受众定位模糊和受众调查不足的问题，主流媒体需要采取更加科学、系统的方法来理解和满足受众的需求。具体而言，应运用大数据分析技术，深入挖掘受众的行为模式、偏好和需求，从而提供更加个性化、多样化的内容。此外，媒体机构还应利用社交媒体平台和其他新兴互联网工具来增强与受众的互动，实时捕捉受众反馈，以便快速调整内容策略和传播方式。

在互联网时代，重视并深入了解受众的复杂性和主动性，对于任何媒体机构来说都是至关重要的。通过有效的受众调查和明确的受众定位，主流媒体可以更好地适应信息传播的新格局，满足受众多样化的信息需求，从而在竞争激烈的媒体环境中保持和扩大其影响力。

（五）盈利能力薄弱，新媒体盈利模式不明

在数字化和网络化的大背景下，主流媒体面临着传统盈利模式的挑战和新媒体竞争压力的加剧。网络广告的兴起和多样化的媒体消费习惯导致了传统广告市场的萎缩，进而影响了传统媒体的盈利基础。尽管一些传媒企业已经开始尝试融合发展，试图在新媒体领域寻找新的生长点，但是一

个清晰、有效的新媒体盈利模式尚未形成。目前，主流媒体的盈利能力普遍较弱，主要原因在于盈利模式的单一性和对新媒体盈利模式探索的不足。

一方面，主流媒体长期依赖的"二次售卖"模式，即通过低价或免费向受众提供内容，再通过广告赞助来获得盈利，这种模式在数字时代显得力不从心。另一方面，尽管互联网环境孕育了多样化的盈利模式，如植入式广告、内容付费和新闻众筹等，但主流媒体在这些领域的尝试并不深入，仍未能充分发掘新媒体的盈利潜力。

面对不足，主流媒体首先应积极探索与互联网技术和市场需求相适应的多元化盈利模式，比如通过内容付费、会员服务、增值服务、电商合作等方式，实现多渠道收入。其次，通过构建新型媒体集团，实现产业链的纵深发展和业务的多元化布局，拓宽盈利渠道。同时，深入了解受众需求和消费习惯，通过数据分析和用户调研，提供更符合受众需求的内容和服务，增强用户黏性和付费意愿。最后，与互联网企业、科技公司等开展合作，利用技术创新和平台资源，共同开发新的盈利模式和商业模式。

（六）缺少合作创新

在数字化时代，创新和合作成为主流媒体持续发展的双重引擎。创新是媒体发展的动力，合作是媒体发展的跳板，两者缺一不可。对于我国的传统媒体而言，独立自主的发展策略已难以满足竞争日益激烈的媒体环境需求。面对此种局面，传统媒体亟须打破旧有的思维模式，积极寻求与各界力量的合作创新，以期获取发展新动力。

首先，合作创新能够为传统媒体注入新鲜血液，既能引进资本以增强自身的财务实力，也能通过技术和管理经验的交流学习，促进自身的转型升级。例如，南方报业传媒集团与阿里巴巴的合作就是一个典型案例，资本的注入提高了南方报业传媒集团的市场竞争力，同时也通过合作探索了多元化的媒体经营模式，增强了媒体内容的生产和分发能力。

其次，与互联网企业的合作创新，为传统媒体提供了"借船出海"的机遇。在这一过程中，传统媒体可以利用互联网平台的技术优势和用户基础，加速自身的数字化转型。通过平台化、数字化的转型，主流媒体不仅能拓宽传播渠道，更能实现内容的多元化生产和个性化推送，满足不同受众群体的需求。

此外，合作创新还可以帮助主流媒体实现跨界融合，通过整合来自不同领域的资源和能力，构建全新的媒体生态系统。在这一过程中，主流媒体可以与科技公司、教育机构、文化产业等不同领域的组织进行深度合作，共同探索新的商业模式和盈利路径，从而形成具有竞争力的全媒体矩阵。

因此，主流媒体在追求发展的道路上，需要更加开放和前瞻的视野，深化与各界的合作创新，以此为契机，全面提升自身的竞争力和影响力，更好地适应和引领媒体产业的发展趋势。

（七）舆论引导能力减弱，媒体专业素养需强化

在数字化浪潮下，新媒体的迅猛发展重塑了传统舆论场，赋予公众更广泛的发声平台，这对主流媒体的舆论引导能力提出了前所未有的挑战。过去，主流媒体凭借其权威性、专业性，在舆论引导中占据着不可动摇的地位，能够有效地塑造社会意见气候，凝聚社会共识。然而，随着互联网技术的普及和社交媒体的兴起，信息传播途径变得多元化，公众的声音更为直接和自由地展现在网络空间，这不仅加剧了信息的碎片化和多样化，也使得虚假信息和不实报道有了传播土壤，从而削弱了主流媒体在信息准确性和可信度上的传统优势。

此外，互联网时代的特征之一是用户参与度的显著增强。公众不再是被动的信息接收者，而是能够主动参与信息的生产和传播，形成了"产消合一"的新型受众模式。这种变化要求主流媒体在舆论引导中，必须更加注重受众的个性化需求和主动参与性，强化与受众的互动性。

因此，为了适应新的传播环境，保持并增强其在社会舆论中的引导力，

主流媒体必须强化自身的媒体专业素养，坚守新闻伦理，提高内容质量，同时积极探索与新媒体技术的融合发展路径，开发多样化的内容形式和传播渠道，提升受众参与感和满意度。在内容生产上，主流媒体应深化主题探索，注重深度报道和独家内容的打造，利用其深厚的新闻采编背景，提供有深度、有温度的高质量新闻产品，以高尚的品位和专业的态度，维护社会主义核心价值观，引领正确价值导向。

同时，主流媒体还应积极探索新的盈利模式和经营策略，以应对广告市场的变化和政府财政支持的减少。这不仅需要主流媒体在管理和运营上的创新，更需要在内容创新、服务创新上下功夫，通过提升自身的吸引力和影响力，实现可持续发展。只有通过不断地自我革新和优化，主流媒体才能在新媒体环境中重新确立其舆论引导的核心地位，更好地服务社会，满足公众的信息需求。

三、微观层面存在的问题

（一）新技术利用率不足，无法适应大数据时代的信息要求

技术是媒体融合发展的"引爆点"，同时也是传统媒体的"痛点"。技术始终推动着历史的发展，同时人类运用新技术的速度也越来越快。第三次科技革命以原子能、电子计算机、空间技术和生物工程为主要标志，不光提高了社会生产率，也不可避免地对新闻传播业产生了巨大的影响。技术不仅改变了人们的生活方式，同时也从底层改变了新闻生产和传播模式。但是，在这一大背景下，传统媒体对于新媒体技术的使用率仍然不高，这主要表现在以下两点。

其一，底层互联网技术使用较少。近年来，新媒体已经成为不可回避的领域，主流媒体也纷纷上线各自的"两微一端"，即微博、微信和客户端，以拓宽内容的表现形式。其中微博和微信仅仅是借助互联网上的平台进行内容传播，本身不涉及互联网领域的底层技术，依托其他平台虽然不

失为一种"借船出海"的好方式，但是不能独立获得第一手的用户信息和数据分析，只能依赖平台所给予的数据统计和 API 接口，不仅需要另外付费，同时也难免会受到限制。客户端是一种为客户提供本地服务的程序，自由度相较微博、微信有很大的扩展，用户可以自定义数据统计和分析功能。但是，传统媒体一般采用外包的形式，很难完全根据自我需要对不同类型的产品进行整合。

其二，主流媒体的技术融合仍明显不足，各平台间无法建立联动系统。媒体融合发展对技术的运用，并不仅仅在于优势内容或几个项目的支撑，更要将最新最适合的信息技术与媒介的资源禀赋融合起来。现在的主流企业中不仅传统的广播电视渠道与新媒体渠道没有融合起来，新媒体各类平台也没有融合起来，这体现在两者没有任何协同，或者仅仅是内容和形式的单纯移植，无法满足技术融合的需要。

牛津大学网络学院教授维克托·迈尔-舍恩伯格（Viktor Mayer-Schönberger）被称为"大数据商业运用第一人"，他曾对大数据的全样本特征等进行了详尽细致的案例分析。大数据的采集、运用、表现都需要新媒体技术，尤其是计算机底层技术的支持。在这种动力的推动下，云技术、虚拟化处理、分布式计算逐渐兴起，为大数据的应用提供了技术支撑。大数据技术对于类似的数据挖掘等具有直接的引导作用，这些技术也是媒体发掘用户信息的关键点。不仅如此，这些底层技术都可以运用于跨互联网平台甚至能够延伸到传统的广播电视渠道当中，对于重塑主流媒体的传统渠道也有很大的助益。在物质层面，技术是最容易改进的层次，但是对于深层次技术的挖掘和运用，传统媒体还需要进一步拓展和深化。

面对大数据时代带来的挑战和机遇，主流媒体亟须加强底层技术的研发和应用，通过构建内部数据处理和分析平台，实现对用户数据的深度挖掘和利用，从而提高内容生产和传播的精准度和效率。同时，主流媒体应促进各平台间的技术融合与协同，打破信息孤岛，实现资源共享和效能最大化。通过这些措施，主流媒体不仅能够适应新时代的发展需求，还能在竞争激烈的媒体环境中占据有利地位，实现持续健康的发展。

（二）缺乏优秀的全媒体人才

在新媒体时代背景下，媒体融合不仅是技术和平台的融合，更是对全媒体人才的需求转变。随着网络媒体对新闻采编体系的深刻重塑，全媒体人才成为新闻业转型升级的关键。尽管国内外已有对全媒体人才能力要求的初步探索，但当前我国全媒体人才的培养和管理体系尚显不足，难以满足媒体融合的复杂需求。

首先，当前全媒体人才培养体系尚未完全适应大数据时代对信息处理的高要求。全媒体人才应不仅精通内容制作，还需具备跨领域的技术应用能力，从而在新闻采编中发挥更大作用。然而，目前我国在此方面的人才培养还存在缺口，特别是在互联网技术、数据分析等方面的深层次应用能力上远远不足。

其次，我国主流媒体在全媒体人才的吸引与留存上面临挑战。互联网企业的兴起为媒体人才提供了更多选择，相比之下，主流媒体在薪酬待遇、职业发展空间等方面竞争力不足，导致人才流失严重。此外，内部组织架构的僵化和部门间隔阂的存在，进一步加剧了新旧媒体人才之间的疏离，阻碍了全媒体融合的深度实施。

主流媒体要想建立一支优秀的人才队伍，一是加强全媒体人才的系统培养，特别是在新媒体技术应用、数据分析能力上的深度培训；二是优化内部人才激励机制，提高薪酬待遇，开拓职业发展空间，以吸引和留住优秀人才；三是打破内部组织壁垒，建立跨部门的协同机制，促进新旧媒体人才的交流和合作，共同推动媒体融合向纵深发展。只有构建起一个完善的全媒体人才培养和管理体系，主流媒体才能在媒体融合的浪潮中稳步前行，释放创新发展的活力。

（三）单一的新闻生产流程无法满足媒体融合生产的需要

在媒体融合的时代背景下，传统的新闻生产流程已明显不足以满足多样化的媒体形态和日益增长的信息消费需求。传统模式面临内容选择的困境，无法高效地适应快速变化的市场和受众需求。这种情形要求传统媒体进行内部组织结构和生产流程的根本性改革，以便更好地利用新技术满足受众的多元化需求，并有效地发挥产消者在内容生产过程中的积极作用。

首先，面对"内容为王"的原则，主流媒体在选择内容时面临着明确的定位挑战。"内容为王"的最初起源是1990年美国维亚康姆公司总裁萨姆勒·雷石东（Summer Redstone）将公司未来发展方向定位为全球最重要的内容提供商，这句话深刻地体现了优质内容生产的重要性。对于新闻媒体来说，内容永远是根本，是决定其生存和发展的关键所在。因此，主流媒体在互联网中采集、选择什么样的新闻至关重要。不同于过去相对明确的受众群体，互联网时代的媒体消费者具有更广泛的兴趣和需求。因此，主流媒体需要重新审视和定位自己的内容生产策略，确保所生产的内容既有深度又具备广泛的吸引力，避免成为信息的杂烩，同时确保来源的可靠性和新闻的真实性。

其次，生产流程的再造成为主流媒体适应新媒体环境的关键。胡正荣教授指出，编辑记者应实现向产品经理的转变，把开发、设计、测试、运营等互联网产品工作流程引入传统媒体，实现内容生产、技术开发、整合营销等不同岗位的跨界合作，改变传统媒体以单一的内容生产为中心的工作模式。主流媒体应探索更灵活、更高效的生产流程，例如，通过建立资源共享库，推动跨部门合作，实现内容的多平台整合发布。此外，引入产品经理概念，整合内容生产、技术开发和市场运营等不同功能，以适应快速变化的媒体生态。

最后，产消者的角色转变为内容生产中的一个重要组成部分。美国心理学家马斯洛曾提出人类需求的五个层次，其中最高的三个层次，即社交、尊重和自我实现的需求都与自我表达有关。当互联网给予了受众更多的表达机会后，受众已经不甘于仅仅被动接收信息，更要主动地表达自己乃至于参与内容的生产。随着智能手机和社交媒体的普及，普通用户成为重要的信息源和内容贡献者。主流媒体应充分利用这一趋势，通过技术手段收集、筛选和验证用户生成的内容，既丰富了内容资源，又提高了新闻报道的时效性和参与感。同时，必须建立严格的信息验证机制，确保信息的真实性和可靠性。

（四）对快速发展的移动互联网市场重视不足

面对移动互联网迅猛发展的现实，主流媒体的响应速度和适应力显得尤为关键。移动互联网技术和服务体系的成熟，以及智能媒体设备的广泛普及，标志着我们正式步入移动互联网时代。这一时代的到来不仅改变了信息消费的方式和场景，还重塑了信息传播的格局和速度。然而，主流媒体在充分认识并利用移动互联网市场方面存在明显不足，这在一定程度上限制了它们在新媒体生态中的竞争力和影响力。

一方面，部分主流媒体未能及时建立或优化移动客户端，忽视了移动互联网对于信息传播的革命性影响。在移动互联网时代，用户对信息的获取和分享方式发生了根本性变化，"零时差"的信息传递成为可能。因此，未能在移动端建立有效的内容分发和交互平台，意味着主流媒体失去了触达广泛年轻用户群体的机会。

另一方面，主流媒体对于移动互联网产生的大量数据资源利用不足，未能充分挖掘和应用这些数据以优化内容生产和用户服务。在移动互联网环境下，数据不仅能够帮助媒体更准确地了解用户需求，还能为内容创新和个性化推荐提供支持。

此外，移动互联网的用户特征表现为年轻化和覆盖更广泛的社会层面，这为主流媒体提供了拓展受众基础和更新传播策略的重要契机。若不能充分认识并适应这一变化，主流媒体就难以在竞争激烈的新媒体环境中保持领先地位。

综上所述，主流媒体要想在移动互联网时代保持竞争力，就必须加强对移动互联网市场的重视，积极建设和优化移动客户端，充分利用大数据技术深化对用户的理解和服务，以及适应用户特征的变化，创新传播内容和方式，从而实现在新媒体生态中的有效适应和持续发展。

第四节 我国主流媒体融合创新能力不足的成因

一、观念层面的不足

在我国主流媒体的融合创新过程中，面临的困境主要来源于观念层面的不足。这一问题的核心在于思维方式的局限性，既影响了主流媒体的转型策略，也限制了其在信息化社会中的发展动力。要实现深度的媒体融合，需要突破思想层面的障碍，刷新对媒体角色和发展路径的认知。

（1）思想观念的更新迫在眉睫。传统媒体的发展模式长期受到计划经济体系和事业单位运作模式的影响，这种根深蒂固的管理思想和文化定式，在面对新媒体浪潮的挑战时显得力不从心。现代媒体环境要求主流媒体不仅要有积极主动地适应变化的态度，更要具备跳出传统框架，拥抱互联网思维的勇气。

（2）打破本位主义和部门壁垒。主流媒体的内部管理和运作模式需从根本上进行革新。传统媒体的内容生产和传播流程在面对多媒体、多平台的需求时显得过于狭隘和僵化，需要构建更为开放和互动的新型工作机制，确保不同部门间能够实现资源共享、信息互通。

（3）培养危机意识。随着新媒体的迅猛发展，主流媒体的传统优势正面临前所未有的挑战。建立对这一变化的深刻认识，意识到不改革则可能被边缘化的危机，对于激发主流媒体融合创新的动力至关重要。

（4）构建新的媒体融合观念。主流媒体应当成为推动社会进步的先锋力量，走出依赖单一媒介渠道的旧有模式，通过科学的思想和策略，实现从内容生产到平台运营，乃至受众互动的全链条创新。

面对媒体融合的新趋势，我国主流媒体需要抛弃"不想干""不敢干"的消极心态，转而采取"能干好"的积极姿态，通过观念的大解放，促进组织结构和运作模式的全面革新。只有这样，主流媒体才能在信息化社会中保持竞争力，有效担当起引领舆论、服务大众的重要使命。

二、体制机制层面的不足

（一）组织机构壁垒

在媒体融合的时代背景下，我国主流媒体面临着体制机制层面的显著挑战，其中组织机构壁垒成为融合创新进程中的一大障碍。这种组织机构的隔阂不仅阻碍了创新思维的落地实施，还制约了新旧媒体之间的有效整合，导致了资源整合与协同创新的机会的丧失。

一方面，主流媒体的管理体制仍然遵循传统事业单位的模式，这种以行政指令为主的管理方式，难以激发媒体自身的市场化动力和创新活力。在这样的体制下，主流媒体往往更倾向于服从上级部门的指示，而非积极响应市场和受众的需求，这限制了内容创新和服务模式的多样化发展。

另一方面，媒体内部的组织机构存在明显的壁垒，不同部门间的独立运作模式削弱了跨部门的沟通与合作，影响了资源的有效利用和信息的快速流通。特别是新媒体部门与传统媒体部门的分离，不仅使得新媒体失去了利用传统媒体资源的优势，也阻碍了传统媒体向数字化和平台化的转型。

为了打破这种局面，主流媒体亟须采用制度化、规范化、科学化的管理模式，推进体制机制改革。通过打破内部行政壁垒，建立全媒体新闻中心，实现资源共享和团队一体化，能够有效提升工作效率，促进媒体融合创新的深入发展。

（二）人员配置机制不统一，人才激励机制不足

在当前的媒体融合背景下，我国主流媒体人员配置机制不统一及人才激励机制不足尤为突出，这不仅制约了媒体对互联网环境的适应能力，也严重阻碍了新媒体转型的进程。

首先，传统媒体体制下形成的人员等级制度和待遇不公现象，凸显了内部管理的僵化与不平等，导致基层和新媒体人才的积极性受损。此外，传统媒体职工与新媒体员工之间在待遇、考核机制和薪酬分配上的显著差异，进一步加剧了内部矛盾，影响了团队的整体协作和创新能力。

对新媒体人才的轻视及缺乏有效激励机制，导致了主流媒体的人才流失问题。在互联网及新媒体时代，媒体人才特别是具有新媒体思维和技能的人才是宝贵资源，然而，当前的人才机制未能充分发挥其潜力，也未能提供足够的吸引力和保障，导致人才向更具竞争力和创新力的平台流动。

为了应对这一挑战，主流媒体必须推进体制机制改革，实现人才配置机制的统一和优化。需要建立更为公平、开放和灵活的人才管理体系，确保传统媒体人才和新媒体人才之间的平等待遇和发展机会。同时，建立和完善人才激励机制，不仅要注重物质激励，更要关注人才的成长和职业发展路径，为他们提供充分的发展空间和创新平台。通过这些措施，可以有效促进主流媒体的人才队伍建设，为媒体融合发展提供强有力的人力支持，进而推动主流媒体在新媒体时代的转型升级与持续发展。

（三）传统业务流程无法实现全媒体立体化传播

在媒体融合的新时代背景下，传统媒体的采编流程与组织结构面临着变革与创新。传统模式下的业务流程，以单一媒介形式为导向的生产模式，已不能有效响应日益多样化和立体化的传播需求。新媒体技术的兴起与普及，不仅扩展了媒介形式的边界，也重构了信息的生产、传播及消费过程，

从而要求主流媒体必须进行根本性的业务流程重组以适应全媒体立体化传播的新要求。

首先，媒体融合背景下的业务流程需要统筹策划。面对融合媒体环境下的复杂信息生产需求，单一部门操作模式已不足以覆盖多平台多形态的传播渠道，必须通过跨部门、跨媒介的协作模式，确保信息的全面采集与高效利用。这要求媒体机构建立一个中心化的数据管理系统，其中包括全面采集、统一策划与分发的机制，以实现资源的最大化共享和利用。

其次，全媒体生产流程必须包括多种信息载体的采编能力。这不仅要求记者具备跨媒介工作能力，也意味着从内容创造到分发的每一个环节都需要兼容并蓄、灵活多变。为此，新型的全能记者和编辑团队需在传统的文字、图片采编基础上，增加音视频内容的生产与处理能力，以满足互联网表达的多样化需求。

再次，媒体融合的核心不仅在于技术和平台的整合，更在于内容生产与消费模式的创新。这要求媒体从业者不仅能够生产符合融媒体特征的内容，还需要具备筛选和利用用户生成内容的能力。

最后，面对媒体融合带来的受众细分化现象，媒体需要根据不同受众群体的特定需求和媒介使用习惯，生产并提供具有针对性的内容。这不仅是对内容生产能力的挑战，更是对媒体策划与市场分析能力的考验。

总之，为了实现全媒体立体化传播，主流媒体必须从观念到机制、从技术到内容，进行全方位的创新和改革，才能在媒体融合的大潮中保持竞争力和影响力。

（四）经营管理市场化程度不高

在当前的媒体融合环境下，我国主流媒体正处于从传统的意识形态宣传向意识形态宣传与经济效益双重追求转变的关键阶段。这一转型不仅涉及企业形态的根本变革，即从单纯的事业单位向具备事业和企业双重属性的复合型体制过渡，也涉及经营管理模式的根本创新。在这一过程中，广告经营作为传统经营模式的主轴,其作用和效能正面临新媒体兴起带来的挑战和压力。

面对新媒体环境下多样化的经营形态,传统媒体必须探索并实践更为市场化的管理和运营策略。这不仅包括在内容生产和分发上实现全媒体的协同作用,更需要在经营管理上打破单一的广告收入模式,探索多元化的盈利渠道。这种转变要求主流媒体利用其庞大的用户基础和品牌影响力,将新闻资源的潜在商业价值转化为实际经济效益,同时通过创新服务模式,如定制化服务和内容付费,满足不同层次受众的需求,实现新的收益增长点。

具体而言,主流媒体在市场化经营中应更加注重产品和服务的差异化,以高质量的内容和专业的服务吸引并维持用户群体,尤其是针对高端市场的收费服务,提供独特的价值主张,从而在传统广告模式之外开辟新的盈利途径。此外,跨媒体和多业务的经营模式亦应成为主流媒体应对新媒体挑战、实现持续发展的重要策略,通过整合媒体资源、优化业务流程,推动主流媒体在多元化市场环境中的创新与成长。

总之,随着媒体环境的不断演进,主流媒体的市场化经营策略需要紧跟时代步伐,不断创新与适应,方能在竞争日益激烈的媒体市场中占据有利地位,实现可持续发展。

三、内容层面的不足

在媒体融合的进程中,内容创新是实现舆论引导和商业成功的关键。尽管技术革新频繁获得关注,但根本上优质的内容才是媒体的生命线。在不断变化的媒介技术和形态中,内容始终是媒介产业的核心。因此,媒体融合的策略不能仅限于技术和结构调整,而应深入关注优质内容的创造,以赢得用户的信任,最终达到舆论影响和商业盈利的目标。

首先,媒介内容的创新必须适应互联网的表达需求。麦克卢汉的观点

"媒介即讯息"强调了不同媒介的独特影响。互联网作为综合性媒介，汇集了文本、音频、图像等多种信息形式，为受众提供全新体验。面对这一挑战，主流媒体必须考虑如何利用互联网的特性创作内容，使之既具时代感又具吸引力。

其次，互联网环境为主流媒体的内容创新带来挑战。在全媒体时代，内容的生产和传播趋向专业化和栏目化。如《新闻联播》通过微信和微博等新媒体渠道进行内容的特色化处理和全媒体投放，显示了传统内容在新媒体环境下的创新应用。然而，网络商业媒体的信息转载现象，以及对原创内容的忽视，导致了互联网信息生态的恶化，这要求主流媒体不仅要创造优质内容，还要维护内容的专业性和权威性。

再次，主流媒体应充分利用专业内容生产和用户内容生产的融合，提供平台支持用户内容的创造，并对用户生成的内容进行专业筛选和整合，充分发挥新媒体的优势，实现内容的专业化和人民群众需求的精准对接。

最后，面对互联网低俗信息的泛滥，主流媒体需要坚守舆论导向和社会责任，生产符合社会主义核心价值观的正面内容，加强社会舆论引导，同时满足人民群众的精神文化需求，创作既受欢迎又有深度的媒介产品。

总而言之，面对媒体融合的挑战和机遇，主流媒体必须在内容创新上下功夫，通过深度理解互联网特性，调整内容策略，加强与用户的互动，以优质内容为核心竞争力，推动主流媒体的发展和转型。

四、渠道层面的不足

在数字化时代的背景下，渠道的多样化和信息传播的快速发展改变了人们接收信息的方式。除了电视、广播和报纸这些传统媒介，新闻网站、移动应用和社交媒体成为人们获取信息的重要途径。在这样一个"渠道为王"与"内容为王"并重的讨论中，主流媒体面临的渠道分流危机日益凸显。移动设备和社交媒体等新兴平台正在逐渐分散主流媒体的受众，商业客户端和微信公众号等亦截流了大量受众资源。在没有有效的传播渠道的情况下，即便是制作了大量高质量的内容，主流媒体也难以将其有效传递给目标受众。

在互联网初期，如搜狐、网易这样的新媒体企业，更侧重于内容生产。然而，随着百度、阿里巴巴、腾讯等新一代互联网巨头的崛起，市场格局发生了变化。这些互联网巨头更多地侧重于建立信息、沟通和交易的渠道，而非直接生产内容，由其他企业、单位和个人生产信息，使用平台的人越多，平台和渠道的价值就会越大，其成功说明了渠道产业的重要性，强调了主流媒体在传播渠道建设方面的迫切需求。

新兴渠道的快速发展既带来挑战也带来机遇。一方面，新媒体渠道瓦解了传统媒体的垄断地位，为商业媒体提供了发展的空间；另一方面，它们也为传统媒体提供了融入互联网新媒体的平台，降低了门槛和成本。互联网诞生初期，内容的生产比重较大，而随着受众主动性的增强和各类数据挖掘技术的发展，内容已经不能仅仅依靠专业生产者生产，更需要对各类信息进行聚合和挖掘，这也是平台和渠道越来越受到重视的原因。争夺用户数量和用户的注意力，成为渠道产业兴起的关键，这一点应当引起传统媒体的注意。传统媒体虽然已经在渠道融合方面做出了尝试，如"两微一端"等，提高了在新媒体平台上的传播能力，但是依旧没有突破融合发展的瓶颈，距离深度融合还有较大的距离。渠道融合不仅要有"两微一端"的存在，更要把新媒体平台与传统媒体的资源进行资源共享、协同发展。

除了实现资源共享和协同发展，渠道创新同样至关重要。创新是互联网发展的重要动力。只有突破传统渠道思维，聚焦新媒体前沿和受众需求，为用户提供更加个性化和人性化的服务，以新的传播渠道兼有传统媒体优势内容制作，才能在未来发展中拔得头筹。创新还需要开阔眼界，不局限在传统媒体和新兴媒体的视域，而应该实现跨界发展，聚焦于为用户提供更加个性化和人性化的服务。

发展新媒体是传统媒体必然的选择，互联网渠道正是主流媒体薄弱的环节，传统媒体只有不断扩展互联网渠道，最后才能在媒介市场的竞争中成为翘楚，引领未来媒体发展的方向。

五、技术层面的不足

人类传播的每一次跃进都与技术发展有着密不可分的关系。在当今数字化转型的浪潮中，技术创新对于传统主流媒体的融合与发展至关重要。互联网技术的发展，特别是云计算、移动互联网、便携式终端技术的应用，已经使得新闻采编和接收变得更加便捷，位置信息的利用也让现场报道和基于个人兴趣的定制新闻传播成为可能。然而，面对这些技术进步，我国主流媒体在技术应用层面上的尝试往往显得相对简单直接，未能充分挖掘和利用新技术的潜力。

目前，主流媒体在迈向数字化的过程中常常采用将传统内容直接转移到新媒体平台的做法。这种简单的技术迁移未能有效吸引目标受众，导致众多媒体集团开发的应用缺乏吸引力。面对商业媒体采用的资源聚合型新闻客户端，主流媒体的这种做法显得力不从心，无法提供有吸引力的特色功能促使用户下载使用。这反映了主流媒体在媒体融合发展初期对技术应用的简单化处理，并未真正实现技术与内容的深度融合。

真正的媒介技术融合应超越单纯的内容移植，将先进的数字技术与媒体的独立开发功能相结合，实现内容在多种媒介之间的广泛传播。这要求主流媒体根据自身需求进行定制开发，形成独特的功能和服务，以满足特定受众群体的需求，从而增强自身的竞争力和影响力。

主流媒体需积极把握并适应新媒体的发展趋势，不应仅限于传统的"两微一端"布局。探索和创造用户需求，关注智能化、多维度发展趋势，包括"智媒"和物联网技术的潜在应用，是未来发展的关键。主流媒体应通过持续的技术创新和应用探索，不仅维护其内容生产的核心优势，同时也拓宽产业链，促进多元化和集团化发展，确保在数字化时代保持领先地位。

第五节　我国主流媒体融合创新发展的着力点

在新媒体时代的大背景下，主流媒体融合创新的发展不仅是大势所趋，也是时代发展的必然要求。主流媒体作为社会意识形态和价值观念的传播者，其历史使命与时代责任在当下的媒体生态环境中显得尤为重要。在面临全面转型的挑战时，主流媒体与新型媒体的融合创新是实现其内容传播力和竞争力增强的关键途径。

一、注重技术的推动作用

推动主流媒体的融合创新，必须重视技术的核心推动作用。我们已经在前面章节中讲述了很多技术领域的进步给媒体融合历程带来的变化以及它们为媒体融合的前景开辟的发展方向。我们认识到，无论是建立多媒体的传播平台，还是建立跨媒体的统一数字化管理流程，都离不开技术的支撑。

1. 技术推动：融合创新的关键

首先，技术进步是推动主流媒体融合创新的核心动力。随着数字化技术的发展，传统媒体必须适应新的传播速度和形态，从而实现内容生产、传播方式和管理流程的全面数字化转型。技术赋权不仅改变了信息的存储、传输和应用方式，而且极大地拓展了信息传播的速度和范围，提高了社会对信息的需求。数字化带来的是一种"速度文化"，信息以数字化的形式存储、传输及应用无疑极大地增加了社会生活各个环节的信息数量，也由此带动了生产、分配和消费各个方面对信息需求的增长；技术的升级愈发迅速，相应地，信息也更为频繁和快速地被投入传播的渠道之中。毫无疑问，这种由技术带来的"速度文化"正是处在迅速发展的社会中的传统媒体感觉自己格格不入的原因之一。[①] 全新的时空观念、控制理念和社会理解，无一不是数字化技术所带来的，无一不是这种"速度文化"的产物。与此同时，可视化也成为"速度文化"的另一表征：形象被认为是一种比语言、文字和数字消费得更快的符号。由传统的铅字排版印刷（文字传播）到图片进入新闻传播领域，再从"读图时代"的说法到如今数据新闻的理念几乎出现在新闻报道的方方面面，大数据、云计算等与数字化技术相关的各种关键词逐渐成为人们日常生活中司空见惯的部分。同时，技术的进步也促使传统媒体进行形式和内容上的创新，满足受众对高质量、多样化信息的需求。

2.渐变响应：主流媒体的适应之路

虽然期待主流媒体立即进行颠覆性的内容改变并完全拥抱媒体融合思维不太现实，但我们可以期待并促进其渐进式的转型与创新。这种转型不仅是技术层面的升级，更是对新媒体环境下受众需求、传播方式的深入理解和响应。通过技术赋权，主流媒体可以更有效地与受众进行互动，利用新媒体平台拓宽信息传播渠道，提高信息传播效率。

3.创新探索：媒体融合的实践路径

主流媒体在媒体融合的过程中，应通过创新探索实现内容和形式上的突破。例如，《新闻联播》在技术赋权下进行的形式创新，如开放式报尾、实时连线直播、大数据呈现等，不仅提升了节目的吸引力，也展示了主流媒体在融合创新过程中的实践探索和成效。这种探索不局限于技术应用，更涉及内容创新、受众互动以及新闻报道深度。

4.社会文化变革：媒体融合的社会意义

媒体融合时代的技术赋权，不仅是对媒体行业的挑战，更对社会文化产生深远影响。技术赋权促进了受众的主动参与和多元声音的表达，形成

---

① 迪克.网络社会：新媒体的社会层面（第2版）[M].蔡静，译.北京：清华大学出版社，2014：14-15.

了更为开放和多样的社会舆论环境。主流媒体在这一变革中，不仅要追求技术和内容的创新，更要积极参与社会文化的建设，通过高质量的信息内容生产，引导公众舆论，促进社会和谐稳定。

综上所述，主流媒体的融合创新发展着眼点在于技术推动下的内容与形式创新，以及对新媒体环境下社会文化变革的积极响应和参与。通过持续的技术创新、内容优化和受众互动，主流媒体可以在新媒体时代维持其核心地位，引领社会舆论，促进媒体产业和社会文化的全面发展。

二、重视互动、转变姿态

21世纪初，托马斯·弗里德曼通过《世界是平的》一书对未来的社会发展作出了自己的展望。在他看来，"扁平化的世界"这个趋势很早就开始了。以1989年11月9日柏林墙的倒塌和与之几乎同时发生的Windows系统的建立为标志，人类开始迈入最为波澜壮阔的创新时代，并且将这个时代不断延展至今。书中罗列了十种世界扁平化的因素，现在看来，这些因素无不建立在信息的互联互通上。借助互联网技术实现的互联互通是扁平化的重要条件之一。信息共享、提高效率是个人、组织和国家共同的目标，因为垂直型的机构往往适应性差且效率低。跨区域、跨部门、跨行业、跨领域的合作已经验证了这一点。而如今，火热的社交网络更是体现了快捷和方便对于人们之间的交流有多么重要。因此，如今的融合传播策略的制定者必须转变思路，组织设计层次不要太多，相反地，同层次节点之间要注意增加联系。

当下，互联网已成为人们生活中不可缺少的重要内容，人们凭借它获得信息、与他人进行联系，或者进行娱乐活动。伴随互联网技术不断进步而来的，是整个社会信息传播方式的巨大变革。发布和处理社会信息、维持和增进人际关系、引导和改造社会结构，信息传播的影响力在社会中无处不在，而信息交流的结构和模式，也伴随着新技术的引入而悄然发生改变。首先，不同传播网络之间的融合日益深化。过去彼此独立的互联网、通讯网、广播电视网等传播网络的联系日益紧密，构造了明显区别于过去的信息传播系统。其次，个人传播的重要性极为凸显，在通过互联网连接而成的超越时间和空间界限的网络结构当中，每一个节点都获得了几乎平等的地位和重要性，而每一个节点抑或称作信息单元，其能量在经过无数个节点的传递放大和穿越网络结构四通八达的广阔空间之后，成为整个社会传播体系中不可或缺的重要组成部分。最后，泛关联时代到来。以往，社会中个人的关联形态是依托现实中密切的社会关系形成的，而这种旧的社会关联正伴随网络信息传播新时代的到来而迅速地被解构。个人作为信息传播网络中的信息单元，在一定程度上已经可以依托在互联网上的位置进行新的社会关系的编织，这无疑打破了传统定义下时空的限制。

在此前提下，诸多传统媒体面临着转型的挑战。而这种困难很大程度上是自身的姿态难以放低，对互联网思维理解不深所导致的。

姿态难以放低体现在理念落后，思维惯性太大。殊不知，时代的大背景已经发生巨大的变化，传统媒体仍然将收视率、发行量作为衡量自己运营成果的主要数据依托，这导致了众多的传统媒体过于专注生产印刷品，却忽略了网页新闻、在线视频等一系列其他的内容呈现方式。社会的发展不可逆转，如果媒体依然抱有单纯致力于传播广泛全面新闻和信息的理念，将注定失去市场竞争力。

而互联网思维的缺乏更多时候是体现在很多传统媒体老化呆板的思路上的，直到现在，仍然有不少传统媒体的策略制定仍然停留在如何应对互联网的冲击上。在以科技引领互联网浪潮的时代，在诸多媒体行业的从业者以融合媒体武装自己的时代，这样的思维是致命的。互联网公司正在不断赢得用户、拓宽渠道，而此时作为守播者的传统媒体却还局限于新闻产品、单向受众、内部业务的"融合"上，这种思维上的巨大差异无疑将使这些媒体难以实现真正意义上的新旧媒体的融合。

因而，如今的传统媒体必须转变姿态，摆脱现有体制的束缚，进行深度的融合。以往针对单向型用户的经营策略已经不合时宜，整个组织的重点应该从生产产品转换到经营用户中来。传统媒体的融合创新，归根结底还是要转变自己的姿态，重视互动行为的发展，围绕用户展开创新服务，通过新的平台型业务聚拢人气，为实现用户的需求提供重要保证。

三、建设创新合理的多维补偿方式

诚然，我们也能够关注到在主流媒体转型的过程中，难免会经历"阵痛期"。这一转型不仅伴随着巨大的资金投入和风险，还涉及从传统领域迁移至互联网环境下新的内容生产和传播方式的适应。虽然这个过程充满挑战，但主流媒体凭借多年累积的优势资源，完全有能力通过创新的方式实现价值补偿，保障自身可持续发展的同时推动行业创新。为此，笔者提出以下几点针对性建议：

（1）版权价值利用。主流媒体拥有大量的电视剧、电影、纪录片和动画片等内容版权，这是其独特的优势。随着我国版权保护法律的日益完善，新媒体平台对优质内容版权的需求也在增加。主流媒体应充分利用这一优势，通过版权销售或授权使用等方式实现版权价值的最大化，同时强化版权保护意识和管理，开发和提升版权资产的经济和社会价值。

（2）规模效应优势。尽管在线视频平台的自制剧集受到热捧，传统媒体在内容制作和分发的规模效应仍然占据优势。通过对内容的编辑和适应不同平台的定制化分发，传统媒体能够以较低的成本实现更广泛的受众覆盖和更高的收入回报。有效利用和强化这一优势，将有助于主流媒体在与新型媒体的竞争中占据有利地位。

（3）受众资源再开发。长期以来，主流媒体积累的受众资源是其重要的竞争力之一。在新媒体环境下，主流媒体应当跳出传统广告收入的框架，深入研究受众的兴趣和需求，开发符合受众兴趣的增值服务，以新的方式满足受众的多元化媒介使用目的。通过精准营销和个性化服务，主流媒体可以开辟新的收入来源，实现受众资源的最大化利用。

第五章

媒体融合背景下主流媒体创新发展的可行策略

第五章 ● 媒体融合背景下主流媒体创新发展的可行策略

在媒体融合的时代，主流媒体面临着前所未有的机遇和挑战。传统的媒体形式已无法满足现代受众的多样化需求，而数字媒体、社交媒体、移动应用等新兴平台不断崭露头角，改变了信息传播的规则。因此，媒体机构必须积极寻求可行策略，以适应这一新媒体格局并推动创新发展。本章将深入探讨媒体融合背景下主流媒体创新发展的可行策略。我们将研究成功案例，分析行业趋势，审视最佳实践，并提出可操作的建议，以帮助主流媒体更好地应对媒体融合的挑战。

第一节 我国主流媒体融合创新发展的宏观策略

互联网已经深深地渗透进每个人生活的方方面面，无论是获取新闻还是学习知识、社交娱乐，网络都已成为不可替代的重要工具，甚至成为一种新的生活习惯。在新技术的不断推动下，信息的传播模式和交流模式已经发生转变，传统的新闻信息传播方式已不能适应新环境下公众的新需求和新习惯，这些变化使得媒体行业必须在进行传统体制改革的过程中不断推进体制机制和生产传播各环节的创新，结合新媒体和传统媒体之所长，充分发挥自身影响力，实现多元化媒体融合。

主流媒体若要推进媒体融合并进一步实现创新发展，首先要树立和发展符合现在和未来媒体发展方向的正确理念；其次，全媒体时代带来的是舆论的分散化与不可控性，这就需要主流媒体既继承又创新，即既要坚持新闻立台、导向立台的方针不动摇，又要大力发展新型媒体，拓展舆论宣传新阵地，进一步深化内部机制改革以适应信息高速流动的多屏时代的发展需求。值得强调的是，媒体融合不是单纯在数量上扩增渠道，也不是追求同质化内容的多平台投放，而应是具有生命力的改革，并且是贯穿整个媒体生态的大变革。

从宏观策略上正确把握媒体融合的内涵和方向，能帮助主流媒体树立正确的融合观念，确立合适的产业发展布局，实现推动媒体走向融合发展的目的。

一、贯彻全媒体理念，树立媒体融合观念

无论是哪个领域或业界想要推进改革或变革，都应该率先更新原有的陈旧理念，用能适应新环境解决新问题的思想和观念指导实践工作。因此，为了适应媒体融合创新发展的要求和趋势，主流媒体首先应转变的是自身媒体工作的传统观念。长久以来，主流媒体作为党和政府的喉舌，充分发挥其职能和作用，建立起严肃谨慎的信息过滤机制和把关模式，也形成了具有权威性的新闻信息报道机制，在如今的传播环境下仍旧是对受众最具信服力的新闻内容发布者。但在这样严谨且权威的新闻生产与报道模式下，复杂的信息审核过滤机制带来的滞后性、固有新闻内容生产方式带来的思维僵化、传统垂直分布的层级化管理带来的低效等弊端仍旧不可避免地存在着，在面对技术创新带来媒体业态的新形态新发展时，这些弊端就非常明显地暴露出来了。因此，为了在更加激烈的市场化竞争中仍旧占据主流地位和优势，更好地为党和政府发声，主流媒体必须及时改变传统僵化的管理体制与固有的理念思想，树立起适应新环境新格局的全媒体观念和全力投身改革创新的担当意识，只有这样才能真正做到及时推进主流媒体融合的进程。

第五章 ➔ 媒体融合背景下主流媒体创新发展的可行策略

"全媒体"的说法是在媒体融合的探索过程中最先由媒体从业者提出的。如果仅关注"全媒体"这个名词，可以发现它早在1999年6月《中国经济时报》刊载的《消费真无热点？》这篇文章里就已经出现了，当时的语境与现在有相似之处，都强调多元化、个性化的需求会带来新的市场空间，但由于那时技术发展的局限，全媒体只是指数字化的声音和图像效果，本身并未被赋予深刻的含义。很明显，这种具有局限性的含义与移动互联网大背景下媒体业界倡导的全媒体概念是存在差异的，现如今的全媒体概念有着非常丰富的含义，并且这种内涵还将随着实践和理论的发展不断拓展。

首先，全媒体代表着技术发展下拓宽了的信息传播渠道，这一特点亦是媒体融合的基础。过去很长的一段时间里，主流媒体能够使用的渠道资源和频率资源都很有限，广播电视作为主要的传播媒介曾占据非常重要的地位，但是现在，移动终端和手持设备带来了传统媒介无可比拟的便利性和时效性，媒体融合正是为了结合新兴媒介在信息传播上的优势，也就是说，媒体融合是基于拓宽了的渠道实现的；也正是多样化的传播方式和传播渠道才能具体体现全媒体的特征。

其次，全媒体不仅指移动互联网时代带来了更加丰富的内容以及多样化的信息接触方式和途径，而且代表着满足受众个性化需求的新的可能性。在媒介和渠道并未达到"丰富"的程度时，受众的选择范围非常有限，主动权和话语权都掌握在占据稀缺频谱资源的媒体手上，而在全媒体时代情况则发生了变化，受众更加多样化、个性化的选择成为可能，媒介市场的竞争也更加激烈，日趋白热化。

最后，全媒体也包含着对媒体产业未来发展的新要求，即要求媒体及时吸收和应用新技术、采用和运用新思维，建设崭新的、全方位的媒体生态。全媒体不是一成不变的概念，而是一个会随着技术更新和渠道拓展不断发展的概念，并且伴随着各方面的发展其内涵将会更加丰富。全媒体理念不仅要求媒介"扩张"，更要求它们相互"融合"；不仅需要媒介努力开发和拓展新的平台，更重要的在于有机结合多种多样的媒体手段。全媒体的大环境给主流媒体发展以新的机遇，同时也带来严峻的挑战。面对新的媒介环境，主流媒体不能只是为了融合而"被迫"融合，媒体融合也不应单单只是渠道、平台等表面上的融合，更应是贯彻媒体生产、分发等全流程，真正意义上不分彼此地融合。在媒体融合的进程中，不同媒介之间不应该形成竞争和冲突的关系，因为并不是采用越新的技术传播效果就一定越好，也不是冲击性强的视觉传播就一定具有优势，不同的媒介和技术都拥有自己的优势，不能简单地用替代关系来对待媒体融合中的媒介关系，各种媒介之间应该构建相互协作的关系，如何将每一种媒介的优势充分发挥出来，为整个产品乃至企业做贡献才是正确的方向。主流媒体要想实现媒体融合，必须以受众的需求为根本出发点，结合不同内容和手段的传播特点，树立真正的媒体融合观念。而能否实现具有高质量媒介产品的多元化生产和专业化需求的和谐统一，赢得更多的用户青睐，将会成为衡量主流媒体能否继续生存的重要指标之一。

要想树立正确的媒体融合观念，不能只讲技术、只讲融合，更要注重培养新思想和坚持正确的原则。作为主流媒体，在进行改革的过程中，要做到时刻牢记自己的责任和使命，时刻坚持党性原则和坚持由党领导新闻舆论工作的原则。

对于主流媒体而言，媒体融合的方式和途径是多样的，但目的和原则是一致的。无论媒体融合采取何种方式，或以多快的速度推进，主流媒体在采编和传播的过程中都必须注意在大是大非问题上表明态度，坚定立场，时刻体现党的意志、反映党的主张，维护党中央的权威、维护党的团结。同时，还要增强看齐意识，做到思想上、政治上、行动上同党中央保持一致，始终坚持把党性和人民性统一起来，通过宣传和引导将党的路线方针政策转变为人民群众自觉的意识和行动，并且及时把人民群众的创造、经验以及面临的实际问题反映出来，注重发挥先进文化的引领作用以丰富人民的精神世界，增强人民的精神力量。主流媒体要在媒体融合的进程中坚决拥护党对新闻舆论工作的领导和指挥，学会并善于运用新媒体、新平台、新方式来讲政策、述主张，在新闻工作中要做到深入了解社情民意、及时发现矛盾问题、正确引导公众情绪、积极动员人民群众、切实推进实际工作。只有树立这样正确的观念，主流媒体推进媒体融合才能确保方向正确，才能有底气、有动力进一步推动媒体内部改革的深入。

二、坚持主体地位，确立开放性的发展布局

长久以来，媒体工作者都被要求必须树立正确的新闻工作者价值观念，牢记自身的责任与使命。主流媒体更是肩负着国家和人民的期望，作为党同人民群众沟通的桥梁纽带，主流媒体只有做到坚持党性原则不动摇，坚持以马克思主义新闻观引导实际，做到想守、能守，也会守新闻舆论阵地，才能发挥好领航者的作用，不断巩固和壮大主流思想舆论，推动社会主义先进文化的建设工作。互联网空间的信息良莠掺杂，过度娱乐化、低俗化、虚假性的信息不在少数，但互联网和新媒体仍旧凭借技术先进和媒介接触便利等优势逐步扩大用户规模和影响力，逐步成为重要的舆论阵地。而舆论阵地在哪里，就说明人民群众在哪里，党和政府就应该管理和引导到哪里，相应地，党管媒体就应该落实到哪里。

面对党和国家寄予的厚望和热切期许，主流媒体要主动承担好新闻舆论工作者应肩负的职责与使命，在互联网空间做到更好地发挥主流媒体在舆论引导上的作用，积极回应人民群众的信任和期望。具体来讲，主流媒体在媒体融合创新发展的进程中必须做到坚持主流媒体的主体地位不动摇，把政治方向摆在新闻舆论工作实践的突出位置。主流媒体的主体地位不是自封的，是在历史的涤荡下形成并确立下来的，是历史和人民的共同选择。多少年来，媒体工作者都被认为具备引导公众关注方向和议程设置的作用，主流媒体更是在社会物质生活和精神生活中发挥着不可替代的重要作用。这一点无可置疑，也正因为这样，在今天，主流媒体仍然被当作舆论主阵地来建设和发展，过去我们对主流媒体信心满满，今后我们也将充满期待。

主流媒体的主体地位虽然是在历史发展中确立的，是党和人民的共同选择，但这份信任不能成为主流媒体不参与市场竞争的借口，相反，主流媒体应该以更加积极的姿态参与到新的竞争中，不仅要在意识形态领域巩固自身主体地位，并且要以积极的姿态主动在市场竞争中寻求立身之地。如果只是平庸地安于现状而拒绝与时俱进，就会脱离受众的需求，最终会被发展的大潮所淘汰。在社会主义市场经济的大环境下，主流媒体不仅要守好主体地位，更要经受市场和人民的检验，只有在激烈的媒介市场竞争中守得住舆论阵地，代表主流价值观，对社会文化有强大的影响力，保障人民权利，主流媒体才能说自己是真正"主流"的，而非占据着主体地位却难以在新的信息环境中发挥作用。

在坚持主体性的同时，主流媒体还应及时更新原有布局，进一步确立开放性的发展方针。坚持主体性与确立开放性之间是不矛盾的。正如上文提到的，坚持主体性并不是说要因循守旧，拒绝改变，归根结底是要求主流媒体牢记自身的责任与使命，坚守新闻职业道德，对党的事业负责，对广大公众负责。移动互联网时代最突出的特征在于分众化的实现以及差异化的传播趋势，个人被放大，新的问题和挑战凸显，主流媒体要想闭门造车谈发展、谈改革显然是行不通的，应该以开放的视野和胸怀看待改革，主动吸收先进的技术和管理理念，以此打通并深化媒体融合。

首先，主流媒体要主动适应经济和技术发展带来的大环境的变化，正确认识在资源配置中起决定性作用的市场，并以积极的姿态融入市场竞争的大环境中。融入市场环境不是说主流媒体要绝对市场化，因为主流媒体还有自己的使命和责任，因此应将公益性事业和经营性产业区分开，逐步提高社会效益的同时也关注经济效益的改善。在改革的过程中，具备条件的主流媒体可以适度寻求社会资本的加盟，让金融资本为主流媒体发展注入活力，也让改革更有底气。

其次，主流媒体可以尝试推进跨界合作，以媒体为支撑，整合市场资源，如运营方面，和运营商进行合作；技术方面，和硬件厂商及新兴技术型企业合作；内容生产分发方面，和视频网站及自媒体平台合作；等等。当然，跨界合作绝不仅限于此。除了与上述有助于媒体融合的技术、平台、运营商进行合作，主流媒体要再次明确，媒体融合不仅是为了融合，更重要的是满足受众需求。因此，跨界合作不局限于新闻信息的生产流程，主流媒体可以运用自身改革成果与教育等领域进行合作，同样可以获得经验和经济效益以反哺主业发展。

最后，主流媒体应加强推动台网发展走向互相融通的一体化。早在2009年，我国就有学者针对广播电台和电视台面临的问题和发展的状况提出了中国广电媒体台网关系发展的"三段论"模式，认为我国广电媒体台网关系将经历台网联动、台网互动、台网融通三个阶段。第一阶段是发展的初级阶段，初级阶段的台网联动模式中占据主体地位的仍旧是传统的广播电台和电视台，网络由于技术发展有限、普及程度不高等客观因素处于附属地位，但二者相互宣传，其基本表现可以概括为"网为台服务，台为网铺路"。到第二阶段，也是现今所处的阶段，新媒体开始逐步崛起，并通过一系列的融资兼并等方式成长起来，逐渐变为大而强的经营实体，在内容或经营等方面一定程度上与传统电台、电视台相分离，这种分离带来新媒体经营实体的形成，并与传统电台、电视台并存，这也是我们所说的台网互动得以实现的基础。在这一阶段，年轻观众不断流向网络，电台和电视台广告收入趋缓，受众的媒介接触和使用开始向移动媒体和社交平台转变，传统媒体也在这一背景下开始主动参与台网联动，并进一步形成二者互动的局面。现在很多电视剧已经实现在电视台和视频网站上的同步观看，这种同步观看的方式既能充分发挥视频网站方便与灵活的特点，也能充分照顾到电视机前的忠诚观众，相较台网关系发展初期，创新性地采用了"一剧两线"的播出方式，发挥出台网互动的优势。同时，许多电视节目在播出时也推出微信摇一摇、微信红包等方式，这些都算是在台网互动方面的实践。在这里举一个例子，2012年8月，《童话二分之一》开播，该剧采用与传统电视剧不同的"AB剧"的播出方式，也就是一个故事拥有两种不同的结局，由受众在已公布的结局中进行投票，票选出的结局分别在电视台与视频网站这两个不同的平台播出，即A线剧情在湖南电视台播出，B线剧情在腾讯视频独播。这种方式不仅发展了"一剧两线"的方式，也开拓了电视台通过网络视频平台吸引更多受众参与电视剧的新模式，有效增进电视台、互联网与受众三者之间的互动，其背后是传统媒体寻求合作主动性的提高以及网络主导性的不断增强。随着技术的不断发展，新媒体数据库建设也会逐步走向完备，新技术将帮助媒体基本完成对信息的深度整合和整理，而用户也会逐步适应和养成新的媒体使用习惯。在此基础上，台网关系走向第三阶段——融通阶段，也即台网一体化发展。主流媒体要摆脱过去台网分离的传统思想，积累融通发展的技术支持并引导受众转变观念，积极探寻台网一体化发展的道路。

三、创新现有体制机制，推动媒体融合发展

正如前文一再强调的，媒体融合将是媒体发展的方向，面对新的环境和出现的新问题，依靠原有体制机制显然并不能适应现今媒体发展的要求。因此，为了推进媒体融合创新发展，主流媒体必须及时改变僵化的体制机制，而这一改革也是媒体融合成功推进的关键。

从商品论及媒介产品的特性出发，媒体产业不能只关注文化属性而忽视自身承载的经济属性。市场在资源配置中的决定性作用的确立不仅显示出市场的活力和重要性，也说明今后主流媒体要投身的竞争是更加市场化、资本化的竞争。为了应对这种残酷的竞争，主流媒体必须拥有强大的转型力度和改革魄力，不仅要改变传统的经营理念和过去的认知观念，更要与时俱进，用互联网思维反思自己的产品体系和产品架构，再造业务流程，积极寻求创新，深入推进并顺利完成体制机制改革。

推进现有体制机制改革是媒体融合的重点，也是难点，是全球媒体行业共同面临的挑战。尽管没有统一的解决方案，我们也不妨通过参考国外

媒体体制机制改革的措施和计划来得到些许借鉴。例如，BBC在转变原有体制机制推进媒体融合创新的过程中，就通过废除原有频道制，改为采用内容和用户导向的部门制这一措施。BBC的记者在完成采访任务后不再像以前那样为相互独立的广播平台、电视平台和网络平台供稿，也不再由记者分别完成各自平台的采编工作，而是直接为BBC旗下所有媒体供稿，并且BBC将原有部门进行大整合，成立了跨平台多媒体新闻中心，由一套人马、一个平台生产出多样态的媒介初始内容，然后由编辑根据各平台的特点和不同受众群体的需求选取适当的内容进行二次"深加工"，最终生成各种形态的新闻产品，实现在各平台的内容投放。体制机制改革不仅使采制生产和内容分发环节发生变化，伴随而来的还有责任划分的变化。当采制生产和内容分发发生改变后，责任划分不再受媒介形态和不同平台约束，记者需要对所有平台上投放的自己采集的内容产品负责，编辑则要对各平台媒体及版面、节目的定位和风格负责。

　　国内媒体也有很多内部体制机制的改革尝试，有不少媒体与互联网企业寻求合作。以新华社与华龙网的合作为例，2014年，重庆新华龙掌媒文化传播有限公司宣布成立，新华社与华龙网携手，致力于搭建一个全市的党政客户端集群，形成一个内容生产、渠道扩展、媒体运营等多方面综合发展的移动互联网终端。该公司充分利用移动互联网的技术优势，不断完善政府政务的在线服务吸引更多的用户，目标是"打造一个集新闻发布、公共事业服务、商业服务、生活服务等为一体的全方位的产业链条"。不同于传统政务客户端等媒体，该公司采用新的互联网思维，坚持用户至上的理念，在经营上面向市场，积极探索媒体产业的发展新模式，努力搭建以文化宣传、产品售卖为对象的在线电子交易商城，初步设想可实现类似实体书籍、电子出版刊物、音视频的在线交易。经营范围包括增值电信业务，如网络数据中心业务、传统出版、电子出版、电子公告、计算机硬件/软件及承办商务文化活动等，涉及内容全面，力争探寻一条面向市场、服务大众的产业链条，以实现区域资源的整合、行业对接的跨平台融合方式，促进互联网产业的优化布局,实现更大的经济效益。这种搭建全方位产业链条的模式是具有长远眼光和生命力的,但在跨平台融合、商务文化活动承办、文化产品变现等方面仍旧困难重重,需要不断地摸索才能找到适合媒体发展的道路,并且这种道路的探索成果不具备普适性,应依据所聚焦的市场、针对的用户进行细分,才能达到最好的效果。

综上,尽管国内外不少媒体在推进媒体融合的尝试中取得了不可小觑的成果,但模式还不稳定。另外,我国还有很多媒体处于静观其变的阶段,没有积极主动地采取措施推进内部体制机制改革,由此而言,我国媒体内部改革仍旧有很长的路要走。因此,我国主流媒体在推进媒体融合进程时,在部门设置方面,应打破传统媒体时代广播电台、电视台、互联网平台各自独立的局面,建立跨平台的多媒体整合中心,逐步实现新闻信息的一次采集、多种生成、多元传播;在管理机制方面,应该摒弃过去低效的垂直化、行政化管理体系,转为采用更有效率的扁平化网状体系;在日常监管机制方面,可以建立完善的考核评价体系和内部奖励机制,提高内部人员对转型的热情和支持;在整体流程融合再造的过程中,要注重如何形成良性联动,不能孤立改革、表面融合,否则主流媒体在媒体融合发展的竞争中将很难发挥自身优势。

第二节 我国主流媒体融合创新发展的中观策略

一、积极转变区域发展策略,进行跨区域整合

1983年3月31日召开的第十一次全国广播电视工作会议提出四级办广播电视的方针,自那之后,中央、省、市、县"四级办台"的方针就在我国得到广泛的认可和落实。在过去较为落后的经济条件下,我国媒体长期

以来遵循的都是行政化管理，每一个媒介产品的推出都要经过层层审批。这一方针在过去确实发挥了正面积极作用，在广播电视还未普及、资源相对匮乏的时代，该方针有助于充分调动地方各级政府和社会力量办广播电视的热情，有助于在较短时间内扩大广播电视节目覆盖范围，对早期广播电视的发展起到了不可替代的推动作用。但是，随着市场化、产业化的步伐和科技发展的高速推进所带来的时代发展和环境变化，"四级办台"的弊端也逐渐暴露。

首先，"四级办台"导致各级媒体可能出现重复制作，大量同质化内容涌现；重复购买相同的节目或播报同样的内容，使得各级广播电视台同时或先后播出相同内容。其次，早期"四级办台"有助于扩大广播电视覆盖范围，原因在于很多不发达地区普及广播电视是困难的，无法统一推进。但随着时代发展，我国政府发挥其职能作用实施了多项重大基础设施工程建设，"村村通"工程、西新工程、"户户通"工程都已经取得显著成效。此外，移动网络的迅猛发展也使得不少欠发达地区居民直接跳过广播电视阶段进入个人电脑、智能手机阶段。有线电视也走向数字电视等常规设备购置和更新的进程，步入移动互联网时代。这种迅速发展的态势显然远超预期，媒体重复覆盖的问题显现。为争抢市场以求生存，各级媒体不得不扩大规模，加大设备建设投入和内容投放。这种竞争局面导致各级主流媒体间相互抢夺市场，致使力量分散，失去凝聚力。同时，各级媒体传递的新闻信息在很大程度上是类似的，这种缺乏核心竞争力的同质化内容并不能给媒体带来良好的效益，媒体基础建设、设备的维护、频道资源的占用也都造成了资源浪费等问题。

除此之外，市场经济的大环境也反对垂直分级的行政化管理。市场化竞争机制本能地拒斥这种行政化管理的束缚，力求达到信息互通、资源共享、实现最大化资本收益的目的。因此，主流媒体需要进行跨区域整合，在管理上协调各级媒体推动构建媒体集团，在日常管理上推进机构向扁平化方向发展，充分利用现有资源形成自己的核心竞争力。

综上所述,"四级办台"方针和传统的行政化分级带来了"条块分割、各自为政、又松又散、有系无统"的局面,面对激烈的市场竞争,主流媒体亟须进行改革,即通过机构调整、资源整合和联合经营等方式将过去分割的"条块"结合起来,从根本上消除固有体制存在的弊端。例如,南方报业传媒集团作为一个省级传媒集团,在成立之初的两年时间内,共计投入5000多万元鼓励市、县两级发展广电事业,形成以省台为龙头,以业务为纽带的局面,发挥集团整体优势,致力于实现传统媒体的规模发展、联合发展、协调发展、持续发展。这种集团化的发展方式能做到整合各级媒体资源,共享基础设施和现有设备,节约成本,汇聚力量,并最终实现主流媒体优势资源的融合,增加整个媒体集团的市场竞争力。

主流媒体进行跨区域整合,实现资源共享,加强市场化运作,并不是只强调市场属性和企业属性。作为主流媒体,无论推进何种改革都必须坚守事业属性不动摇,即充分发挥自身党和政府的喉舌作用,坚持以正面宣传为主,做到正确引导舆论,兼顾公共事业发展,杜绝权力寻租等一味追求利益的行为,维护主流媒体的公信力。

二、打造主流媒体品牌,着力培养用户黏性

在媒体市场竞争并不激烈的过去,可供选择的媒体有限,内容有限,主流媒体往往通过自身的身份名片就可以确立其他媒体难以比拟的优势,可以赢得丰厚的广告商赞助,占据主流市场,因此主流媒体并不需要刻意在媒体发展规划时提及品牌意识的培养。然而,现今媒体间竞争加剧,供求失衡,加上市场的因素使得媒体竞争在相当大的程度上就是要依靠品牌去竞争,媒体也只有通过创造和扩大品牌价值才能提高"注意力主体"的忠诚度,才能因此而吸纳更多的资金,从而赢得更大的发展空间。[1]

---

[1] 殷俊,等.新媒体产业导论:基于数字时代的媒体产业[M].成都:四川大学出版社,2009:35.

第五章 ➔ 媒体融合背景下主流媒体创新发展的可行策略

在现今的发展阶段，我们必须承认的是，技术的发展带来了渠道的扩展和平台的增加，比起广播电视占据主导地位的时代，如今传播的形式更加多样，获取信息的手段更富选择性，用户对媒介的选择性需求更是达到前所未有的满足，但选择的增加并不能改变大量同质化内容充斥于信息环境的现象，正如我们每个人都能体会到门户网站之间、网络媒体之间信息同质化是多么普遍。特别是对于热点问题，一篇热评或报道往往能以全文转载或片段摘录的形式出现在数十家媒体的页面上。同质化现象不是突然出现的问题，而是在媒介市场长期竞争中普遍存在的问题，无论是娱乐综艺类节目还是新闻信息，媒体之间的替代性十分明显，竞争底线相当脆弱。在节目和信息供过于求的现在，受众接触媒体时的标准就是受众本身偏好的体现，也表现为受众对特定媒体的忠诚度，即品牌。只有具备高品质、能够占据主流市场的品牌才能拥有更多的受众，进而占有更大的市场份额。所谓高品质的品牌是指在媒体市场竞争中占据优势的品牌，同时这些品牌也会成为广告商广告投放、用户接触使用时的首选品牌。主流媒体培养品牌意识，确立品牌战略，既可以体现在新闻报道方面，即争取做独家新闻，做有特色的品牌栏目，也可以体现在节目编排的创新上，即打造独特的节目内容或节目形式，要与时俱进地适应受众需求，增强自主创新能力，而不是一味地引进和跟风。

创新的形式、独特的理念、个性化的内容在竞争中的效果和重要性日渐凸显。以中央广播电视总台为例，近年来总台尝试着推出了一系列独特的文化类节目，例如《中国诗词大会》《朗读者》《典籍里的中国》等。其中，《中国诗词大会》属于大型演播室文化益智类节目，该节目将我国传统文化元素与智力竞赛这一充满娱乐性的方式结合起来，达到寓教于乐的效果。独具匠心的节目表现形式也体现出了"全民参与性"，正如《中国诗词大会》的节目宗旨，是引导受众静下心来"赏中华诗词、寻文化基因、品生活之美"。《典籍里的中国》是总台在文化类节目创新上的又一力作。该节目通过精选代表中华文化精髓的典籍，如《尚书》《天工开物》《史记》

等，采用每期一部典籍、一位核心人物、一个跨时空故事的创作思路，将历史与文化紧密结合，为观众带来了全新的观看体验。节目中的沉浸式场景、人物的情感对话以及第二现场的理性解读，进一步拉近了观众与历史的距离，让观众在不同时空里感受故事、解读思想，感受文化的传承。这种独特的节目形式不仅体现了总台对传统文化传承与创新的深刻思考，也展现了其在内容创作上的高超技艺。这一系列文化类节目的推出，可以看作总台在电视综艺节目市场探索自身媒体定位、确立品牌定位的尝试。"文化+综艺"的形式不失为主流媒体在内容创新和品牌推广方面一个可行的突破方向，优秀的文化类节目所带来的影响力、品牌美誉度将比缺乏新意的娱乐综艺类节目更广泛持久。

三、搭建云平台，真正实现资源共享

目前，世界范围内的大型互联网企业几乎都已将业务范围扩展至大数据领域，无论是社交媒体、门户网站，还是电子商务平台，都将成为大数据活跃的舞台。大数据正在完成由"技术热词"向"社会浪潮"的转变，大数据的发展和应用也会影响社会生活和每个个人。

顾名思义，大数据指巨量数据的集合，是无法在一定时间范围内用常规软件工具进行捕捉、管理和处理的数据集合，是需要利用新处理模式处理后才能具有更强的决策力、洞察力和流程优化能力的海量、高增长率和多样化的信息资产。借由大数据可以进行商业化的精准营销或传统服务的转型升级，结合需求和库存状况能实现价格的实时调整。因此对于任何行业来说，大数据都是很有价值的。

既然大数据是无法通过常规软件工具处理的巨量数据集合，业界就必须舍弃传统数据处理方法，采用新的方式对其价值进行深度挖掘，而发掘数据价值，最主要的方式便是云计算。而各种云平台的搭建是实现该转变最重要的环节之一。当前，移动互联网技术的发展已带领媒体进入技术驱动时代，数据采集、存储、处理技术的进步使得搭建云平台以实现各个平台之间的资源共享不再是痴人说梦。

主流媒体搭建云平台是适应大数据时代要求的，媒体云平台的搭建有助于将传统媒体运营与移动互联网方式相融合，打通和整合主流媒体旗下全部数据资产，进一步方便各部门各平台资源共享，提高信息处理速度和工作效率，在此基础上主流媒体就可以优化传统生产、分发流程，并且达到节约成本的目的。

第三节　我国主流媒体融合创新发展的微观策略

一、媒体融合创新发展的技术保障

技术发展可以说是媒体融合的根本动因，正是由于数字技术的发展和移动网络的普及，受众日常获取和传播信息的途径才会发生颠覆性的变化，媒体相应地就需要推进媒体融合以满足受众的新需求和新期望。因此，若想推动媒体融合创新发展，技术水平能否跟上将成为非常重要的影响因素。现阶段，技术的保障性作用主要可以从数据库建设和进一步改善用户体验两方面来看。

正如前文所述，大数据可以帮助媒体更深入地了解市场需求，为受众画像，也可以帮助媒体储存和分析内容，了解自身长短处，甚至可以基于数据分析达到以往反馈乃至前馈的作用。主流媒体对大数据的应用可以从两方面入手，一是建设内容数据库，二是建设用户数据库。

互联网语境下，内容可以分为流量内容和存量内容两个类型。流量内容主要是指新闻内容。新闻内容应丰富多样，涵盖范围广泛。针对这部分内容，主流媒体应以搭建广泛而全面的数据库为卖点吸引受众稀缺注意力。

此时，要注意新闻信息时效方面的重要性。传统新闻要求的实时性已经不能满足如今激烈的信息速度竞争，当受众有闲暇时间查看实时推送或新闻信息时，主流媒体提供的应该是此时此刻同步发生的新闻，并且使受众可以在众多领域中选择自己感兴趣的类别，以此满足受众对新闻即时性或者说同时性的需求。

同时，主流媒体也要加强存量内容的数据库搭建。存量内容更多地凸显主流媒体专业化的特点，即知识功能。存量内容数据库的作用体现在两个方面。第一，在信息过剩的今天，主流媒体不能仅仅追求速度而忘记温度，不能一味寻求新闻而放松对精品内容的追求，专业深入的连续报道和针砭时弊的点评分析同样重要，这些内容是体现主流媒体专业性、导向性的有力武器，主流媒体必须搭建存量内容数据库以凸显其不可替代的社会功能。第二，优质存量数据库的搭建能为主流媒体未来发展带来更多机会和潜在收益，具体包括抓取广告、收版权费、做付费阅读等。但不能忽视的是，目前国内媒体在付费内容方面仍旧存在很多问题。首先，长久以来，我国在版权维护方面存在巨大缺失，网络版权保护就更是如此了。开放和共享是互联网的生命，这一特质给媒介产品带来了较以往更加广泛的传播范围，但也带来了版权保护方面的隐患。主流媒体在推动媒体融合的进程中，不能忽视自身版权保护的问题，遇到版权侵害情况应及时维权。其次，内容资源不同于其他商品，很难被估价和定价，现阶段，无论哪个国家或团体都未能给内容和信息确定一个准确的定价标准，其价值是模糊的，内容带来的价值能否在一定程度上支撑主流媒体乃至一个行业仍然需要经过不断地探索和尝试。综上，流量内容和存量内容数据库的建设，将有助于增强主流媒体竞争力和未来发展潜力，为后续各平台的内容投放提供基本保障，即为媒体融合在内容上提供基本保障。

受众一直是媒体关注的焦点，究其原因，根本上是因为受众的满意度与使用意向将关乎媒体存亡。也正是为了自身存亡，媒体需要了解受众，于是受众调查便应运而生，成为了解受众需求和满意度的重要手段之一。

受众调查是以读者、听众、观众为对象,以了解他们对新闻传播的需求、态度、意见和建议为目的进行的社会调查活动的总称,属于信息反馈的研究范围。传统的受众调查分为两类,一类是直接调查,另一类是间接调查。直接调查主要有深入访谈法、焦点小组座谈法等形式。间接调查从对象上可以分为全面调查和非全面调查,全面调查信息反馈全面但可操作性低,非全面调查则主要通过调查问卷的形式,问卷内容的设计多是围绕受众兴趣倾向和使用感受展开,由受众自由选择是否参与。但无论哪种方式,传统受众调查方法一般来说都具有类似的缺点,即工程量较大,内在或外在干扰因素较多,耗费时间较长。用户数据库建设和受众调查其实不乏类似之处,借由网络媒介进行用户数据的收集与传统媒介在受众调查方面最大的差别是网络媒介在功能上的超越。互联网技术结合大数据技术可以在很大程度上弥补传统受众调查的不足,通过对用户的内容排序、关键词搜索、点击率等大量数据的收集,可以分析出传统受众调查想要掌握的绝大部分资料,并且更具时效性、真实性和准确性。主流媒体应通过受众数据抓取建立自己的用户数据库,这一数据库的建立有助于实现受众需求的准确定位,明晰用户画像,并由此形成较为清晰的新媒体内容产品的定位,为用户筛选、推荐最适合的内容,提供量身打造的资讯或商品。同时,这也有助于主流媒体避免内容制作和平台搭建的盲目性,进而确定新形势下媒体建设的方针策略,这样主流媒体推进媒体融合发展才能有方向、有目标,不走岔路弯路。

谈到用户的话题,就自然会涉及用户体验。可以说,提升用户体验是媒体融合的根本动力所在,也是目的所在。一直以来,许多产业都非常注重用户体验,单就媒体产业来说,节目内容的编排、播出时间的确定、热线电话的开通等举措都是为了提升用户体验,满足受众需求,培养用户黏性,以稳定现有受众并进一步将潜在受众变为忠实观众。在今天,技术发展的突飞猛进是有目共睹的,新技术的出现与发展一方面能推动媒体产业自身优化升级和更新换代,另一方面,这些最新的可视化控制和感知技术无疑将在未来带给用户更好的体验。伴随VR等技术的发展和在生活中的运用成为现实，人类的感知再次得到延伸，新的设备充分激发起用户的好奇心，沉浸式感官体验将使用户的娱乐需求在最大限度上被满足。但是仅有设备的更新是不足以满足用户需求的，适应新设备的内容能否早日被创造和发现已成为用户和企业关心的问题。媒体融合正是要结合和利用现有新兴技术开辟新的传播阵地，主流媒体在推进媒体融合创新发展的过程中能否掌握新技术、创造新形式的内容，则成为能否抓住机遇抢占新兴市场，进而培养具有较高忠诚度用户的关键。

二、新闻生产的转变

（一）融合新闻的发展与数据新闻的尝试

媒体融合发展已经成为当今媒体发展的必然方向，而技术的发展和进步无疑是这一进程最重要的推动因素。也正因为技术因素的推进，凭借传统单一媒介进行线性新闻播报的形式将会在激烈的竞争中逐渐失去曾经的绝对地位。而在这一激烈的竞争过程中，正如我们所经历的，主流媒体在一定程度上面临着来自自媒体的威胁。

自媒体不同于传统媒体的最大特征在于，传播者是普通大众而非专业的新闻机构和新闻工作者。根据这个定义，我们日常使用的论坛、微信、微博等都属于自媒体。对于传统媒体而言，媒体运作无疑是一项复杂的工作，需要花费大量的人力、财力和精力去维护。而个人利用网络传播信息准入门槛低，没有专业性要求，操作简便，每个人的所见所闻都可以成为新闻，每个人也都可以成为信源。在话语权得到伸张的时代，每个人都在尝试着发声，"人人皆记者"的时代看似到来了。但是，主流媒体不能就这样"消声"，不专业的"公民记者"队伍良莠不齐，传递的新闻真假难辨，"有话要说"的人很多，但并不是所有人能有理有据"好好说话"，也不是所有人拥有正确观念并且具备良好表达能力"把话说好"。传统媒体的确面临挑战，但是其专业化的特点不能被轻易取代，特别是主流媒体传达新闻信息和价值观念的功能，既不能被取代，也不应该允许被取代。"人人皆记者"表达的是自媒体的蓬勃发展，是信息来源的多样，更是话语权的伸张，而非对主流媒体及其从业人员的取而代之。主流媒体要充分发挥自身优势，以专业化的内容生产和技术性的展示形式彰显其特殊性。

当技术发展到一定阶段，新闻的展现形式必然是多样且生动的，必然是双向的交流而非单向的灌输。融合新闻和数据新闻正是在探索新闻传播新形态的背景下诞生的，这种新型的新闻模式比起以往更加形象生动，另外也可以更好地体现出传统媒体在专业性上的优势。

正如字面意思，融合新闻是一种将多种媒体的新闻传播活动整合在一起，采用多媒体、多渠道的方式进行传播的新闻模式。一个媒体赖以赢得竞争、胜过对手的主要因素，绝不只是靠原创性的独家新闻，而是靠独家的、具有原创性的信息加工标准、加工方式、信息处理手段及信息表现方式。仅仅依靠好的内容而忽视传播的手段、渠道以及背后的社会关系网络，主流媒体是没有办法在互联网时代占据优势地位的，也就打不赢媒体融合时代的"战争"。因此，发展融合新闻不失为一个有效的方法。通过融合新闻的方式，主流媒体不仅能发挥在内容上的专业性优势，也能发展和应用新媒体新技术，将新闻深入公众的生活中去。

除了融合新闻，还有一种新闻形式颇受关注。在现今大数据技术的背景下，数据的作用为更多的人所关注，由此诞生了一种新的新闻报道形态，即数据新闻。数据新闻充分彰显了数字技术发展与新闻业的融合，一定程度上改变了传统新闻生产流程，顾名思义，数据新闻是一种以数据为基础、以可视化方式进行传播的新闻模式。数据新闻需要技术和人才等多方面的支持，除此之外也需要正确的观念引导。正如一再强调的，媒体不是为了融合而融合，数据新闻也不是为了堆砌数据而使用数据，如果数据的使用使新闻变得生涩难懂，起不到对问题或现象进行解释和阐述的作用，数据新闻的形式就不可取。在新闻呈现方式多样化的探索过程中，我们要始终牢记以用户为中心，以提升用户体验为目标进行改革。

（二）移动直播方式和媒体报道同时性的结合

2016年被称为"直播元年"。直播这一形式并不是新的传播手段，广播电视直播的发展已有非常悠久的历史，此处"直播元年"中的"直播"着重强调的是近年来迅速兴起的网络直播。2016年网络直播井喷式爆发是在移动网络高速发展、使用成本迅速降低、设备功能逐步完善等众多因素的共同作用下实现的。越来越多的人拥有了能够随时上网的智能手机，智能手机深度渗透用户生活和工作的各种场景，迅猛发展的移动互联网技术潜移默化地影响并改变着每个人的生活。就是在这一背景下，网络直播开始"崭露头角"并且迅速"出人头地"。

与传统广播电视的直播相比，网络直播有自己独特的优势。凭借各种直播平台，网络直播成为一种新的社交手段，其准入门槛很低，只要拥有一部能够上网的移动设备就能够实现随时随地的直播，是一种很接地气的传播方式，它可以消解人们彼此之间由于距离感产生的隔阂。"全民直播"的时代也由此拉开序幕。另外，网络直播也吸引了很多企业和媒体的注意。通过直播平台的分区，企业和媒体能够节省时间，快速找到自己的目标受众群体，并且在网络直播过程中点赞和观看人数能直接反映出受众的喜恶态度，及时评论的功能也使得网络直播的反馈比以往广播电视直播的反馈更加直接和迅速。不仅如此，受众群体在娱乐的同时，也能直观地感受到企业或媒体的文化魅力，企业或媒体因此能以不同于硬广告的温和方式有效树立起品牌形象。伴随技术的进一步发展，如果网络直播能与VR等新技术结合，又将带给受众全新的感官体验。类似这种具有沉浸式感官效果的及时传播可能也会成为新的热点和发展方向，因此主流媒体要充分利用现有技术和平台，及时适应受众需求，更新和改进现有传播方式。媒体融合本身不是为了融合媒介与平台，不是为了追求单纯的传统与现代传播方式的相加，其出发点在于满足受众的需求和给受众提供更好的体验。主流媒体若能确实地结合人们喜闻乐见的新方式进行传播，显然将会更有助于接近和满足受众需求。

（三）人工智能写作介入常规新闻工作

人类步入人工智能时代，标志着智能技术与机器人将开始深刻影响每一个行业及其中的每一个个体。正如移动互联网技术推动了媒体的深度融合发展，面对人工智能的挑战，媒体行业也需积极应变，寻求新的突破口和机遇，将这一先进技术融入自身发展之中。机器人，作为人工智能技术的载体，正成为联结技术与媒体融合的重要桥梁。

与传统记者相比，基于人工智能技术的机器人记者展现出了显著的优势。它们全年无休，数据处理速度远超人类，能够承担数倍乃至数十倍于人类的工作量，并且始终保持高度的准确性。同时，机器人记者的成本也远低于雇用大量人类记者。因此，机器人记者正逐渐成为媒体数据处理的重要力量，而人工智能写作的应用范围也随着技术的不断进步而日益扩大。

当人工智能写作介入常规新闻工作时，关于其是否会完全取代人类记者的讨论也愈发激烈。诚然，人工智能写作凭借其技术优势，在新闻生成速度和准确性方面有着显著优势。然而，就目前的技术水平而言，人工智能在自动化人机互动方面仍存在不足，难以完全复刻人类记者的情感表达和个人风格。因此，在现阶段，人工智能写作的主要作用在于辅助人类记者，从繁重的数据处理和机械化写作中解放出来，使他们能够更专注于新闻的深入挖掘和与受众的情感互动。

为了进一步发挥人工智能写作的潜力，我们需要在深入理解人工智能技术的基础上，积极探索其未来模式。通过不断优化算法和模型，提高人工智能写作的创新性和灵活性，使其在保持高效准确的同时，也能融入更多的人文关怀和个性风格。这样，在媒体融合的进程中，我们不仅能提高新闻写作的效率，还能推动创作者自我定位的升级，激发从业人员的工作热情和创造力。

三、传播者的转变：人才的融合培养

传播者是传播行为的主体，在传播过程中占据着重要地位。在媒体融合的进程中，传播者也同样重要，媒体融合表面上是渠道和内容的融合，但更为关键的是背后人才的融合。人才的融合是否成功，将直接关系到整体媒体融合的进程能否顺利，人才既是主流媒体在推进媒体融合进程中的优势，也有可能成为劣势。多年来，主流媒体积累了一批优秀的新闻从业人员，无论是新闻采集还是编辑都体现出极高的专业性。在网络传播时代，优秀的新闻从业人员扎实的采写功底无疑有助于发挥主流媒体以内容取胜的优势。然而，如今的媒体竞争已不同于传统广播电视时代的竞争，主流媒体若想抢占优势地位，不仅需要优质的内容，也需要支撑媒体融合顺利推进的新型人才储备。因此，主流媒体应在保证传统优势的同时，积极推进人才的融合。

人才的融合主要包含三个方面的内容：

首先，主流媒体应着手改善优秀人才流失的现状。随着互联网的发展，开放的网络空间与更具可能性、自由度的个性化特征吸引着大批人才，其中不乏包括主流媒体从业人员在内的大量传统媒体从业人员。这些优秀的传统媒体从业人员主动选择流向互联网空间，通过提供文字和影像作品、主办网络节目、在幕后为网络平台的搭建出谋划策等方式与新型媒体之间建立联系，这些人才因为新媒体待遇更高、言论相较而言更具开放性、更能发挥自己的才能等因素放弃了在传统媒体的工作职位。单就大量优秀从业人才转行来说，这一现象显示出传统媒体在新环境下似乎缺乏吸引力，这既不利于鼓舞现有职员士气，增强凝聚力，也不利于吸引新人才的入驻。此外，对于传统主流媒体而言，这不仅是单纯的人才损失，也是在增强互联网新媒体竞争力的同时削弱自身实力。因此，主流媒体应重视人才流失问题，及时改进现有人事管理制度，统筹配置编制资源，开展人员编制总

量管理，增强新闻舆论工作队伍事业心、归属感、忠诚度，为新闻事业长远健康发展提供坚实有力的人才支撑。

其次，主流媒体应多方面吸收新人才。为了推进媒体融合创新发展，传统意义的媒体人才自然不可或缺，但拥有新知识新技术的人才更是不容忽视，诸如大数据分析和应用人员、互联网运营专员、App等新平台新渠道的运营人员等多方面人才都将成为媒体融合的重要推动力量，同时也将成为移动互联网时代媒体不可或缺的重要竞争力。因此主流媒体应抓住时机，用自身的良好口碑和更多的机会吸引掌握新兴技术的人才加盟，为主流媒体增加竞争力和创造力，推动媒体融合创新发展。

最后，主流媒体还应注重全媒体记者、全媒体内容团队的打造。媒体融合要求内容的采写以一次采集、多次加工、多元传播的高效方式进行，因此需要更具专业素养的、能应对全媒体生态的新型人才，新闻直播、数据新闻等新形态的新闻也需要记者具备对环境和数据的高敏感度。说得通俗一些，当全媒体记者到新闻现场进行采写时，必须依据环境迅速作出判断，文字、数据、图片、视频、直播等何种手段最适合当前环境，快讯、消息、通讯、图像等何种新闻表现形式最适合这个新闻；编辑在发布的过程中，文字、图片、视频等内容更适合投放在何种平台才能达到最佳传播效果，这些都需要记者和编辑有效规划和具体实施。主流媒体应抓住技术高速发展的机遇，早日着手打造和培养自己的新媒体团队，以适应媒体融合创新发展对人才的需要。

四、增强对用户的引导，提高媒介素养

目前学界对于媒介素养没有统一权威的定义，较被认可的是1992年美国媒体素养研究中心的定义，即"人面对媒体各种信息时的选择能力、理解能力、质疑能力、评估能力、创造和生产能力以及思辨的反应能力"。简单来讲，媒介素养就是公众对媒介的认知、参与和使用的能力。媒介素养

与媒体的舆论引导之间存在着紧密的联系。如果一个国家的公众能正确理解并使用媒介，那么主流媒体的舆论引导将事半功倍，相反，如果一个国家的公众媒介素养很低，将会为主流媒体的舆论引导工作带来巨大的阻碍。

伴随数字技术和移动技术渗透到人们生活中的方方面面，传统"枪弹论"中将受众看作中弹即倒的靶子的看法早已不再适用。现在的受众不仅是接受者，更是参与者、消费者、传播者，用户对媒介的使用也不再是一味地被动接受，而是充满个性化、差异化的订阅式、选择性使用。伴随着移动互联网技术的一步步发展，在现在的网络生活中，受众已日渐形成不同于以往被动接收信息的"参与性文化"。受众不再被动地消费内容，他们被赋予了前所未有的主动性和主体意识，其参与行为也具有不可忽视的影响和作用。在网络逐渐占据主导地位的传播环境下，无论是内容的制作、分发还是接收环节，都越来越离不开作为个体的受众的参与。受众找到了自己的平台，自己的"扬声器"，可以在法律法规允许的范围内随意搜寻自己需要的信息，还可以进行评论、转发，甚至自己发布和创作信息。受众作为个性迥异的个体，在传播活动各环节的参与中必然都带着鲜明的个性化印记，并且其意见观点将有意无意地劝服或影响到更多的人。在这一过程中，无论是处于哪一环节或扮演什么角色的受众，其本身的媒介素养如何将在很大程度上影响他们制作、接收和传播内容时的观点与判断。

目前，我国公众的媒介素养正处于转型期，呈现出极不稳定的状态。新媒体新平台的交互性、海量性、开放性和一定程度上的匿名性确实为提升用户体验带来了新的机遇，但也暴露了一系列问题。首先，由于新媒体的开放性和匿名性，媒介内容把关力度大大减弱，信息的专业性和真实性都有所降低；其次，在媒介内容上，公众的品位渐渐趋于感性化和功利化，出现猎奇、猎艳的趋势，当然这也与媒介产品的商业属性和消费观念密不可分；最后，公众对媒介信息缺乏理性认知，谣言和辟谣信息铺天盖地，难辨真伪却又广泛传播，群体极化现象也时有发生……当公众迷失在移动互联网的狂欢中时，亟须主流媒体在新媒体领域重塑专业性与权威性的风向标，掌握话语权，巩固加强舆论引导的地位。

"以人为本"作为社会思潮和价值观念想必广为人知，这一思想同样应成为促进新闻媒体健康发展的根本途径。结合当前技术发展与媒体业态而言，任何媒体都应竭尽全力满足用户个性化的需求和体验，而这也是媒体融合发展的根本推动力。但是这并不意味着主流媒体要一味迎合用户趣味而不加以引导或教育，各个媒体特别是主流媒体更应承担起舆论引导和教育大众的使命与责任。单就传播的教化作用而言，无论是拉斯韦尔在《传播在社会中的结构与功能》中提出的社会遗产继承功能，还是赖特在《大众传播：功能的探讨》中提出的社会化功能，都强调了传播社会化作用的存在，即教育功能在传播过程中确实发挥着不可忽视的作用，长久以来经过事实检验，学界和业界也都肯定了传播的这一功能。主流媒体加强对用户的引导，提高其媒介素养，能更好地推动媒体融合向正确的方向发展，这既是主流媒体责任意识的彰显，同时亦有助于主流媒体更好地彰显其社会价值。

第四节 新技术赋能主流媒体融合创新发展的进路

2019年被誉为"5G元年"，因为各大通信运营商积极投入5G领域的发展，这意味着我们正迎来一个万物互联的新时代。5G不仅仅是一种新的网络技术，还是一种融合了各种网络元素的网络，通过统一的标准，实现了人与人、人与物、物与物之间高速、低延迟、稳定且自由的连接。随着5G技术的广泛应用和深入发展，6G技术也开始逐渐进入人们的视野。

在传媒领域，5G带来的不仅仅是更快的网络速度和更低的延迟，它还将与人工智能、物联网、云计算和虚拟现实等革命性技术相结合，对传媒行业产生深远的影响。6G技术的出现将进一步提升传媒行业的创新能力和服务水平。

一、新技术赋能：媒体内容生产全面智能化

（一）VR/AR技术：大幅提升新闻内容的体验感与交互性

VR/AR技术已经成为新闻领域的一项关键创新。这一技术领域主要专注于在特定场景和领域中实现沉浸体验和内容交互。在过去，由于网络时延高的技术壁垒，VR/AR技术在新闻领域的应用受到了限制，用户对视觉体验效果的不理想感受制约了其商业和民用应用。

随着5G/6G网络的普及，这一情况正发生着根本性的变化。5G网络提供了高带宽和低时延的特性，消除了以往用户在使用VR/AR技术时可能出现的视觉眩晕感，为新闻领域的创新提供了更广阔的空间。新闻媒体正在积极探索如何利用近眼显示、感知交互、渲染处理、网络传输和内容制作等新一代信息通信技术来构建沉浸式新闻内容，使受众能够身临其境，实现虚实融合的目标。

在这一媒体革命的推动下，VR/AR新闻已经崭露头角。VR新闻提供了360°和720°全景沉浸式体验，将观众置身于新闻事件的中心。与此不同，AR新闻强调虚拟内容与现实环境的"无缝"融合，提供了更强的交互性体验。通过VR/AR技术制作的新闻内容，观众不再被动地接收信息，而是亲身参与报道和事件，成为新闻现场的一部分。

一些主要媒体机构已经开始在新闻制作中应用VR技术。例如，新华社和中国国际电视台等媒体已经推出了360°和720°全景视频新闻，为观众提供了前所未有的沉浸感和参与感。随着VR/AR技术和终端设备的不断成熟，新闻行业正在逐渐进入"浸入式报道"的时代。VR/AR新闻将逐渐成为一种常见的新闻形式，为受众提供高质量的新闻现场感、沉浸感和交互性的内容，从而推动新闻报道的创新和提升用户体验。这一领域的发展前景令人兴奋，必将为新闻行业带来更多的可能性和机遇。

(二)MGC新闻：成为未来主要的新闻内容生产模式

近年来，人工智能技术以惊人的速度发展，不仅改变了各行各业，还深刻地影响了新闻媒体领域。其中一项显著的变革是出现了MGC（Machine Generated Content，机器生产内容）新闻模式，这一模式将人工智能与传统新闻业深度融合，为新闻报道带来了前所未有的变革。

在MGC新闻模式中，新闻媒体充分利用智能算法，使机器能够理解内容、做出价值判断，并分析海量原始信息，自动生成新闻稿件。这一技术已经在各个领域得到广泛应用，尤其是在体育和财经新闻领域，大型媒体机构如美联社和新华社已经成功地将人工智能融入他们的新闻生产流程中。

举例来说，新华社推出了名为"媒体大脑"的平台，这个平台集成了多项功能，包括版权监测、新闻分发、语音合成等，为新闻报道提供了全面的支持。不仅如此，新华社还发布了国内首条MGC视频新闻，这一新闻报道的制作过程耗时极短，远远低于传统新闻生产所需的时间。

MGC新闻模式不仅提高了新闻生产的效率，还实现了智能匹配传播的创新报道形式。这意味着新闻内容可以更迅速地传播给广大观众，从而更好地满足了信息传递的需求。此外，MGC新闻全程智能驱动，有效地减少了人为因素对信息准确性的影响，这为新闻媒体的可信度提供了有力保证。

随着各种媒介形式信息的不断收集，MGC新闻模式有望进一步提升信度与效度，最终成为主要的新闻内容生产模式。未来，人工智能技术将继续演进，使机器在新闻领域发挥更大的作用，为媒体提供更多创新的工具和方法，以更好地满足信息社会的需求。

(三)数据多维分析与可视化：在新闻内容中占据更加重要的位置

在传统新闻报道时代，媒体从业者主要依赖自身的数据挖掘和分析能力来获取信息，将其呈现给受众的方式相对较为单一。这一模式在很长一段时间内一直是主流，但随着5G时代的到来，新闻媒体的数据处理能力发生了巨大的变革，智能化技术和工具大幅提升了它们在数据的收集、存储、分析和展示方面的能力，从而改变了新闻叙事模式的面貌。

5G/6G时代的媒体拥有更加智能化的技术支持，这意味着它们能够更方便地引入大量的数据，进行多维分析，以丰富新闻内容，满足不同受众的需求。这一变革对受众获取新闻内容的价值和意义产生了重要影响。受众不再仅仅是被动地接收信息，而是可以更深入地了解信息的结构和相关性。他们可以通过交互式的可视化工具，深入探索新闻事件的不同方面，从而更全面地理解事件的本质。

在这一变革中，西方新闻媒体早已积累了丰富的数据分析和可视化经验，这使得它们在5G/6G时代更加从容地应对新的挑战。而国内新闻媒体虽然起步较晚，但在这方面的发展速度非常迅猛。它们积极引入先进的技术和工具，不断提升自身的数据分析和可视化能力，以适应新时代的新闻报道需求。

未来，随着信息过载问题的不断加剧，人们对新闻内容的客观性和真实性提出了更高的要求。在这种背景下，数据多维分析和可视化将在深度报道中占据重要的位置。媒体从业者将不仅仅是传递信息，还将扮演解释和分析的角色，为受众提供更深入、更全面的新闻报道。这将有助于减少信息过载的困扰，让受众更容易理解复杂的事件和现象。

二、新职能需求：媒体机构技术化

（一）媒体不仅是内容生产与传播机构，还将成为技术研发与创新机构

在5G/6G时代，媒体融合正成为媒体行业发展的主要趋势。为了适应这一趋势，媒体机构需要具备互联网思维和格局，同时采纳媒体融合产业一体化的生态观。这一生态观包括内容、渠道、平台、运营、管理的融合，

以及积极尝试技术研发和创新。新技术的不断涌现驱动着媒体融合的发展，这也反过来促使媒体内容、渠道、平台、运营和管理方面发生变革，以打破互联网公司和商业媒体的信息传播垄断格局。

信息过载是当下的现实，受众通常通过搜索引擎或新闻聚合网站获取信息，而不再优先考虑传统媒体的品牌和权威性。这意味着传统媒体需要采取创新的方式来吸引和保留受众。5G/6G技术的出现为传统媒体提供了更快的传输速度和更低的网络时延，这为媒体创新和技术研发提供了机会。传统媒体机构应积极利用这一技术基础，推动媒体内容的多元化和交互性，以满足受众的需求。同时，智能化生产需要应用人工智能、大数据、云计算等新技术，以提高新闻生产的效率和质量。传统媒体应该积极采用定制化创新的方式，而不是仅仅依赖传统的技术购买、外包或合作方式。通过引入新技术，传统媒体可以更好地适应媒体融合的发展，提供更具吸引力的内容和体验，从而与互联网公司竞争。

在当今世界，国际媒体融合已经成为不可忽视的趋势。国际互联网巨头和大型媒体机构纷纷将自己定义为科技公司，强调技术研发和科技创新是保持媒体领域优势地位的关键。

对于新闻机构来说，首要目标是引领传媒技术创新。新闻机构必须积极探索新的技术前沿，以确保它们在不断发展的媒体环境中保持竞争力。为了适应这一媒体融合趋势，一些新闻机构已经采取了积极的举措。例如，日本朝日新闻社成立了媒体实验室，不断增强技术实力，进行媒体融合创新实践。它们意识到，只有通过不断探索新技术和媒体融合的可能性，才能在竞争激烈的媒体市场中保持竞争力。

国内的一些头部主流媒体机构，如中央广播电视总台和新华社，也已经开始在人工智能、云计算和大数据等领域不断探索。他们洞察到了媒体融合发展的趋势，明白只有通过不断创新和投资技术，才能在媒体领域取得长期的成功。这些机构正在积极地寻求新的技术合作伙伴，以加速创新和推动媒体融合的发展。

（二）媒体技术运维与研发人员占比将远超采编播人员

新一代信息传播技术的融合发展正在引领媒体领域产生质的飞跃。这一趋势包括5G/6G、人工智能、大数据、云计算等先进技术的整合，将使媒体实现智能化和自动化的信息采集、编辑和发布，带来深远的变革。其中，传感器和摄像头成为新的信息源，它们能够提供全天候不间断的信息采集，远超出人力范围。这意味着媒体可以更及时地获取各类信息，无须等待人工采集，大大提高了新闻报道的效率和速度。视频和音频信息自动上传到数据库成为常规新闻报道的一部分，这降低了对外采记者的需求，不仅节省了人力成本，还减少了信息传递的时间延迟，使新闻更具时效性。在新闻领域，MGC新闻、AI主播和智能演播室已经开始应用。随着人工智能的不断发展，新闻编辑和发布端的自动纠错能力将不断提升，实现了信息的精准推送，提高了新闻的质量和可信度。随着新技术的广泛应用，未来媒体编辑/记者岗位将减少，而技术运维和研发人员的比例将增加。这意味着媒体行业对技术人才的需求将逐渐增加，而传统的新闻从业者可能需要不断更新自己的技能以适应新的工作环境。

在美国，已经出现了与新技术研发和应用密切相关的新型媒体岗位，例如创新实验室主任等。这些岗位要求专业知识和技能，以推动媒体行业不断向前发展，掌握先进的技术和工具。特别是在5G/6G时代，技术人员的占比将远超编播人员。这表明媒体机构正在积极应对技术发展的挑战，以保持竞争力并满足不断变化的信息传播需求。

（三）围绕新技术策划新闻内容将成为新一代媒体从业者的核心业务能力

随着媒体的智能化发展，传媒从业者面临着新的挑战和机遇。传统新闻工作者逐渐意识到，他们的业务重心正从生产与播出逐渐迁移到策划端。这一变化使得记者编辑等传统角色的优势得以发挥，因为他们具备灵活运用和整合新技术进行新闻内容策划的能力。

尽管智能化生产平台和 AI 主播在生产过程中不会疲劳，也不会出错，但在灵活性和创新性方面仍然劣于人类。因此，媒体行业仍然需要人类的创造力和智慧来推动融媒体产品、节目和内容的创新。专业人士需要围绕新技术进行策划，以确保媒体行业能够不断适应变化的需求。媒体领域的智媒时代需要多才多艺的传媒人才，他们不仅需要具备传统新闻业务知识，还需要跨领域的能力。未来传媒领域需要的一定是"从纯文科和艺术学习走向文工交叉、艺工兼修、文艺工打通"[①]的智媒时代传媒人才。

媒体融合被视为手段，其最终目的是做大做强主流舆论。然而，在应用人工智能等新技术时，绝对不能忘记主流价值导向。高素质的媒体人需要进行价值引导，确保媒体内容不偏离社会主义核心价值观。尽管算法在媒体领域的应用变得越来越智能，但仍然需要媒体人的引导，以提升传播力、引导力、影响力和公信力。人类的判断和道德观念在媒体内容的制作和传播中扮演着重要角色。

在 5G/6G 时代，传媒人才围绕新技术策划新闻内容变得更加重要。5G 技术的高速传输和低延迟将改变信息传播的方式，传媒人需要不断学习和适应这些新技术，以确保信息能够以更快的速度传递给受众。

三、新能力驱使：媒体发展各有侧重

（一）媒体融合马太效应凸显

自 2014 年媒体融合被纳入国家发展战略以来，政府和中央主流媒体机构纷纷投入大量资源，力挺这一领域的发展。这一倡议不仅仅局限于国家级媒体，连县级融媒体也受到了财政资金的大力支持。随着 5G/6G 时代的

---

① 廖祥忠.未来传媒：我们的思考与教育的责任［J］.现代传播（中国传媒大学学报），2019，41（3）：1-7.

到来，媒体融合的发展需要更大规模的资源投入，这对一些主流媒体机构如人民日报、新华社和中央广播电视总台来说，已经意味着庞大的资金投入，而且预计这种投资将继续增加。

尽管一些地方的融媒体中心在短期内能够实现盈利，但面对巨额的投入要求，它们依然难以持续。资源投入不断增加，但在媒体融合领域内，出现了明显的马太效应，即"输血"能力减弱、"造血"能力不足的现象。这意味着一些大型媒体机构能够继续注入大量资金，维持竞争力，而小型或地方性的媒体机构则面临着越来越大的挑战。

（二）头部主流媒体转向平台化发展

2018年，中国新闻业正经历着一系列深刻的变革，其中媒体平台化是其发展的重要趋势之一。这一趋势表现在三种关键模式上：入驻互联网平台、区域化服务，以及邀请内容生产者进驻。这些模式使主流媒体迅速适应了新一代信息传播技术的融合，包括5G/6G、人工智能、云计算和大数据等，这些技术的应用成果之一就是推动了主流媒体向平台化发展。

从媒介生态学的视角来看，主流媒体平台化对于增强竞争力具有重要价值。在技术不断迭代更新的背景下，"平台化是新型主流媒体立足于技术迭代更新的基础上实现生态位的扩展，进而能够探索新的媒介生态资源的重要途径"[①]。这一趋势不仅体现在头部主流媒体的应用新技术上，还表现在它们的平台化发展策略中。

头部主流媒体在应对这一趋势时采取了开放共享的智能平台模式，通过提供技术支撑和服务，如新华社的大数据新型智库云、新闻生产与分发平台，以及中央广播电视总台的5G/6G新媒体平台等，来推动自身的平台化发展。这些平台不仅为自身提供了新的发展机会，还为其他媒体提供了

---

① 强月新，孙志鹏.媒介生态理念下新型主流媒体的内涵与建构路径［J］.当代传播，2019（6）：10-14, 22.

合作的空间。头部主流媒体积极邀请其他媒体入驻或提供技术服务，以抵消成本和实现可持续发展，这种合作模式在平台经济时代变得越发普遍。

与头部主流媒体相比，弱小媒体在平台化发展方面面临一些挑战。它们技术实力较弱，难以独立建立和维护庞大的平台，通常依赖于头部主流媒体的智能采编发平台，以在5G/6G时代开展传媒创新业务。这种依赖性可能使它们在竞争中处于不利地位，需要更多的支持和资源来应对市场竞争和技术变革。

近年来，云技术的快速发展进一步加剧了头部主流媒体平台化发展趋势。对此，有学者从产业经济管理学视域出发，运用价值链理论进行分析，将头部主流媒体平台化发展这一行业趋势，视为从单一媒体内部价值链重构向媒体产业价值链重构的过程，指出"它们（全国党媒信息公共平台、现场云、长江云、北京云、赣鄱云、广西云、冀云等）或致力于建构本省'报网端微'汇聚、服务、管控的区域融合型媒体网络，或致力于建构媒体、政府部门和其他社会机构联合互动、协同共享的传播体系，或致力于建构省、市、县三级媒体在内容、用户、技术、终端纵向共享的传播体系"[①]。

5G/6G技术的崛起为传媒行业带来了前所未有的机遇和挑战。一方面，5G/6G的高速、低延迟和大带宽特性使传媒内容能够以更高质量、更流畅的方式传输给观众，从而提升了用户体验；另一方面，这也为传媒业务的创新提供了更广阔的空间，包括增强现实和虚拟现实等交互式媒体形式的发展。

5G/6G并不仅仅对传媒领域有影响，它的影响扩展到了医疗、金融、工业等领域。医疗行业可以利用5G/6G的低延迟传输医疗数据，金融领域可以实现更快速的交易和数据分析，工业领域也能够实现更高效的自动化

---

① 国秋华.价值链重构：媒体中央厨房建设路径与模式创新［J］.现代传播（中国传媒大学学报），2019，41(9)：136-140.

生产。5G/6G 服务不仅仅局限于传媒领域，它是未来社会发展的基础性支撑。因此，主流媒体需要投入更多资源和力量，以适应新技术创新，特别是 5G/6G 技术的应用。传统的内容优势需要与技术优势相结合，推动媒体发展。媒体融合的下一阶段将导致主流媒体的发展策略、人员组织架构和梯队格局的改变。

第六章

媒体融合背景下主流媒体新媒体运营的典型案例

第六章 媒体融合背景下主流媒体新媒体运营的典型案例

在媒体融合的大背景下,主流媒体如何在新媒体运营中实现突破,不仅关系到其自身的转型升级,也关系到如何更有效地发挥其在社会信息传播中的重要作用。本文将通过分析三个不同领域内的典型案例,提炼主流媒体在新媒体环境下创新运营的策略和启示。

首先,探讨主流媒体短视频内容特色和传播策略,以人民日报抖音号为例。人民日报官方抖音账号结合新媒体传播特性,以正能量主题、平民化视角等内容以及精准传播策略,达成"参与、沟通、记录时代"的良好效果。一方面通过优质内容吸引用户,增强其黏性,培养忠实群体;另一方面推进主流舆论不断壮大,在短视频领域更好地发挥引领作用,传播正能量,使得信息传播进入新的媒介形态。

其次,以河南卫视"中国节日"系列节目为案例,深入分析省级主流媒体如何通过技术创新内容、形式和传播渠道,结合传统文化元素,成功捕获新媒体用户的关注。通过传统节日的现代传播,河南卫视不仅增强了节目的观赏性和教育意义,同时也借助新媒体平台扩大了传播范围,实现了文化价值的传承和创新。

最后,聚焦澎湃新闻的案例分析。作为新兴的新闻媒体,澎湃新闻凭借深度报道和专业分析,短时间内在新媒体领域取得显著成就。通过对其运营策略的深入解析,可以看到,澎湃新闻成功地将高质量内容生产与新媒体技术应用相结合,打造了有深度、有温度的新型主流媒体品牌。

通过以上三个案例的分析，旨在为主流媒体提供在新媒体环境下创新运营的参考和借鉴，进一步推动其在媒体融合过程中的创新和发展，确保其在新的传播生态中继续发挥核心作用。

第一节　内容革新：主流媒体短视频内容传播研究——以人民日报抖音号为例

随着网络技术的迅猛进步，移动智能终端已广泛渗透至公众生活的各个领域，人们对媒介的需求亦随之变得多元化与精细化。在此背景下，一系列以"微"为特征的媒体形态，如微博、微信及微视频等应运而生，它们不仅丰富了信息传播的方式，也深刻改变了人们的日常生活节奏，使之呈现出一种碎片化的状态。在此背景下，以抖音、快手为代表的短视频平台异军突起，进一步加剧了受众注意力的分散化与片段化趋势。

面对这一新的媒体生态，主流媒体作为社会舆论的关键引导者，面临着前所未有的挑战与机遇。它们不仅需要敏锐捕捉短视频这一新兴领域的发展机遇，更需在宣传思想工作领域承担起举足轻重的责任，发挥不可替代的导向作用。为此，主流媒体必须深入剖析当前舆论生态与媒体格局的深刻变革，准确把握互联网传播的内在规律，积极调整并优化自身的传播策略，以更加高效、精准的方式引导社会舆论，为构建健康、有序的网络空间贡献力量。

本节以人民日报抖音号发布的视频为研究样本，结合新闻传播学相关理论，使用个案分析法研究人民日报抖音号的内容特色和传播策略，以期为主流媒体短视频内容生产和传播总结经验，为主流媒体在新时代扩大舆论宣传阵地，继续彰显主流媒体强大传播影响力提供思路。

一、人民日报抖音号发展现状

抖音短视频平台凭借其庞大的用户基数与高度的用户黏性，已然成为互联网领域中的一颗璀璨明星，其影响力不容小觑。面对受众注意力日益碎片化的趋势，以人民日报为代表的主流媒体展现出极高的敏锐度与前瞻性，纷纷选择入驻抖音，以期在这一新型媒体平台上拓展传播渠道，增强与公众的互动与联结。

短视频，作为一种时长更短、内容更为精练的视频内容产品，其播放时长通常仅局限于几秒钟至几分钟之间，极少数会超过30分钟的界限。这种独特的媒介形式，依托移动智能终端的广泛普及，完美契合了受众在移动状态或短暂闲暇时段的观看需求，进一步适应了现代社会生活节奏加快、时间碎片化的特点。人民日报官方抖音账号深谙短视频的传播特性，积极调整策略，以高频次、高产量的运营方式，有效争夺并吸引了受众的碎片化注意力。自2018年首条17秒短视频的发布以来，截至2024年12月，人民日报在抖音平台上已累计发布了超过7000个作品，充分展现了其利用抖音平台用户优势，不断巩固和扩大主流舆论阵地的决心与成效。

人民日报自诞生以来，始终保持着高度的社会影响力和公信力，不断整合内部资源，优化传播结构，以适应媒体环境的变化。短视频的兴起，为人民日报的传播矩阵增添了新的维度。官方账号入驻抖音，不仅丰富了其传播渠道，还通过创建"人民日报国际"、"人民日报数字传播"以及"海外网"等一系列子账号，构建了一个庞大的"媒体家族"，在抖音平台上形成了强大的传播合力。

更进一步地，人民日报在短视频传播领域展现出了高度的专业性与创新性。除了在抖音、快手等热门短视频平台设立官方账号，人民日报还积极在微博、微信等社交平台发布短视频内容，甚至自主研发了"人民视频"App，以实现内容的全方位、多平台分发。值得注意的是，人民日报的传播矩阵并非简单的平台堆砌，而是通过精准定位不同用户群体，充分利用各平台的独特优势，实现用户资源的相互引流与共享。这种策略不仅有效扩大了受众覆盖面，还极大地提升了主流媒体短视频内容的传播效果与影响力。

二、人民日报短视频内容特色

从短视频内容的时长、点赞量、评论量和转发量数据中不仅可以判断内容质量和互动效果，还可以将其作为研究短视频内容生产和传播特点的重要参考指标。人民日报官方抖音账号自创建以来收获了1.7亿高关注量和134.9亿高点赞量，由此可以看出短视频平台用户对视频内容的认同。以下以人民日报官方抖音账号发布的视频为研究样本，从报道主题、叙事视角和呈现方式三方面来分析其内容特色。

（一）正能量主题

作为中国共产党中央委员会机关报纸，人民日报始终将坚持正确的政治方向置于首位，坚定不移地贯彻党性原则，秉持马克思主义新闻观念，确保舆论导向的正确性，并以正面宣传为主导，深入阐释党的理论体系和路线方针政策，热情洋溢地报道人民群众的伟大实践活动。它不仅是党的声音的传播者，也是民意的反映者，发挥着舆论导向、旗帜引领的重要作用，是联结党心与民心的桥梁。

在新媒体平台上，人民日报同样秉持这一宗旨，其抖音号的内容策略便是一个生动的例证。该账号的报道主题大多聚焦于社会生活中的正能量故事、国家发展成就等主旋律题材，通过生动、直观的视频形式，传递正能量，弘扬社会主义核心价值观。例如，其发布的《这个必须赞，太厉害！武警部队排头兵蒙眼踢正步！#热血有我#这就是中国青年#向上的青春》视频，便以一位武警战士蒙眼沿白线踢正步的艰苦训练为切入点，展现了阅兵训练任务的艰巨与不易。视频中，一位战士在烈日下因长时间睁眼而流下的泪水，被镜头捕捉并放大，这一特写画面深深触动了观众的心灵，使中国军人的坚韧形象更加鲜活、立体。此视频获得了高达3540.2万的点赞量，成为人民日报抖音账号中最受欢迎的作品之一，充分展示了其在报道主题选择上既注重传播效果，又坚持正能量的传播理念。

（二）平民化视角

在叙事视角的构建上，人民日报抖音号展现出独特的策略，它聚焦于平凡人物的日常生活，通过讲述普通人的真实故事，传达质朴的情感，有效地缩短了官方主流媒体与普通民众之间的心理距离。在人物的选择上，该账号倾向于挑选那些具有积极向上精神的普通社会成员，采用平民化视角深入描绘民众的生活常态。例如，其发布的视频《爆哭……当孩子偷偷回家，家人的反应太让人泪目……还好要过年了，终于可以回家了……》，便巧妙地从民众的日常生活场景切入，通过多个以第一人称视角捕捉的片段，真实再现了家庭成员重逢时的感人瞬间，极大地增强了内容的代入感和共鸣力。

此外，在文案的创作上，人民日报抖音号紧跟网络文化的步伐，巧妙融入"点赞"、"排面"、"泪目"以及"硬核"等网络流行语，为短视频的传播增添了趣味性和时代感。这些网络语言的运用，不仅使得内容更加贴近年轻受众的语境，也更容易激发受众对视频内容的情感共鸣和身份认同。通过平民化的叙事视角和接地气的内容呈现，该账号成功消除了主流媒体与受众之间的传播障碍，让受众在发现传播内容与自身生活紧密关联的同时，也积极参与点赞、评论和转发等互动行为，从而实现了传播效果的最大化。

（三）共情式呈现

人民日报抖音号在内容传播中高度重视与受众的情感互动，巧妙地将感动与温情元素融入其中，旨在触发受众深层的情感共鸣，从而增强传播效果。考虑到抖音短视频平台的用户群体普遍对情绪化内容具有较高的接受度和敏感性，人民日报充分利用这一特性，构建起传播者与受众之间坚实的情感纽带。以2021年2月8日发布的一则视频为例——《泪目！吃到妈妈寄来的家乡菜，年轻的消防员瞬间泪崩……总有人守护着我们的团圆，致敬！@江苏消防》，该视频通过细腻刻画一位消防员面部表情的剧烈变化，巧妙地传递了深刻的情感信息。这位因连续多年未能回家过年而倍感思念家人的消防员，在意外收到家中寄来的年夜饭时，情感瞬间崩溃，其爱岗敬业、无私奉献的精神深深打动了每一位观众，特别是那些同样身处异乡、无法与家人团聚的人们，更是从中找到了强烈的情感共鸣，进一步提升了人民日报抖音号的影响力和传播力。

三、人民日报短视频内容的传播策略

无论是以报纸为代表的传统媒体平台，还是微博、微信或抖音等新媒体平台，媒体内容都是一篇报道、一条微博或一条短视频的灵魂所在，优质的内容是获得受众持续关注必不可少的条件。以抖音为代表的短视频平台顺应了受众碎片化的阅读习惯，但视频内容的播放时间大多较短，在传播过程中很容易被受众忽视，不利于增强用户黏性。主流媒体在竖屏时代积极应对机遇与挑战，重视短视频内容传播策略，在传播过程中不断调整，走出适合自身特点的发展之路。

（一）主题选择：精准定位，弘扬主流价值

在信息碎片化的今天，短视频以其短小精悍、易于传播的特点迅速占领市场。然而，如何在有限的时间内传递有价值的信息，成为主流媒体面临的一大挑战。人民日报抖音号在此方面做出了积极尝试，通过精心选择内容主题，准确定位自身角色，有效发挥了主流媒体的社会责任与功能。

首先，人民日报抖音号坚持时政新闻的即时传播，选取政治、外交、军事等关键领域的重要事件，以直观、快速的方式呈现给受众。例如，通过截取前外交部发言人耿爽的精彩回应，不仅保证了信息的权威性与时效性，也满足了受众对国际事务的关注需求。这种直接、高效的传播方式，有效提升了受众对时政新闻的兴趣与参与度。

其次，人民日报抖音号注重从平凡人物中挖掘不平凡的故事，通过展现消防员、医生护士、公交司机等普通劳动者的感人瞬间，传递正能量，弘扬社会主义核心价值观。这些视频以细腻的笔触描绘出普通人的伟大，让受众在感动中感受到社会的温暖与力量，从而增强了主流媒体的社会影响力与公信力。

（二）内容生产：质量为先，注重观感体验

在新媒体时代，内容的质量直接决定了短视频的传播效果与受众黏性。人民日报抖音号深知这一点，依托强大的报业团队，致力于打造高质量的短视频内容，通过文字、视频、音乐等多种元素的巧妙融合，为受众带来视觉与听觉的双重盛宴。

在视觉元素方面，人民日报抖音号摒弃了传统的静态图片，转而采用"文字+视频"的动态传播方式。标题文案简洁明了，富有引导性，如《今日份点赞给他们！》等，通过强烈的情感表达，激发受众的共鸣和参与欲望。同时，视频内容的选取也极为考究，注重捕捉那些能够触动人心的瞬间，如边防战士在恶劣气候下的坚守，通过真实的画面展现他们的艰辛与奉献，引发受众的深切敬意与感动。

在听觉元素方面，人民日报抖音号根据视频内容的情感基调，精心挑选配乐，既有激昂振奋的旋律，也有舒缓悲伤的曲调，还有节奏鲜明的卡点音乐和流行的歌曲片段。例如，在报道北斗卫星导航系统正式开通时，选用激昂的音乐，营造出一种民族自豪与振奋人心的氛围；而在展现军人阅兵时，则选用卡点音乐，使画面与音乐完美融合，展现出阅兵仪式的庄

严与壮观。

这种对内容生产的精益求精，不仅提升了短视频的观赏性，也增强了受众的沉浸感与参与感，使得人民日报抖音号在众多短视频账号中脱颖而出，成为受众心中的优质内容提供者。

（三）发布策略：紧跟热点，满足受众需求

使用与满足理论认为，受众接触媒介的目的是满足自身的特定需求。人民日报抖音号深谙此道，通过紧跟时事热点，密切关注受众需求，不断优化发布策略，实现与受众的有效互动。

一方面，人民日报抖音号紧跟国家大事与时事政治，及时发布相关视频，满足受众的认知需求。无论是自主研制水陆两栖飞机的首飞，还是金砖国家领导人会晤，人民日报抖音号都能迅速响应，为受众提供第一手的资讯，使其在第一时间内了解国内外的重要事件，增强了受众的知情权与参与感。

另一方面，人民日报抖音号还注重在重要节日或纪念日发布相关视频，满足受众的情感需求。如春节期间的民俗活动、国庆节的庆祝活动等，这些视频不仅展现了节日的喜庆氛围，也传递了中华民族的传统文化与价值观，引发了受众的情感共鸣与民族认同感。

尤为值得一提的是，人民日报抖音号还不断创新发布形式，通过举办线上活动，如"向太空发射新年心愿"等，为受众提供了表达自我、参与互动的平台。这种活动不仅增强了受众的参与感与仪式感，也展现了人民日报抖音号在新媒体环境下的创新思维与服务意识。

总之，以抖音为代表的短视频平台是互联网视觉化传播发展的产物，具有受众数量庞大、使用门槛较低和传播速度快等多重特点，为主流媒体扩大用户市场、增强传播效果和提升影响力提供了有利条件。在短视频平台，人民日报官方抖音账号作为主流媒体的代表，凭借其正能量主题、平民化视角和共情式呈现的内容，以及准确定位主流媒体、注重受众观感体

验和满足受众个性需求的内容传播策略，取得了不错的传播效果，做到了"参与、沟通、记录时代"。今后主流媒体在短视频传播过程中需立足自身属性，对视频内容进行严格把关，制作爆款精品短视频，增强用户黏性，培养忠实用户群体，做大做强主流舆论。

第二节 技术创新：省级主流媒体的创新传播策略探析——以河南卫视"中国节日"系列节目为例

在数字化时代的浪潮中，河南卫视通过推出"中国节日"系列节目，例如《唐宫夜宴》，成功地实现了传统电视媒体与新媒体环境的融合。这一创新举措不仅仅是对节目内容的刷新，更是一种媒体传播策略的革新，标志着省级主流媒体在新媒体浪潮中寻求突破和发展的典范。

它通过结合新媒体的传播特性，利用网络平台、社交媒体等多种渠道进行宣传和互动，实现了传统文化节目与现代传播技术的完美结合。这种跨媒介的传播策略大幅提升了节目的影响力和观众参与度，形成了广泛的社会讨论热潮，从而证明了新媒体环境下传统媒体的创新发展之路。

"中国节日"系列节目的成功，展现了河南卫视对于传统文化的深入挖掘与创新表达的能力。通过高质量的节目制作、精心设计的视觉效果，以及贴近现代审美的叙事方式，河南卫视成功地将中国传统文化的魅力呈现给了广大观众，同时也为传统文化的传播和传承开辟了新途径。

河南卫视在"中国节日"系列节目中融入新媒体逻辑，通过网络直播、社交媒体话题互动、观众参与等多种方式，有效地将观众引入节目的传播和互动中，形成了传统电视媒体与新媒体互动共生的新格局。这一策略不仅拓宽了节目的传播渠道，也增强了节目内容的吸引力。

河南卫视"中国节日"系列节目的成功案例，为省级主流媒体如何在新媒体环境下进行创新传播提供了宝贵的参考。它证明了通过深入挖掘传统文化资源，结合新媒体传播特性，实现媒体融合与创新发展不仅是可能的，而且能够有效提升传统媒体的竞争力和社会影响力。未来，省级主流媒体应继续探索与新媒体环境的融合之道，推动传统文化的传播与创新，实现传媒行业的可持续发展。

一、扎根中华优秀传统文化，彰显地域特色

河南卫视"中国节日"系列节目，通过创新地融合中华优秀传统文化与现代传播技术，成功地实现了传统与现代、地域与全球的有机结合，为观众带来了熟悉又新颖的文化体验，展现了传统节日在文化认同和地域特色彰显方面的重要作用。

（一）以传统节日为核心，增强文化认同感

传统节日是中华民族共同的文化遗产，承载着丰富的历史和文化价值。河南卫视通过"中国节日"系列节目，巧妙地利用传统节日这一文化符号，引导观众重新审视和认识中华优秀传统文化。通过节目，观众不仅能享受到节日带来的欢乐，更能深刻理解节日背后的文化意义和精神内涵，从而加深对中华文化的认同感和归属感。

（二）挖掘地域文化特色，展现文化多样性

中国的地域文化博大精深，每个地区都有其独特的文化特色。河南卫视"中国节日"系列节目，通过对河南等地区文化的深入挖掘和高质量的节目制作，有效地展现了各地域文化的独特魅力和丰富多样性。这种地域文化的展示不仅丰富了观众的文化视野，也有助于推动地域文化的传承和发展，促进文化多样性的保护和发展。例如，《唐宫夜宴》节目就是一个完美的例子。节目中，通过对中原文化和黄河文化的深入解读，结合先进的虚拟现实技术和珍贵的传世文物，为观众呈现了一个既古老又现代的中华

文明。这不仅增强了人们对于地域文化的了解和认同,更是让人们深刻地感受到了作为华夏儿女的民族自豪感。

二、创新表现形式,大力提升传播效果

在新媒体时代,传统电视节目面临着前所未有的挑战与机遇。传播学理论指出,为了吸引观众的注意并满足其需求,节目必须创新形式、减少认知负担,并以文化为核心提供轻松愉悦的观看体验。河南卫视的"中国节日"系列以其匹配这一理念的内容设计,成功捕获了广泛的观众兴趣。

(一)故事情节叙事,拓展节目空间

河南卫视的"奇妙游"系列,采取了叙事式的节目形态,融合网络综艺和剧集叙事方式,为晚会注入了连贯的故事情节。通过连续的故事线,每一期节目仿佛是一个章节,增强了观众的期待感。例如,"奇妙游"系列中,《元宵奇妙夜》依托《博物馆奇妙夜》概念,通过唐俑在河南博物馆的冒险,将传统节日与现代叙事结合,提升了节目的吸引力和观赏性。此外,利用倒叙手法和"未完待续"的叙事策略,为节目创造了无限的发展空间,展现了河南卫视在传统晚会形式上的创新尝试。

(二)技术赋能创作,实现古今对话

技术的进步为传统文化的现代展示提供了全新的可能。从依赖传统文字古籍的单一形式,到利用虚拟现实、全息影像、三维模型等高新技术,实现了从静态到动态、从平面到立体的跨越,为公众提供了全方位的文化体验,使得古老文化在现代社会焕发新的生命力。河南卫视推出的"中国节日"系列节目,就是科技赋能创作实现古今对话的杰出范例。《唐宫夜宴》便是其中的亮点之一,该节目通过运用"5G+AR"技术,实现了虚拟场景与现实舞台的完美结合,生动重现了唐朝宫廷的璀璨景象以及乐器的

动人旋律。AR技术的巧妙应用，让历史悠久的文物仿佛置身舞台之上，向观众呈现了一场沉浸式的历史文化体验。

此外，《七夕奇妙游》中的舞蹈《龙门金刚》则通过AR技术赋予龙门飞天和大力金刚以现代科技感，使传统艺术形象在现代观众眼前获得了新生。节目末尾，利用三维建模和数字化技术精准重现了龙门石窟初建时的壮丽景象，展示了传统文化与现代科技的完美融合。

河南卫视"中国节日"系列节目的成功实践，展示了在新媒体时代背景下，传统文化节目通过故事情节叙事和技术赋能创作两大策略，不仅成功地扩展了节目空间，也实现了传统文化与现代传播技术的深度融合。这为电视媒体在新媒体环境下的创新发展提供了有益的借鉴，证明了只有不断适应变化、创新手段，才能在激烈的传播竞争中脱颖而出，有效传承和弘扬中华优秀传统文化。

三、打破媒介壁垒，构建传播矩阵

在数字时代，社交媒体迅猛发展。河南卫视的"中国节日"系列节目之所以能够受到广泛关注，除了其节目质量上乘，媒体的推动效应也是关键。在抖音、微博、B站等平台上，《唐宫夜宴》获得了爆炸性的传播。河南卫视的"中国节日"系列节目通过创新性地打破媒介界限，构建了一个全方位的传播矩阵，展现了如何通过跨平台合作增强传统文化节目的影响力和观众互动性的先进范例。

（一）构建新媒体平台矩阵，实现立体化宣发

面对数字化时代的挑战和机遇，河南卫视积极适应变化，通过深度整合传统与新媒体资源，形成了一个多元化的媒体传播矩阵。河南卫视采用"融媒体统筹、新媒体首发、全媒体联动"的宣发策略，实现了节目内容在多个平台上的同步推广和互动交流，从而拓宽了节目的传播渠道，增强了

节目的社会影响力。通过与新媒体平台如抖音、快手、B站的合作，河南卫视不仅保证了电视节目的传统播出，同时实现了内容在移动端和各种小屏设备上的广泛传播，有效地将传统文化节目推向更广泛的受众群体。

（二）推动多轮传播，延续传播长尾效应

电视文化节目的价值不仅在于其内容的一次性展示，而更在于持续的观众互动和多轮传播过程中的长期影响力。这要求节目制作与网络新媒体之间建立深入的互动关系，充分利用新媒体平台的影响力和大数据分析的优势，以形成一个高效、稳定且持久的传播协作机制。在这样的机制下，文化内容不仅能在短时间内吸引大量关注，而且能持续保持热度和影响力。

河南卫视的"中国节日"系列节目便是遵循这一理念的典范。在电视播出之后，节目通过新媒体平台拓展其传播的广度和深度，利用官方账号增加网络覆盖，吸引众多网友参与互动，触发了对节目的广泛讨论和主流媒体的关注。节目内容通过短视频形式在各大平台分发，运用"以短带长"的策略有效提升了完整视频内容的观看量，使传播效果最大化。

这种多轮次传播策略有效延续了节目的长尾效应，不仅增强了节目的社会影响力，也为其创造了更大的经济价值。通过这种方式，电视文化节目能够在新媒体环境下维持其生命力，实现从传统媒体到数字平台的顺畅过渡，证明了文化内容传播在现代传媒技术支持下的无限可能。

四、打造节目品牌，提升商业价值

目前，作为传统媒体输出的电视节目，应积极融入时代演变，通过新媒体平台扩大品牌宣传，提高在市场中的竞争地位，突出其商业意义。以河南卫视的"中国节日"系列节目为例，它通过实施品牌策略，提升了节目的识别度，将各种传统文化节目整合成一个互相关联的统一体，从而加

强了节目的影响力,并增值了其商业潜力。

(一)统一节目名称,提升品牌辨识度

提升品牌辨识度的核心策略之一是通过统一节目名称实现品牌一致性。河南卫视成功运用了这一策略,以"奇妙"作为其节目系列的统一品牌标识,有效地加强了品牌形象和受众认知。这种策略的实施,在众多方面促进了品牌价值的提升。

首先,统一的品牌名称为观众提供了一个清晰且一致的品牌形象,有利于加深受众对该品牌的记忆。通过在不同节目中持续使用"奇妙"这一名称,观众能够逐渐构建起对该品牌的稳固印象。这种连贯性不仅提高了品牌的可识别性,也使品牌更易于在观众心中留下深刻印象。

其次,"奇妙"一词,本身就富含吸引力和创造性,能够引发观众的好奇心和探索欲。它既反映了节目的创新性和艺术追求,也涵盖了对传统文化元素的融合和呈现,增强了节目对不同受众的吸引力。这种品牌名称的策略性选择,不仅促进了观众对品牌的兴趣和关注,也为节目内容的多样化探索提供了更广阔的空间。

因此,通过"奇妙"这一统一品牌名称的巧妙运用,河南卫视不仅成功提升了品牌的辨识度,还进一步加深了品牌与观众之间的联结。这种策略展示了在当代媒介环境中,通过创新的品牌管理和内容创作,主流媒体能够有效地提升其品牌价值和市场竞争力。

(二)打造人物形象,提升品牌亲和力

培育品牌形象,特别是通过人物形象来提升品牌亲和力,是强化品牌影响力的关键策略之一。品牌形象不仅可以吸引受众注意,还能促进受众与品牌之间建立情感联结。河南卫视采取的"唐小妹"形象构建策略便是此策略的成功案例。通过在系列节目中反复展现"唐小妹"的形象,河南卫视显著提升了其品牌的亲和力。这种情感共鸣极大地促进了观众对品牌

的好感和信任感,让受众感受到了自身与品牌的特殊联系。"唐小妹"不仅体现了河南卫视对传统文化的尊重和传承,而且进一步加深了品牌与观众之间的情感绑定。通过这样的人物形象策略,河南卫视成功地向受众传达了品牌的文化价值观,增强了观众对品牌节目的接受度和忠诚度。

(三)创新表现形式,提升商业价值

在当下快速发展的媒体环境中,传统电视文化节目正在通过扩大主题选择和创新表现形式展现出强劲的发展势头。尤其是河南卫视的"中国节日"系列节目,它通过将文化艺术与科技创新相结合,用现代年轻人喜欢的方式传播文化,并充分利用新媒体与移动互联网技术,为广大观众提供了沉浸式文化体验。这种创新不仅推动了电视文化节目的发展,还增强了观众对民族文化的自信心和自豪感。虽然在传统媒体与文化领域之间还存在一些挑战,但通过持续的创新和对中华优秀传统文化的传承,这些节目无疑将持续获得更广泛的认可和支持,确保其持续性发展。

总而言之,河南卫视"中国节日"系列节目的成功案例展现了电视传统文化节目如何通过创新思维和策略,在新媒体时代保持竞争力并提升商业价值。通过统一品牌命名、打造鲜明的人物形象以及采用创新的表现手法,河南卫视有效地加强了品牌影响力,同时也为其他传统媒体提供了宝贵的经验和启示。

第三节　媒体融合:为打造新型主流媒体注入新动能——以澎湃新闻为例

社交媒体的崛起引发了媒体格局的根本性变革,对媒体行业影响深远。在新媒体时代背景下,网民已经不再仅仅是被动地接收主流媒体发布的信息,而是开始积极参与到议程设置中,影响着主流媒体的内容方向。这种变化为传统媒体带来了前所未有的挑战，迫使它们必须重新考量与受众的互动方式以及如何适应日新月异的媒体生态。

传统主流媒体的"机构品牌"价值，曾是其核心竞争力的象征，正逐渐被以用户体验为中心的"平台品牌"所替代。这一转变要求媒体不仅要重塑与受众的关系，而且需要转变思维，从受众的使用体验和偏好出发，去构建和维护品牌价值。在这个过程中，新型主流媒体只有深入了解并满足用户需求，才能在激烈的市场竞争中保持其竞争力和吸引力，形成忠实的用户基础。

为了达成这个目标，新型主流媒体必须关注供给侧改革，将品牌声誉转化为实际的用户关系和传播效果。它们需要通过持续提升内容质量、技术创新以及构建更有效的互动机制，来满足受众的多样化需求，增强用户黏性。

澎湃新闻便是在这一转型过程中成功实现品牌赋能的典范。2014年，澎湃新闻正式上线，定位自己为一个"专注时政与思想"的开放型媒体平台。这不仅是《东方早报》品牌定位上的一次调整，更是在媒体融合浪潮中，通过策略性的重组和创新，为自身品牌注入新的活力和影响力的战略转型。

下面将重点论述澎湃新闻的成功经验，从四个方面探讨：内容创作、技术更新、品牌运营和公众联结。

一、内容创作：打造开放型媒体品牌

在媒体行业经历翻天覆地的变革之际，澎湃新闻以其开放型媒体品牌的姿态，彰显了新型主流媒体的力量。过去十年中，澎湃新闻通过持续迭代升级，提供了丰富多样的新闻内容，以优质的原创内容为核心竞争力，成功构建了强大的品牌基础。

澎湃新闻深耕深度报道，推出了一系列引人瞩目的原创报道，如深度探讨芝加哥枪击案母亲的故事、世纪佳缘门店卧底调查以及对白血病药品短缺的深入调查等。这些报道不仅塑造了澎湃新闻的声誉，而且为品牌的深度发展奠定了坚实基础，展现了对社会热点事件的全面和深刻理解，传递了人文关怀与社会责任。

此外，澎湃新闻通过创新的互动方式，如"追问与问答"，建立了媒体与用户之间的紧密联系，提升了新闻阅读的社交属性和用户黏性。这种互动不仅促进了信息的双向流动，还增强了内容的吸引力和参与度。

澎湃新闻之所以能够在竞争激烈的媒体市场中脱颖而出，还在于其坚持"时政＋思想"的品牌定位。通过举办记者节和新年献词等品牌活动，澎湃新闻不仅展示了其团队的专业素养，也加深了与用户的情感联结，展现了其品牌的个性和温度。

不可忽视的是澎湃新闻的"献词"活动，每年都受到广泛好评和引用，展现了其原创品牌的影响力。这一活动以精彩的演讲和深刻的思考，为用户提供了有价值的信息和观点。这不仅让澎湃新闻的品牌形象更加鲜明，也进一步加强了与用户之间的亲密联系。澎湃新闻的影响力逐年增强，使其成为备受信赖的新闻媒体品牌。

在2020年国庆节期间，澎湃新闻积极参与了"坐着高铁看中国"活动，这一活动在全国范围内引发了强烈的共鸣。通过利用高铁的窗外风景来展示中国的美丽和发展，澎湃新闻成功地将国庆节与高铁旅行相结合，吸引了众多观众的关注。这种创新的报道方式为人们带来了一种全新的庆祝方式，也为澎湃新闻赢得了更广泛的赞誉。

澎湃新闻的创新之路还包括利用高新技术和全媒体手段深化内容的传播。例如，其在2021年建党百年庆祝活动中推出的全媒体报道项目，传播量超过百亿次，充分展示了澎湃新闻在媒体融合发展中的巨大潜力和影响力。

澎湃新闻还在主题策划方面取得了令人瞩目的成就，推出了"风展红旗 如画三明"主题策划，为新时代留下了鲜活的注脚。这一策划突出了三明市的风景和红色旅游资源，以独特的视角呈现了这座城市的魅力。通过这一策划，澎湃新闻不仅提高了三明市的知名度，还为新时代的红色旅游开辟了新的路径，为中国的旅游业注入了新的活力。

在媒体融合阶段的发展和品牌赋能方面，澎湃新闻积极采取了一系列举措：利用外部社交媒体平台，建设自主可控的新媒体平台，以扩大它们的受众群体；改造内容生产模式和组织机制，以适应技术进步和社会发展的要求，确保了内容的时效性和吸引力；运营"澎湃号"平台，贴近群众、服务群众，形成了自己独特的品牌和特色，建立了强大的粉丝基础。

澎湃新闻和北京大学区域与国别研究院合作推出新颖内容，引起了重大反响。这种合作不仅丰富了双方的内容库，还提高了双方的学术水平，为读者提供了更加深入的分析和报道。此外，双方严格的编辑和审核团队确保了内容的质量和可持续发展，使双方能够在新闻行业中保持良好的声誉。

澎湃新闻在媒体融合的过程中既采用了新的新闻生产方式，又保持了专业报道的特长，强调了品牌竞争力。这种坚持专业与创新相结合的策略使得澎湃新闻在竞争激烈的新闻市场中脱颖而出，成为一家备受推崇的新型主流媒体。通过不断地创新和发展，澎湃新闻已经取得了显著的成就，并且在未来将继续发挥重要作用，为社会提供高质量的新闻报道和信息传播。

澎湃新闻的成功案例表明，只有不断适应新媒体生态的变化，积极进行供给侧改革，关注用户需求，提高内容质量和技术水平，媒体才能在新的竞争环境中保持领先地位，实现品牌的持续发展。

一、技术更新：重新定义媒体品牌的内在逻辑

在当今数字化转型的浪潮中，新技术的广泛应用不仅是推动媒体行业发展的关键动力，更是重塑媒体品牌内涵和运营逻辑的核心要素。随着移动互联网、大数据、云计算等技术的深度融入，传统媒体与新媒体的边界

逐渐模糊，媒体的运营方式、内容生产及其与受众的互动模式均面临着前所未有的变革。特别是人工智能技术的引入，为媒体提供了从内容生产到分发，再到用户反馈的全链条优化的可能性，同时也为媒体品牌注入了新的发展动能。

澎湃新闻作为中国新型主流媒体的代表之一，其在技术更新方面的实践显著地展示了如何通过技术赋能实现媒体品牌的内在逻辑重构。通过实施智能编辑部和推出智媒体开放平台，澎湃新闻不仅提高了新闻生产的效率和质量，更重要的是，通过技术创新优化了与受众的互动，增强了媒体品牌的影响力和竞争力。

（一）智能编辑部：重塑内容生产与分发

智能编辑部的建立是澎湃新闻技术更新的重要一环。这不仅体现在使用AI技术辅助新闻编辑和推荐算法优化内容分发，更在于智能技术的应用促进了媒体工作流程的重构，实现了从新闻采集、编辑到分发的自动化和智能化，极大提升了工作效率和内容质量。

（二）技术赋能：构建开放型媒体平台

澎湃新闻2020年推出了互联网内容生产工具"澎Pai系统"，并经过多年的升级和改进，为媒体提供了智能化和安全管理的帮助。随后，在2022年，澎湃新闻进一步推出了"澎湃智媒开放平台"，不仅提供了一个内容生产、审核、分发一体化的解决方案，更为广泛的内容创作者提供了展示和传播的平台，实现了媒体生态的开放和共享。这种开放型平台的建立，不仅增加了内容的多样性和丰富性，也使得媒体能够更快速、准确地响应受众需求，加强了媒体与用户的互动和联系。

（三）从内容驱动到技术驱动的转变

有学者在分析今日头条与澎湃新闻不同的发展路径时认为，澎湃新闻靠内容驱动,今日头条靠技术驱动,这是两者的根本不同。"澎湃新闻是一款聚焦时政生产、抢占生产机制高地的诗性媒介,它欠缺的不是资本,而是一种完全基于移动互联的媒介生产机制。"[①]然而,经历成长与蜕变的澎湃新闻已经给出了回应:在持续生产优质原创内容的基础上,在对智能技术审时度势地吸收运用上,推出以主流价值观为基础的"澎湃算法",加速成长为引领型、赋能型、全球型的互联网新型主流媒体。

澎湃新闻的实践反映出新型主流媒体发展的新趋势——从单一的内容驱动向技术驱动转变。通过深度融合先进的技术,不仅为传统媒体提供了在新媒体环境下转型升级的有效途径,也为媒体行业的可持续发展打开了新的视角。

在探索新型主流媒体发展路径的过程中,澎湃新闻的技术更新策略提供了重要的参考价值。它不仅展示了如何利用新技术优化媒体运营模式,更重要的是,它体现了在数字化时代背景下,媒体品牌如何通过技术创新实现自我革新和发展的可能性。这是对互联网时代新型主流媒体品牌内在原则的全新界定:"澎湃模式"不仅能够确保出色的原创内容制作,还能够为传统媒体与新媒体融合时面临的挑战提供解决方案,为更多融媒体的生产和管理提供强有力的支持。这也正是新型主流媒体应承担的责任和使命。

三、品牌运营:媒体对"微粒化"网络的再建构

在数字化和信息化时代的背景下,社会结构和传播模式正经历一场深刻的变革。这种变革的核心特征之一是社会的"微粒化",即个体成为社会运作的基本单位,展现出网络化、去中心化的特点。这种"微粒化"现象不仅重塑了社会关系和组织形态,也为新型主流媒体的品牌运营提出了新

[①] 孙健.澎湃新闻与今日头条,何者可以言新:从两款风格迥异的新闻客户端看媒体融合之道[J].传媒评论,2014(11):43-46.

的思考与挑战。面对这一趋势，新型主流媒体如澎湃新闻，通过深入挖掘"微粒化"社会的潜在需求，实施精准的品牌运营策略，不仅能够更好地满足受众的多元化需求，还能在信息过载的时代背景下脱颖而出，构筑独特的品牌价值。

新型主流媒体可以成为深度媒介化社会中社会关系的建构者，通过关系建构创造价值和功能，成为社会生活的组织者。澎湃新闻充分认识到这一趋势，将自身的品牌运营调整为"微粒化"，以满足不同用户对社会信息的个性化需求，并建构个体用户与新型主流媒体的供求关系。澎湃新闻通过产品矩阵，如《澎湃评论》、《澎湃夜读》和《夜读·经典之夜》，在不同媒介和渠道上做加工、分发和反馈，以实现立体式传播效果。其中，《澎湃夜读》积极介入晚间阅读空间，探索社会价值的公共话题，并采用独特的创作方式。这个节目成为一个社交平台，吸引了广泛的听众，帮助个体在夜晚的时光中深度思考社会问题，促进了知识和观点的交流。此外，《夜读·经典之夜》以"有声"为特色，每周日晚推出经典朗读版，以朗诵艺术家和播音员主持人的演绎，使读者感受经典文学名著之美，进一步强化了个体与文化传统之间的联系。除了夜读节目，澎湃新闻还通过《新城市志》这一周末刊，关注城市竞争话题，以评论员视角分析城市发展和区域经济，深化地方政务合作，成为著名品牌之一。这个栏目帮助个体更好地了解城市动态，参与城市建设，加强了个体与城市之间的互动，同时也反映了数字媒介对城市生活的积极影响。

又如，澎湃新闻要闻中心推出的栏目《早餐湃》和《晚安湃》。这两个栏目的目标是提供更加便捷和精练的新闻阅读体验，满足不同时间段读者的需求。以下将详细介绍这两个栏目以及澎湃新闻的品牌运营策略。

《早餐湃》的主打特色是"昨夜今晨，精选读报"，每天从前一天21:00到当日8:00之间，聚合整理当天最重要的新闻摘要和精编报道。此外，该栏目还特别收录了央媒党报的重要文章，以确保读者能够获取更全面的信息。早报包含了基本的新闻栏目，同时还设有《读报》栏目，让读者深入了解新闻背后的故事。通过精练的标题和摘要,以及文图聚合和智能语音播报,《早餐湃》提供了一种快速的新闻传递方式,帮助读者高效地了解当天的重要事件。

《晚安湃》的主打特色是"优质精选,速览全天",每天从当日8:00到21:00,聚合当天白天的新闻摘要和报道。这个栏目的目标是为那些在白天工作繁忙的读者提供一条快速浏览当天要闻的途径。通过简明扼要的报道和摘要,读者可以在短时间内了解当天发生的重要事件,而不必费时阅读大量的新闻内容。

澎湃新闻的这两个栏目都注重提供快速、精练的新闻阅读体验,适应了不同读者的时间安排和需求。通过精心挑选的报道和智能技术的应用,澎湃新闻致力于成为读者获取新闻的首选平台。

必须注意到,澎湃新闻各栏目的矩阵虽然丰富、多元,但内核的整体调性又是一致的。《澎湃评论》栏目采用全媒体运营,形成"整体传播"效应,引导和主导舆论,强调主流价值和文化,从而在新闻评论领域发挥重要作用。"澎湃视频"和《美数课》通过数据可视化吸引了年轻一代的用户。同时,澎湃新闻还建立了数据实验室,提升了产能和经验积累,为更好地满足不同读者的需求不断努力。

总的来说,澎湃新闻的品牌运营策略旨在实现各栏目之间的关系协同,鼓励打造名栏目,以提升母品牌澎湃新闻的价值。这种协同效应使得每个栏目都能够发挥其独特的优势,为读者提供更加多样化和高质量的新闻内容。通过不断创新和改进,可以实现"1+1>2"的效应,为读者提供更好的新闻阅读体验。

四、公众联结:媒体品牌效能的聚合与转化

在当今数字化与全球化的背景下,新型主流媒体承担着促进公共讨论、增强社会凝聚力,并作为文化传播与国际交流的重要载体的责任。这要求

新型主流媒体不仅要在信息传播的速度和广度上作出努力,更要在加强公众联结、提升品牌效能的转化上下功夫。澎湃新闻作为新型主流媒体的代表,其在公众联结与品牌效能转化方面的实践为媒体行业提供了重要的参考。

首先,新型主流媒体需构建广泛而深入的公众联结。在移动互联网时代背景下,澎湃新闻通过建立起《澎湃明查》等栏目,采用严谨的事实核查机制,不仅提升了新闻报道的真实性和可靠性,也增强了公众对媒体品牌的信任度。这种基于事实核查的品牌信任是在虚假信息泛滥的数字时代中构建公众联结的关键。

其次,面对国际传播的挑战,新型主流媒体必须积极参与国际话语权的构建,加强国际传播能力。澎湃新闻通过IP SHANGHAI这一平台的建设,有效推动了中国城市形象的国际化传播,增强了国际社会对中国文化和社会发展的认识,进一步加深了国际公众对新型主流媒体品牌的认知和认同。

2022年9月,澎湃新闻举办了一项名为"50年50人"的系列采访活动,其旨在深入挖掘中日两国之间的有价值、有共鸣、有温度的故事,以促进两国情感的有效联结。这一举措不仅展现了澎湃新闻对于跨国情感交流的重视,还为建立更紧密的中日关系打下了坚实的基础。

2022年11月,澎湃新闻迈出了新的一步,推出了澎湃新闻国际频道,通过重新整合国际栏目,加大优质国际原创新闻的力度,突出了"澎湃国际"新闻品牌。这一举措不仅展示了澎湃新闻的国际化野心,还是其实施新型主流媒体品牌战略的具体体现。澎湃新闻国际频道的推出,标志着新型主流媒体在全球化背景下的品牌战略转型,旨在通过高质量的国际原创新闻内容,提升国际传播力和影响力,实现品牌效能的国际化聚合与转化。为了实现这一战略,澎湃新闻积极构建全新媒体融合生态系统,通过深度联结媒体与用户、线上与线下、中国与世界,以实现品牌效能的聚合与转化。其目标是共创价值,不仅仅是为了自身利益,而且要与各界共同努力,推动社会的发展与进步。

澎湃新闻被视为国内媒体融合的先行者,它深知新型主流媒体需要进行深度整合,以影响社会上的大多数人。通过建立紧密的用户关系、有效传播和品牌塑造,澎湃新闻为自己的品牌注入了新的动能。它不仅仅是一个传媒机构,更是一个社会资源的整合者,激活着各种关系网络,为媒体生态的重建贡献力量。

第七章

媒体融合背景下主流媒体新媒体运营的发展图景

第七章　媒体融合背景下主流媒体新媒体运营的发展图景

媒体融合已经深刻改变了媒体产业的面貌，本章基于构建主流媒体新型运营模式、把握主流媒体深度融合的走向、从融媒体到智媒体的路径调适三个方面预测主流媒体在数字时代的进一步发展，为读者提供对媒体融合未来趋势的深刻洞察，帮助主流媒体更好地准备迎接媒体领域的挑战和机遇。

第一节　构建主流媒体新型运营模式

在新技术的创新变革、新政策的大力推动以及经济社会发展的新需求的推动下，中国主流媒体正迈入媒体融合转型的新阶段。这一过程涵盖了技术、内容、渠道融合等多个方面的发展，对于构建现代传播体系具有重要意义。在"十三五"期间，中国主流媒体取得了显著的进展，特别是在媒体融合方面。它们积极探索不同的媒体融合模式，为现代传播体系的构建提供了有力支持。这一阶段的努力不仅推动了技术的应用创新，还为内容的多样化和渠道的拓展提供了坚实的基础。

主流媒体面临着新兴平台的竞争压力，因此需要在平台建设、用户沉淀、商业运营等方面提升自身实力，以保持竞争力。2020年9月发布的《关于加快推进媒体深度融合发展的意见》强调，要发挥市场机制作用，增强主流媒体的市场竞争意识和能力，探索建立"新闻+政务服务商务"的运营模式，创新媒体投融资政策，增强自我造血机能。这一政策文件为主流媒体的融合提供了明确的指导和支持。

在面对新形势和挑战时，主流媒体需要清晰地确定创新方向，并探寻新型运营模式的建构路径。这包括不仅仅依赖于技术的升级和创新，还需要不断提升内容的质量和吸引力，以满足不断变化的用户需求。此外，主流媒体还需要灵活应对市场的动态变化，积极拥抱新技术，创造更多的商业机会，以确保其在媒体融合转型中的成功。

一、新形势：媒体深度融合进入关键窗口期

在技术创新、政策推动以及行业变革等多种因素的共同推动下，媒体融合正经历着从简单的"相加"到更深层次的"相融"，并逐渐发展向深融阶段。这意味着媒体融合正处于一个关键的发展时期。只有充分认识到当前面临的新形势，主流媒体才能真正实现融合转型，从传统媒体向新型媒体跨越，更好地促进社会经济发展，为国家治理和百姓生活提供更好的服务。

（一）新时代——提出融合转型新要求

自党的十八大以来，中国主流媒体一直受到高度重视，面临着媒体融合转型的重大要求。不同历史时期，为了全面推动媒体融合，不同的策略和目标被制定出来。特别是在新发展阶段，主流媒体的使命越发艰巨，因为它需要在互联网舆论战场上积极参与，与新型媒体竞争，同时还要不断推动自身改革创新。这一切旨在为现代化国家建设和社会治理提供有力支持。媒体融合的目标已经不再仅仅是传播信息，而是通过多元化、创新化的方式来满足广大受众的需求，提高媒体的影响力和公信力。

（二）新业态——带来融合转型新机遇

面对短视频和直播平台的迅速发展，媒体界积极迎接这一机遇，尝试

进入这些新兴领域，以探索新的商业化可能性。这不仅为媒体提供了更广泛的受众和传播渠道，还为广告和内容付费等商业模式的创新提供了空间。同时，主流媒体也加强了在网络主战场的存在，以适应媒体环境的快速变化，保持自身竞争力。媒体融合的机遇并非仅限于商业层面，它还有助于推动新闻内容的多样化和深度报道，提供更具吸引力的内容以吸引受众。

（三）新技术——激发融合转型新可能

5G、人工智能、大数据、云计算、物联网和区块链等新技术不仅改变了内容生产和传播方式，还提高了媒体的传播效率和服务水平。这些技术有助于提升主流媒体的传播力、引导力、影响力和公信力，从而促进全面、全息、全员、全效的媒体建设。特别是人工智能技术为新闻内容创新变革提供了有力支持，使媒体能够更好地个性化定制内容，增强用户体验，同时也提高了新闻报道的准确性和效率。这些新技术的融合将为媒体行业带来前所未有的发展机遇，同时也需要媒体机构不断学习和适应，以充分发挥这些技术的潜力，推动媒体融合转型取得更大成就。

二、新挑战：融合转型面临多重阻力

目前，中央级媒体如人民日报和新华社，以及一些顶尖的省级和市级媒体，已经积极探索市场化运营，取得了一些成功的运营模式。然而，一些省级、市级以及县级融媒体中心正处于初步尝试市场化运营的阶段。在市场化机制的探索过程中，由于体制机制、人才等多种因素的制约，运营模式创新进展较为缓慢。

（一）传统的体制机制阻碍市场化探索

在探讨媒体市场化发展的路径时，有必要关注传统的体制机制对这一进程所带来的阻碍。首要问题是主流媒体体制机制改革的差异和难度，尤其在西部偏远地区。这些地区的媒体机构往往面临资源匮乏、人才短缺等挑战，限制了它们迅速适应市场化要求的能力。公益机构属性也成为一个限制因素，媒体往往被要求在公益和经营性业务之间寻求平衡，而这可能导致市场规律的忽视。此外，缺乏有效的个体激励机制，导致媒体从业人员之间待遇悬殊，同工同酬问题难以解决。最后，缺乏媒体与其他机构的协同联动机制，也妨碍了业务的拓展和市场化进程的推动。

（二）缺乏具有创新意识的全媒体人才

主流媒体在面临优秀人才流失和缺乏创新型专业人才的问题时备受困扰。薪资待遇和晋升空间不具备竞争力，导致许多优秀人才选择外流或寻求其他行业的机会。与此同时，媒体行业缺乏全媒体人才，这些人才应该具备对用户需求、技术趋势和运营策略的深刻了解。传统人才思维和专业素养也是一个问题，因为部分从业人员并非媒体专业出身，这可能导致创新能力的不足。

（三）内容生产无法匹配功能拓展速度

主流媒体在平台建设和渠道拓展方面取得了显著进展，但缺乏足够的优质原创内容。尽管拥有广泛的传播渠道，但缺乏吸引用户的内容将限制其发展潜力。政务服务、生活服务和商务服务功能的拓展对于媒体的重要性不言而喻。然而，一些市县级媒体过于注重硬件建设，而忽视了内容生产的多样性和质量。这使得它们无法跟上功能拓展速度，导致功能不够丰富。媒体主要职能仍以信息传播和新闻宣传为主，而在政务服务、生活服务、商务服务等方面功能相对较弱。服务功能设计不够合理，用户体验也因此不佳。

（四）技术创新不足影响模式重构步伐

主流媒体相对于新型媒体在技术创新方面存在明显的不足。新型媒体在技术创新研发速度和深度上领先主流媒体，这使得后者在竞争中逐渐失去优势。部分主流媒体缺乏资金和人才支持，无法有效引进和应用新技术。这限制了它们在技术创新领域的发展潜力。技术创新被认为是推动主流媒体融合转型和服务模式创新的关键。因此，充分利用新技术如5G、人工智能、VR、AR等来提高传播效率和满足各方需求变得尤为重要。要推动模式重构的步伐，需要主流媒体在技术创新方面取得更多的进展，以保持竞争力并提供更好的服务。

三、新方向：构建新型媒体服务综合体

《关于加快推进媒体深度融合发展的意见》明确提出要探索创立"新闻+政务服务商务"运营模式，强调了国家层面的主流媒体应积极自我创新，不仅要承担信息传播、舆论引导和生活服务的角色，还需积极参与市场竞争，发挥市场的作用，动员社会资源，探索不同经营方式，打造集新闻服务、政务服务、生活服务和商务服务为一体的多功能媒体服务综合体。

（一）新闻服务：主流价值的引领者

主流媒体一直以来都扮演着重要的社会角色，其核心功能之一是提供新闻服务。这项任务不仅仅是报道事件和现象，更是通过专业的新闻报道和分析，为公众提供关键信息，帮助他们理解复杂的社会问题。但主流媒体的价值远不止于此。它们在社会中的优势在于专业内容的生产和舆论引导，从而成为主流价值的引领者。

主流媒体的专业内容生产是其不可替代的特点之一。在信息爆炸的时代，公众需要可信的、深入的报道，以帮助他们做出明智的决策。主流媒体的记者和编辑经过严格的培训，能够深入挖掘事件背后的故事，提供全面、准确的报道。这种专业性有助于消除虚假信息的传播，维护社会的信息健康。

此外，主流媒体还在舆论引导方面发挥了关键作用。它们通过编辑和评论，塑造了社会对于各种问题的看法和态度。这种舆论引导能够促进社会对于某些价值观念的认同，推动社会进步和变革。因此，主流媒体不仅仅是信息的传递者，更是社会的价值引导者，影响着公众意识形态和行为方式。

（二）政务服务：社会治理的助力者

媒体在社会结构中的角色不仅仅局限于新闻服务，它们还在政务服务方面发挥着重要作用，推动了社会治理方式的创新。在现代社会中，政府与人民之间的高效沟通至关重要，而主流媒体可以成为政府服务的集成入口，提供便捷的政务服务，助力社会治理。

随着数字技术的发展，政府越来越多地将政务服务移植到在线平台上。主流媒体可以充当这一过程中的重要中介，为公众提供与政府互动的渠道。通过报道政府政策和举措，以及提供政府部门的联系信息和在线服务入口，主流媒体有助于人民更容易地获取政府服务。这种便捷性不仅提高了公众对政府的满意度，还加强了政府与人民之间的信任和互动。

此外，主流媒体还可以促进政府的透明度和问责制。通过持续的报道和监督，它们可以揭示政府不当行为和腐败现象，推动政府改革和改进。这种监督作用有助于维护社会的公平性和正义性，确保政府服务真正服务于人民的利益。

（三）生活服务：多元需求的满足者

随着技术创新不断丰富新型媒体功能，媒体行业正在积极满足人们的多元化需求，包括教育、健康、娱乐和购物等方面。这一趋势使人们能够更方便地获取各种生活服务，从在线学习和医疗咨询到娱乐媒体和电子商务平台，这种多功能性不仅提高了用户体验，还为媒体公司创造了更多的商机。

要实现这些商机，主流媒体需要转变传统的信息传播思维。它们需要定位自己为提供多元化公共服务的传播体，而不仅仅是信息的传递者。这意味着它们需要更深入地了解用户的需求，通过个性化和精准的内容推荐来提升用户黏性，留住用户。只有这样，它们才能够在市场竞争中保持竞争力，支撑市场化的可能性。

（四）商务服务：经营业务的开拓者

主流媒体正朝着市场化探索的方向发展。它们意识到，未来的趋势是开拓多样化的经营业务。这一趋势要求主流媒体不仅仅局限于传统的新闻报道和信息传播，还要积极参与其他商业领域，如广告、文化创意和电子商务等。通过多元化的业务，它们可以降低经营风险，提高盈利能力。

为了实现这一目标，主流媒体需要借助新媒介形态和技术，吸收新型媒体的经验。它们可以探索市场化经营的更多可能性，开拓丰富多元的业务形态。这包括利用数据分析、人工智能等技术，以提供更精准的广告服务，吸引广告客户。此外，它们还可以与电子商务平台合作，将媒体内容与购物体验相结合，为用户提供更丰富的消费选择。

四、新路径："向内融合""向外跨界"

当前，主流媒体运营模式正在不断进行创新实践，探索多个层面的发展机会。这些创新包括了"新闻+政务"、"新闻+服务"以及"新闻+商务"等领域的探索。未来主流媒体的转型和重塑需要更进一步提升市场竞争力，以适应不断变化的发展需求。这意味着需要构建新的运营模式，将媒体与政务、服务、商务等领域相融合，创造出全新的"新闻+政务服务商务"模式。

新型运营模式的构建应当遵循两个关键的发展逻辑，即"向内融合"和"向外跨界"。"向内融合"意味着在媒体内部整合多个平台和资源，以充分发挥内部潜力,使信息传播效果最大化;"向外跨界"表示媒体将与不同行业和领域展开跨界合作,为各行各业提供转型和变革的解决方案和路径,从而促进创新发展,实现共赢。融合和跨界合作成为主流媒体实现资源打通和优势互补的关键。同时,这也是提升市场竞争力的必要条件。通过与其他领域的合作,主流媒体可以更好地满足社会的多元需求,实现自身的社会责任与担当。

(一)大力推进体制机制改革,实现多方协同联动

在推进媒体融合的道路上,一项关键举措是大力推进体制机制改革,以实现多方协同联动。这一改革被认为是媒体融合的先决条件,具有重要的战略意义。为了实现这一目标,政府和相关部门需要采取一系列措施。

第一,政府鼓励主流媒体进行市场化经营,拓宽营收渠道,解决经费来源问题。这可以通过提供税收优惠、减轻行业负担等方式来支持媒体的商业化发展。这不仅有助于媒体更好地满足市场需求,还有助于提高其经济自主性。

第二,政府促进主流媒体与政府机构协同合作,整合资源,优化政务服务功能。这种合作可以通过建立沟通渠道、共享信息资源、推动政府信息公开等方式来实现。这不仅可以提高政府的透明度和效率,还可以帮助媒体更好地履行监督职责。

第三,政府应该提供创新空间和试错机制,鼓励主流媒体勇于纠错,促进创新。在媒体行业,创新至关重要,政府应该为主流媒体提供实验的机会,鼓励它们不断尝试新的业务模式和技术应用。政府的支持和鼓励可以激发媒体机构的创造力,推动行业的发展。

(二)不断加强媒体平台建设,实现服务跨屏跨界

媒体平台建设是服务的基础,还可以实现跨屏跨界的服务,提供更多元化的体验。

首先，主流媒体应加强自有网络平台建设，增加用户数量，提升用户黏性。通过持续改进网站和应用程序的功能和内容，媒体可以吸引更多的用户并留住他们。这意味着主流媒体不仅要提供高质量的新闻和信息，还要提供各种多媒体内容，如视频、音频和互动体验，以满足不同用户的需求。

其次，媒体可以利用新兴互联网平台，借助其核心优势，提供多元化跨屏跨界服务。这包括在社交媒体上分享新闻内容，利用移动应用提供定制化的信息推送，以及利用大数据和人工智能技术推荐个性化内容。通过与新兴平台的合作，媒体可以更好地触达不同的受众，扩大影响力。

（三）推进全媒体人才培养，有效提高人才竞争力

主流媒体需要培养全媒体人才，这些人才应具备综合的媒体运营和互联网技术，以更好地满足现代受众的需求。他们不仅需要传统的新闻报道能力，还需要深刻理解数字媒体、社交媒体和多媒体制作等领域的技能。只有具备这些技能的人才，才能够有效地运用不同媒体平台，提供多元化的内容，实现主流媒体的创新和发展。

建立有效的激励机制和公平的考核体系对于提高现有人才的积极性至关重要。主流媒体应该鼓励员工不断学习和提升自己的技能，同时要确保激励机制公平公正，能够激发员工的工作热情。这可以包括薪酬激励、晋升机会、培训计划等多种手段，以确保员工在不断提高自身能力的同时，也能够获得应有的回报。

教育主管部门在此过程中扮演着重要的角色。它们应该统筹全媒体传播相关专业设置，推动全媒体人才培养。这意味着在高等教育和职业教育领域提供更多课程和培训，以满足行业对全媒体人才的需求。此外，政府部门也可以提供财政支持和政策鼓励，以促进全媒体人才的培养和发展，为主流媒体运营模式的创新提供有力支持。

（四）拓宽内容生产范围，努力实现价值引领

主流媒体应当包括教育、文化、娱乐、购物等多样化内容，以提高跨平台整合能力。传统新闻报道仍然重要，但同时也需要满足受众对多元化内容的需求，这将有助于吸引更广泛的受众，增加媒体的影响力。

主流媒体应当提供丰富的信息服务和个性化体验，以增强用户的黏性。通过了解受众的需求和兴趣，主流媒体可以更好地定制内容，提供与受众相关的信息和体验。这将有助于留住现有用户，并吸引新用户，进一步扩大媒体的影响范围。

主流媒体应保持信息传播的效果，发挥其舆论引导功能，实现内容的价值引领。主流媒体在社会中扮演着重要的角色，它们有责任传播真实、准确、有价值的信息，引导受众形成正确的价值观和思考方式。通过不断提高内容的质量和深度，主流媒体可以影响社会的发展方向，推动社会进步，实现内容的价值引领。这不仅是主流媒体的职责，也是其社会责任的一部分。

（五）充分挖掘市场潜力，不断创新媒体商业模式

当前，媒体行业正处于快速发展和技术变革的前沿，面临着来自外部环境和技术创新的巨大机遇和挑战。为了在这个竞争激烈的市场中保持竞争力，主流媒体不得不积极应对这些变革，利用其内容和人才优势，不断创新商业模式。

第一，创新商业模式。除了传统的广告业务，主流媒体应该积极扩展其传统业务范围，提供专业服务，与其他领域的企业合作，开展新的业务领域。这种多元化的商业模式可以降低媒体企业对广告收入的依赖，同时也能够更好地满足不同受众的需求，增强市场竞争力。

第二，新型运营平台的构建。随着短视频和直播趋势的兴起，媒体机构可以考虑建立广电MCN机构，通过孵化主持人和记者，培养他们成为短

视频或直播领域的红人。这些红人可以通过直播带货等方式实现品牌和流量的变现，为媒体带来新的收入来源。这种创新模式不仅可以吸引年轻观众，还可以加强与互联网和移动媒体的竞争。

第三，结合新闻和政务服务的商务模式。通过整合新技术，如人工智能、5G、大数据和云计算，主流媒体可以提高其服务性、互动性和体验性，构建新型的运营模式。这种模式可以帮助媒体提供更加智能化的新闻和政务服务，吸引更多的用户，并提高用户满意度。

第二节 把握主流媒体深度融合的走向

对于主流媒体来说，深度融合发展是媒体融合的再推进、再出发。在此进程中，主流媒体需要把握四个维度的走向，通过全方位、深层次、系统性的变革，实现功能再造、体系重塑、整体转型。

一、从"小融合"走向"大融合"

媒体融合纵深推进的过程，实际上也是主流媒体从起步探索、局部改造的"小融合"，迈向深化改革、系统突破的"大融合"的过程。在这一过程中，主流媒体将成为集舆论引导、信息传播、文化服务、社会治理等功能于一体的平台型枢纽。融合之后的媒体已经不再是工业社会时期的媒体，而成为网络社会中推进社会治理的基本抓手，成为政治、社会、文化乃至经济的根本平台。

在"小融合"阶段，主流媒体更多处于浅层融合，整合的主要是新闻媒体资源，解决的是"有没有"的问题。各级媒体机构纷纷成立融媒体中心，建设中央厨房、云平台，布局"两微一端"，把原本没有的组织架构、技术平台、传播渠道"补全"起来。这一阶段的媒体融合属于"破冰之旅"，打破了传统格局，形成了蓬勃之势，取得了积极成效，但从目前情况看，我国媒体融合发展整体优势还没有充分发挥出来。进入"大融合"阶段，主流媒体应着眼于深层融合，整合广泛的传播资源、政治资源、社会资源、经济资源、文化资源，解决"强不强"的问题，成为群众离不开的渠道、用户离不开的平台、社会离不开的枢纽，占领信息传播制高点、打造舆论引导新高地、构建社会治理新平台。

"大融合"首先是媒体与媒体层面的深度融合。主流媒体要从增设一个新媒体部门、增加一条新媒体渠道这样的"部分相加"方式，向传统媒体与新型媒体融为一体、合而为一的"整体深融"方式转型，通过"破坏性创造"，实现融合质变、传播裂变，进化为具有强大影响力、竞争力的新型主流媒体。新型主流媒体内部不再有传统媒体板块与新型媒体板块之分、传统媒体人与新媒体人之分，它整体上就是一个网络化、数字化、在线化、智能化的媒体，其全员都是新媒体人，互联网思维是它的基本思维模式，数字化生存是它的基本生存方式，在线化传播是它的基本传播逻辑，智能化驱动是它的基本驱动引擎。相对于传统媒体，新型主流媒体不仅仅是"新媒体"，还是"新物种"，是媒体进化的高级阶段。

"大融合"也是媒体与社会层面的深度融合。主流媒体要站在助推国家治理能力与治理体系现代化的高度来定位自己的角色。当前社会正在进入"媒介化社会"，传播逻辑成为社会运转的基本逻辑之一。某种意义上，"传播即治理"，传播能力已经成为重要的治理能力，传播场域已经成为重要的治理场域。政务新媒体的勃兴，就是鲜明的例证。主流媒体要与政府资源、社会思想文化公共资源、社会治理大数据等深度融合，实现"双重内嵌"，即一方面内嵌于政府传播体系之中，另一方面内嵌于社会治理体系之中，成为主流声音的"传播高地"、网络社会的"基础设施"、数字时代的"治理界面"、服务群众的"综合平台"，在权威信息发布、政策制度解读、社情民意沟通、舆情风险管理、应急体系建设、地方网络问政、百姓生活服务、社区网格管理、智慧城市建设、助力乡村振兴等众多领域扮演重要角色,为社会的良治、善治、长治贡献不可替代、不可或缺的主流媒体力量。

二、从"小生态"走向"大生态"

当下主流媒体所处的生态系统,正在发生从"小生态"到"大生态"的结构性变迁。原来的"小生态",是传统媒体主导的传播生态,而现在的"大生态",则是互联网主导的传播生态。主流媒体要推进深度融合、挺进主阵地,必须适应新的生态环境,掌握新的核心能力,找到属于自己的"生态位"。

一是舆论生态方面,出现了高度复杂的大舆论场。面对众声喧哗、错综复杂、叠加共振的大舆论场,主流媒体必须主动进场、始终在场,该发声时要及时发声,该亮剑时要果断亮剑,要爱护自己的公信力,在关键时刻发挥"一锤定音"的效果,努力凝聚最大"公约数"、画出最大"同心圆"。还要注意到互联网舆论生态的一个重要特征,那就是在形成界限模糊的大舆论场的同时,还形成了壁垒分明的圈层舆论场。特别是在年轻网民中,圈层化传播成为重要的传播方式,圈层内外存在"沟通鸿沟",这使得以往的普适性传播效果大为减弱。主流媒体必须具有"入圈""破圈""出圈"的能力,传播的内容、发起的活动要能让年轻网民愿意主动参与、主动评论、主动分享,方可黏住这些"互联网原住民",实现主流价值的有效引领。

二是内容生态方面,出现了大视频生态。在传统的内容生态中,图片、文字、音频、视频泾渭分明,各居其位。随着互联网的发展、智能手机的普及和5G应用的深化,视频化成为融合传播的主流趋势。短视频、直播等视频新形态的兴起,更是直接催生了抖音、快手等头部网络平台,形成了"全民直播"的热潮,深刻改变了原有的传播格局。在视频内容新生态下,网络视频已经成为最重要的互联网应用,视频业务已经成为媒体平台角逐的主战场。主流媒体必须将"视频优先"作为重要战略,在网络视频领域重点发力,全面提升视频化表达、视频化生产、视频化传播的能力,成为有态度、有作为、有影响的网络视频内容生产者、整合者、传播者，在激烈博弈的互联网场域中发出响亮的主流声音，让正能量产生大流量、好声音成为最强音。

三是媒介生态方面，出现了"媒介泛在"的新景象。在原来的媒介生态中，媒介的定义为特指，就是指广播、电视、报刊等大众传媒。而在万物互联、万物皆媒、人机共生的新生态中，媒介的定义变成了泛指，媒介变得无所不在、无处不达。广播、电视、报刊是媒介，电脑、手机、平板是媒介，汽车、家居、可穿戴设备是媒介，乃至城市本身都将成为一个媒介平台。在这种新的媒介生态中，主流媒体的渠道垄断性、信息垄断性、传播垄断性不复存在，从"唯一"变成了"之一"。主流媒体必须主动适应这种"泛媒化"趋势，跳出原来的媒介形态束缚，抢占不同的终端，进入不同的应用场景，实现"云端互联、终端泛在"。事实上，广播从收音机终端拓展到车载电台终端，使自身从"固定化"变为"移动化"，就是一次成功的"媒介泛在"迭代。在新的媒介生态下，主流媒体必须围绕用户的场景触点，实现更大尺度、更高维度的泛在迭代，确保始终与用户保持在联、在线。

三、从"小运营"走向"大运营"

传统的媒体运营，更多聚焦于媒体本身传播资源和广告资源的开发，"就媒体做媒体"。在商业逻辑上，属于"版面化生存"，是通过售卖版面资源（时段资源）来获取广告收益，关注点在于如何实现版面（时段）的价值最大化。随着用户注意力向互联网转移，传统媒体的版面（时段）价值大为稀释，广告收益急剧萎缩，"版面化生存"的逻辑正在被瓦解，不少传统媒体面临严峻的生存危机。随着媒体深度融合的推进，主流媒体必须树立"大运营"理念，将媒体资源与更多领域嫁接、向更多行业延展，构建"媒体+"业务矩阵，"跳出媒体做媒体"。

"媒体+"的战略布局，在于立足传播、相关多元，打造多个规模化乃至支柱性的业务板块，不断增强自我造血机能，以新业务、新领域、新市场的"增量"，来应对复杂环境下不确定性带来的"变量"。对于主流媒体来说，"大运营"本质上是一次新旧动能转换，寻找的是能够帮助媒体二次腾飞的"第二增长曲线"，这意味着要走出旧的"舒适圈"，建立新的"能力圈"。主流媒体要从单一的资讯内容提供者转为多元的综合服务提供商，在做好传播业务的同时，积极拓展政务服务、民生服务、智库服务、数据服务、技术服务等，做到"传播创造价值"与"服务创造价值"并重。主流媒体还要实现"产业跨界"，从自身资源禀赋出发，有所为有所不为，积极探索"媒体+文旅""媒体+文创""媒体+会展""媒体+健康""媒体+教育""媒体+电商""媒体+金融"等不同业态，努力将一个个新增长点转化为一个个新增长极。

"媒体+"的基础支点，在于做强、做优、做精，以内容优势赢得发展优势，以内容的核心竞争力支撑媒体的市场竞争力。不管竞争格局如何变化、传播生态如何演化、媒介形态如何进化，不管是在PC互联网时代，还是在移动互联网时代，或是将来进入所谓"元宇宙时代"，有一点是始终不会变的，那就是受众永远都渴求优质的、稀缺的内容。主流媒体要始终把内容作为安身立命之本，深化内容生产供给侧结构性改革，扩大优质内容产能，成为优质内容供给的主力军，形成强大的品牌影响力。只有内容根基稳固，媒体才具有延伸拓展新业务的可能，"媒体+"才能落地。对内容也要进行"大运营"，要从"作品思维"转变为"产品思维"，从"版面思维"转变为"版权思维"，从"二次售卖"转变为"多轮开发"，把握内容产业链和价值链的关键环节，集中力量打造有版权价值的优质IP，开发多种形态、多种功能的文化产品，满足不同场景、不同平台、不同用户的需求，实现多种来源、多种类型的收益。

四、从"小循环"走向"大循环"

互联网最大的特征之一是开放,人人可使用、人人可参与、人人可传播,联通万众、连接万物。推进媒体深度融合、做强新型主流媒体,必须强化互联网思维,从封闭逻辑转为开放逻辑,在"大循环"中实现要素的有机重组、资源的有效配置。

一是从媒体自我的"小循环"融入社会流通的"大循环"。传统媒体行业具有很强的垄断性、封闭性特征,边界分明、高度固化,长期处于内部的自我循环状态。互联网的崛起带来了传播的"无边界时代",传统媒体的边界在不断消解,但传统媒体长期形成的封闭习惯尚未根本性改变。传统媒体需要"开门办报""开门办台""开门办网",融入内容的大生产、资源的大流通之中。比如在内容上,与社会化信息生产、泛众化信息传播带来的海量内容相比,主流媒体生产的内容规模要小得多。主流媒体需要以开放平台吸引广大用户参与信息生产传播,整合PGC、UGC、OGC、MGC等各种内容形态,丰富内容来源、增强内容供给,让平台热气腾腾、人气旺盛。又如在人才上,媒体深度融合的关键是人才的深度融合。想要建立一流的新型主流媒体,完全依赖现有人才是难以做到的。主流媒体一方面需要大力推动现有人才转型,另一方面需要大力吸纳外部人才加入,优化人才结构、补齐人才短板、增强人才优势,为媒体深度融合提供强有力的智力支撑。再如在资金上,媒体融合资金投入巨大,仅依靠自有资金难以持续,仅通过自我积累式发展难以做大做强,因此,主流媒体需要积极探索通过合资合作、并购重组、上市融资等多种方式,加快打造具有示范性、引领性、带动性的新型主流媒体。

二是从传统产业的"小循环"融入数字经济的"大循环"。数字经济发展速度之快、辐射范围之广、影响程度之深前所未有,正在成为重组全球要素资源、重塑全球经济结构、改变全球竞争格局的关键力量。传统的媒体产业"蛋糕"变得越来越小,"内卷"变得越来越严重,数字经济的规模和市场则正在快速扩大。面对数字产业化、产业数字化的浪潮,主流媒体应当主动融入、积极作为。比如发展内容科技,运用人工智能、虚拟现实、大数据、云计算、超高清等各种新技术,着力打造艺术与科技深度融合的"新内容",带给受众沉浸式、交互式、高品质的文化消费体验。又如挖掘数据资产,包括打通媒体自有的各类平台、各类服务的大数据、整合各类行业大数据、对接政府大数据等,建立以数据为关键核心要素的新业态,开辟政用、民用、商用新途径。再如参与智慧城市和数字乡村建设,提供各类智能化、一体化、协同化、场景化、便捷化的信息服务和数字应用,助力城乡数字治理、协调发展。

三是从区域市场的"小循环"融入全国市场的"大循环"。我国的传媒市场根据行政区划,分成了一个个区域性市场,区域边界往往就成为媒体的规模边界,媒体机构虽多,但普遍小、弱、散。要建成具有强大影响力和竞争力的新型主流媒体,特别是要成为骨干型、旗舰型新型主流媒体,就需要吸纳更大市场、更广空间的资源作为支撑。对于区域性主流媒体来说,这涉及三个方面。第一个方面是深耕本地市场,"下沉"到本地用户身边,提供贴近性内容和服务,这是生存和发展的基础市场。第二个方面是紧跟国家深入实施的区域重大战略和区域协调发展战略,如京津冀协同发展、长江经济带发展、粤港澳大湾区建设、长三角一体化发展等,通过区域间媒体的内容联合制播、活动协同开展、业务联动发展等多种方式,把影响力扩大到跨区域的都市圈、生活圈中。第三个方面是挺进互联网主战场,直面全国市场的激烈竞争,着力推出具有全国影响力的"爆款"产品,不断提升自己的传播能级、影响量级。

媒体深度融合正在路上,道阻且长,行则将至。从"小融合"走向"大融合",从"小生态"走向"大生态",从"小运营"走向"大运营",从"小循环"走向"大循环",通过持续不断的改革与创新、再造与重塑、迭代与进化,新型主流媒体方能进一步发展壮大,在新的传播格局中履行好职责使命、展现好担当作为。

第三节 从融媒体到智媒体的路径调适

主流媒体需要转变媒体角色，整合传播功能，调整融合模式，实现从融媒体到智媒体的转变，适应智能时代的发展，实现传播体系的协调运转。如果说融媒体是已有成果，那么智媒体则是未来趋势。与融媒体不同，智媒体是智能媒体，是智慧媒体，也是智力媒体。智媒体建设驱动的媒体融合发展，不仅可以通过智能传播构建信息传播体系，也通过智慧传播搭建舆论生态体系，还能通过智力传播服务于社会治理体系。只有突破以融媒体建设带动媒体融合发展的传统路径，实现智媒体驱动的智能社会转型与社会治理进化，才能真正发挥全媒体传播体系的作用。

一、转变角色：从中介组织变为社会行动者

媒体该承担什么样的角色？在"媒体"与"媒介"概念的区分中，媒体曾被广泛视为传播信息的中介组织，如报社、电视台、杂志社，而报纸、电视、杂志则是媒介。在这一逻辑下，媒体作为中介组织，在传播链条中是公众与社会之间的中间环节。主流媒体作为专业组织需要遵守专业理念，其活动局限于新闻传播领域。但随着媒介化社会的到来，万物皆媒，当前的社会行动空间是虚拟与现实融合的空间，越来越多的社会行动都在网络虚拟空间进行，公众作为媒体服务的对象在此空间内已从"围观者、表达者'升级'为积极的行动者"[①]，主流媒体也需要转变角色，变为社会行动者，广泛参与社会建设，不断提升传播力、引导力、影响力与公信力。智

---

① 胡百精.互联网、公共危机与社会认同[J].山东社会科学，2016(4)：5-12.

媒体是智能时代不可或缺的基础设施，是智能社会的基础性构成，是联结人、物与社会的"杠杆"。当主流媒体完成智能技术设施建设，融合转型的重心就不再是内容生产模式的创新与组织制度的改革，而是如何承载整个智能社会。

当前社会既是信息社会，又是数字社会。

一方面，主流媒体要继续提供新闻信息，做好舆论监督，发挥主流媒体的桥梁作用。随着公众参与社会治理的意识不断提高、渠道不断拓展，区域性主流媒体要在进一步优化原有"问政"平台的基础上，积极建设民意表达通道，协调民众与政府之间的关系，在传达党和政府的方针政策的同时，发挥"民众的耳目喉舌"功能。

另一方面，主流媒体要积极参与社会治理，做好基层信息服务，助力社会经济发展。积极发展各种互动式、服务式、体验式新闻信息服务，实现新闻传播的全方位覆盖、全天候延伸、多领域拓展，推动党的声音直接进入各类用户终端，努力占领新的舆论场。如一些县级融媒体产品体现出的多样化、丰富性、灵活性，尤其是体贴入微而又接地气的地域特质，从内而外地为本地居民的生活服务，影响着本地居民的衣食住行，甚至成为县域民众媒体生活的必需品。主流媒体既要做好"建言者"，又要做好"服务器"，积极参与社会行动，助力建设"高速泛在、天地一体、云网融合、智能敏捷、绿色低碳、安全可控的智能化综合性数字信息基础设施"，推动数字社会发展。

二、整合功能：从简单叠加变为有机重组

在当前社会，主流媒体所擅长的文字与图片已经不再是大众信息环境中的主要表达方式，短视频、H5等新型媒体成为社会潮流。主流媒体或入驻短视频平台，或开发短视频、H5内容产品，或在新媒体客户端上嵌入相关功能，以期抓住短视频时代公众的注意力。然而，一些区域性主流媒体

存在"为了短视频而短视频""为了H5而H5"的现象，生产的融合作品质量不高，传播效果不强，既浪费了资源，又未能提升引导力与影响力。融合并非一些功能的简单叠加，要真正实现从"你中有我、我中有你"到"你就是我、我就是你"的转变，必须有机重组媒体的功能。主流媒体的融媒体产品，大多数把重点放在网络平台的搭建和传播形态的转变上，期望通过受众积累后再进行流量的二次贩卖，而没有拓展收入渠道、创新盈利模式，往往导致造血功能不足、难以可持续发展。"互联网+"并非与互联网简单嫁接进行数字化"转场"，而是运用互联网思维重组新闻生产与流通，使其成为一个有机的生态系统。在这一系统中，VR、AI等技术不再只是工具，而是嵌入传播主体，更高效、全面地满足公众应知欲知而未知的信息。

《关于加快推进媒体深度融合发展的意见》指出，要以互联网思维优化资源配置，把更多优质内容、先进技术、专业人才、项目资金向互联网主阵地汇集、向移动端倾斜，让分散在网下的力量尽快进军网上、深入网上，做大做强网络平台，占领新兴传播阵地。要实现有机重组，首先要实现媒体的平台化，实现媒体内容与互联网的对接，打通纸媒、电脑端、移动端媒体的信息渠道。如果不能在网络社会中占据一席之地，主流媒体难以利用自身优势，实现"内容+渠道"的有机互补。主流媒体在完成平台建设后，还要实现平台的一体化，发挥资源优势与集群效应。之后再围绕一体化平台，形成产品导向、一体运作的新机制，对信息渠道资源、版面资源、人力资源进行统筹优化。其中重点是打破传统媒体与新媒体分立的采编架构，在采编线索确定、采访过程推进、稿件编辑发布的各个环节，均体现融合共生的要求，素材一次采集、内容多平台生产，切实提升内容生产力。

三、调整模式：从技术驱动变为智媒驱动

人工智能技术不仅可以变革媒体内容生产，重构媒体结构布局，还可以助力媒体参与社会治理。人工智能可以给新闻业带来新的传播速度、创

造新的阅读体验、形成新的分发机制，但无法逼近事实背后的复杂真相、无法提供针对现实的深度解释。那么该如何突破伴随技术而来的伦理问题、隐私风险、人文缺失等困境呢？媒体融合步入纵深发展阶段，其融合模式也应从单纯的技术驱动进化为智媒驱动。只依靠技术升级既无法形成媒体的独特竞争优势，又难以帮助媒体真正实现从量变到质变的飞跃。在虚实结合、人机共生的未来社会，主流媒体不仅要做到运用先进技术实现智能传播，还要在智能社会的建设中进行智慧传播，同时需要适应时代发展而不断进行智力进化。如果说区域性主流媒体已经基本实现了智能传播，那么只有兼具"智能""智慧""智力"，才能更好地应对未来社会的机遇、风险与挑战。

智媒体不仅具有高尚的价值观，能实现信息的智能适配，而且还在不断地自我演化。《南方都市报》的智媒体实验室以及封面新闻的"封巢智媒体系统"，都是国内智媒体的前期探索。智媒驱动的融合媒体，不仅可以实现技术上的智能传播，还能实现内容上的智慧传播，并且在不断学习中自我革新。在业界人士看来，智媒体具有"智能""智慧""智库"三种形态，主流媒体需要用主流价值观为智能技术赋魂，建设正确价值主导的智慧媒体。这要求我们处理好智能技术和人工干预的关系，既不能过分夸大技术的作用，也不能单纯强调人工干预，二者要有机地融合在一起，为媒体赋予正确的价值导向，以"智慧"补齐"智能"的短板。在智媒驱动下，主流媒体可以形成"智媒+"的融合模式，重塑内容、产业、文化，以智媒体为基础，通过智能技术和智慧报道为政府、企业、民众提供智力支持，引领新型主流媒体建设。可见，只有将智媒理念深植于媒体融合的各个环节，培育智媒基因，才能科学持久地发挥智能技术的作用，让技术赋能成为内容传播的新常态，让技术营销成为产业发展的新增量，让技术创新成为团队转型的新文化。有学者指出，优秀的区域性媒体要成为当地优质新闻的提供者、自媒体新闻和服务资讯的聚合者，可以尝试通过"智慧媒体+智慧政务+智慧城市服务"的融合转型来实现。

结束语

在媒体融合的时代背景下，本书深度探讨了新媒体与主流媒体之间的动态互动及其复杂关系，系统性地总结了新媒体的定义和特性、主流媒体的运营模式以及在媒体融合背景下主流媒体的创新发展现状与策略。通过对相关领域的详细分析，本书揭示出以下几点。

首先，媒体融合已经不可逆转地成为主流媒体发展的核心趋势。新媒体技术的持续进步、互联网技术的广泛普及，以及受众对内容多样性和个性化的日益增长的需求，促使主流媒体必须不断探索创新途径，以适应新时代的需求。

其次，主流媒体在媒体融合的过程中需展现出高度的灵活性和开放性。面对新技术和新媒体平台的冲击，传统媒体机构必须积极地融入这些新兴工具，以更有效地满足受众的复杂需求。同时，媒体从业人员亦需要持续地学习和适应新兴技术，以维持其在激烈的市场竞争中的优势。

本书旨在向读者提供对新媒体与主流媒体在媒体融合时代背景下的深刻洞察，期望读者能够通过阅读本书深化对当前媒体环境挑战的理解，探索未来发展的新途径，以及为塑造媒体未来的形态贡献力量。媒体融合不仅重塑了媒体的运营模式，也为传媒行业带来了前所未有的机遇。期待媒体从业者和学术研究者能够发挥创新精神，在媒体融合的崭新时代中做出自己的贡献。

参考文献

一、著作类

［1］陈鄂，金鑫.新媒体运营［M］.重庆：西南师范大学出版社，2019.

［2］陈刚，等.新媒体与广告［M］.北京：中国轻工业出版社，2002.

［3］贝尔.后工业社会的来临：对社会预测的一项探索［M］.高铦，王宏周，魏章玲，译.北京：新华出版社，1997.

［4］邓瑜.媒介融合与表达自由［M］.北京：中国传媒大学出版社，2011.

［5］迪克.网络社会：新媒体的社会层面（第2版）［M］.蔡静，译.北京：清华大学出版社，2014.

［6］段鹏.中国主流媒体融合创新研究［M］.北京：中国传媒大学出版社，2018.

［7］范冰.增长黑客：创业公司的用户与收入增长秘籍［M］.北京：电子工业出版社，2015.

［8］马克思恩格斯全集：第六卷［M］.中共中央马克思恩格斯列宁斯大林著作编译局，编译.北京：人民出版社，1961.

［9］马克思恩格斯全集：第十卷［M］.中共中央马克思恩格斯列宁斯大林著作编译局，编译.2版.北京：人民出版社，1998.

［10］孙慧.运营管理［M］.上海：复旦大学出版社，2011.

［11］严三九，南瑞琴.新媒体概论（第二版）［M］.武汉：华中科技大学出版社，2019.

［12］殷俊,等.新媒体产业导论：基于数字时代的媒体产业［M］.成都：四川大学出版社,2009.

［13］周茂君.新媒体概论［M］.重庆：西南师范大学出版社,2016.

二、期刊论文类

［1］陈国权.媒体融合发展十年观察与思考［J］.中国记者,2023（8）.

［2］陈佳.传统媒体与新媒体的融合发展探析［J］.中国地市报人,2022（8）.

［3］程开国,郑励娟.新时期媒体融合的启示与思考［J］.新闻文化建设,2023（6）.

［4］程倩.新媒体时代传统文化节目的突围：以河南卫视"中国节日"系列节目为例［J］.传播与版权,2022（10）.

［5］代羽.新型主流媒体平台化转型研究述评［J］.传媒,2023（17）.

［6］董佳理.地方主流媒体融合发展的创新与对策研究［J］.新闻爱好者,2023（9）.

［7］杜延军.论广电媒体融合发展新趋势［J］.新闻传播,2023（16）.

［8］付佳,赵树旺.日本报业的融媒发展路径及启示［J］.新闻爱好者,2019（12）.

［9］高红日,吕冰.新型主流媒体讲好中国故事的实践与思考［J］.全媒体探索,2022（10）.

［10］葛玮.中国特色传媒体制：历史沿革与发展完善［J］.中国行政管理,2011（6）.

［11］辜晓进.美国报业：数字化转型进入深水区［J］.新闻与写作,2016（8）.

［12］国秋华.价值链重构：媒体中央厨房建设路径与模式创新［J］.现代传播（中国传媒大学学报）,2019,41（9）.

［13］杭敏，王兵.主流媒体客户端的发展与思考［J］.新闻战线，2023（17）.

［14］何又华.一体化理论视野下的媒体融合实践［J］.南方传媒研究，2023（4）.

［15］胡百精.互联网、公共危机与社会认同［J］.山东社会科学，2016（4）.

［16］李增祥.媒体融合背景下主流媒体聚合式新闻审视［J］.中国地市报人，2023（9）.

［17］廖祥忠.未来传媒：我们的思考与教育的责任［J］.现代传播（中国传媒大学学报），2019，41（3）.

［18］刘俊.技术赋权与社会赋权的回响：媒介融合时代的电视时政新闻改革——基于对近年来央视《新闻联播》春节期间创新的分析［J］.新闻界，2015（9）.

［19］刘祝红.中西部城市电视台媒体融合发展路径探析［J］.西部广播电视，2015（22）.

［20］强月新，孙志鹏.媒介生态理念下新型主流媒体的内涵与建构路径［J］.当代传播，2019（6）.

［21］孙健.澎湃新闻与今日头条，何者可以言新：从两款风格迥异的新闻客户端看媒体融合之道［J］.传媒评论，2014（11）.

［22］王若愚.4G通信技术综述［J］.文摘版：工程技术，2015.

［23］王熙熙.新媒体时代主流媒体的语态变革：以"央视频"为例［J］.中国有线电视，2023（8）.

［24］王学峰.融媒体环境下主流媒体的传播策略［J］.西部广播电视，2022，43（21）.

［25］吴刚.CNTV媒介融合策略与思考［J］.新闻前哨，2010（6）.

［26］吴霞.第三代移动通信技术及应用［J］.通信与信息技术，2010（3）.

［27］夏德元，陈良飞，马锦辉.主流媒体平台建设的省察与展望［J］.传媒评论，2023（9）.

［28］夏正玉，李勤余.为打造新型主流媒体注入新动能：澎湃新闻借融合之势为品牌赋能［J］.新闻战线，2022（24）.

［29］徐园.新闻+服务：浙报集团的媒体融合之道［J］.传媒评论，2014（12）.

［30］许敏球.主流媒体深度融合的四大走向［J］.中国广播电视学刊，2022（10）.

［31］于维维.媒体融合背景下短视频传播策略创新［J］.视听界，2023（5）.

［32］张前程.数字技术发展对信息传播的影响［J］.中国科技信息，2014（22）.

［33］张新燕.融合新闻产品的创意生产与传播：澎湃新闻的实践探索［J］.青年记者，2023（17）.

［34］张志安，李霭莹.变迁与挑战：媒体平台化与平台媒体化——2018中国新闻业年度观察报告［J］.新闻界，2019（1）.

［35］赵子忠.媒体融合和全媒体传播体系［J］.视听界，2023（5）.

［36］郑佳欣，张东锋，余秋亮.新型主流媒体平台建设创新路径探析［J］.南方传媒研究，2023（4）.

［37］吴文依.湖南广电集团的媒介融合研究［D］.南昌：南昌大学，2015.

图书在版编目（CIP）数据

媒体融合背景下主流媒体新媒体运营研究/赵珣，靳文雅著.—北京：中国国际广播出版社，2025.4
ISBN 978-7-5078-5549-4

Ⅰ.①媒… Ⅱ.①赵…②靳… Ⅲ.①传播媒介－运营管理－研究 Ⅳ.①G206.2

中国国家版本馆CIP数据核字（2024）第082087号

媒体融合背景下主流媒体新媒体运营研究

著　　者	赵　珣　靳文雅
策划编辑	刘　丽
责任编辑	聂俊珍
校　　对	张　娜
版式设计	邢秀娟
封面设计	赵冰波

出版发行	中国国际广播出版社有限公司［010-89508207（传真）］
社　　址	北京市丰台区榴乡路88号石榴中心1号楼2001
	邮编：100079
印　　刷	北京启航东方印刷有限公司
开　　本	710×1000　1/16
字　　数	300千字
印　　张	19
版　　次	2025年4月　北京第一版
印　　次	2025年4月　第一次印刷
定　　价	68.00元

版权所有　盗版必究